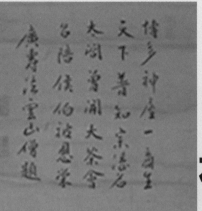

博多の豪商・神屋宗湛の
人間力とビジネス戦略

山本久義　編著

北村新比古
内田　寛樹　著

泉文堂

はしがき

　秀吉が天下人になった頃，博多には３人の豪商が存在した。神屋宗湛，嶋井宗室，大賀宗九の３名である。彼らは傑出した豪商であったことから，「博多三傑」と呼ばれている。中でも神屋宗湛（以下，宗湛と略記）は，秀吉の政権下で彼の政商として華々しい活躍をし，莫大な財力を保持するに至った。それだけではない。後の人々から非常に尊敬される好人物でもあった。

　本書は宗湛に焦点を当て，彼が豪商として戦国時代に守護大名や太閤秀吉を相手に堂々とビジネスを展開し，博多や福岡市の市民から末代まで尊敬されるようになった要因を明らかにするものである。

　そこで本書は，まず第１～２章で，宗湛の人物像と当時の時代背景を分析した。次に第３章で，宗湛の商人としての特性，すなわち商人像を明らかにした。最後の第４章で，彼が展開したビジネス活動の内容を，現代のビジネス戦略の実践理論をツールとして分析するとともに，彼の人間力および理念についてもスポットを当てた。それに加えて，そこから醸し出される現代の企業家に対する貴重な示唆について提示を試みた。

　桁外れの財力を持つ超豪商，神屋宗湛が展開したビジネス戦略と，その底流にある彼の理念は，現代の企業家やトップ・マネジメントにとって大いに参考になると思われる。

　執筆担当は，第１～２章が北村新比古，第３章が内田寛樹，第４章が編著者の山本久義である。

　３名とも日本商業施設学会の会員で，九州・沖縄部会に属し，山本が部会長，北村氏が副部会長を勤めている。

　北村は，店舗や住居のデザイン・設計・施工・管理を専門とする，㈱アルファの代表取締役であるが，古文書の解読能力にも長け，日本の歴史に造詣の深い学級肌の一面を有する。その関係で，自宅に自ら戦国時代の「茶の湯」の庵の設計図どおりの茶室を設け，「茶の湯」の精神と文化を嗜むという風流さ

i

を併せ持つ。日本風俗学会の会員でもある。

内田は，博士（経営情報学：商業史）の学位を有し，現在，福岡大学商学部で商業史の非常勤講師として，講義と研究に勤しんでいる。

山本は，博士（経営情報学：エリア・マーケティング戦略論）に加えて，中小企業診断士と英検１級という２種類の実務資格を有し，元九州産業大学商学部と同大学院商学研究科　博士前期・後期課程のＤ㊎教授を務め，同研究科の科長職も経験してきた。担当は「マーケティング戦略論」，「マーケティング戦略特論」と「同特殊研究」である。

退職後は福岡ビジネス戦略研究所を立ち上げ，その所長としてマーケティング戦略論を中心とする「ビジネス戦略」の実践理論と，上記２つの実務資格を生かして中堅・中小企業の活性化と国際化のための調査・指導・研修・講演で多忙な毎日を送っている。モットーは"あなたの会社をブランド企業に!!"である。九州エリア・マーケティング研究会の顧問でもある。

神屋宗湛は博多が生んだ豪商の雄である。彼は博多の地の利を活かしてアジア，特に中国との貿易に精を出し，天下人秀吉の政商としてわが国の繁栄に寄与するとともに，生まれ育った博多の発展にも大いに貢献したのである。

人口減少に伴い，労働力も市場も縮小するわが国と異なり，東南アジアは経済発展が著しく大規模な市場と勤勉な労働力を有する。福岡はもちろん九州の企業家は，宗湛の気概にあやかり，アジアへのゲートウェイ博多という地の利を活かして，アジアの活力を取り込んだ攻めのビジネス戦略に目を向けて頂きたいものである。

なお本書の執筆に際して，九州エリア・マーケティング研究会会長の竹村正章氏と，福岡県民文化祭企画員，福岡教育大学評議員，大宰府茶道文化連名会長の岡部定一郎氏，福岡市総合図書館文学・文書課　古文書係　古文書資料調査員の三角範子博士（文学）から，貴重な参考資料を提供して頂いた。ここに厚く御礼申し上げます。

編著者

目　　次

はしがき・i

第 1 章　時代背景と茶の湯の世界

はじめに・1

第 1 節　神屋宗湛の時代背景 ……………………………………………2

　1　室町時代（守護大名時代）とは・2

　　(1)　南北朝合体以後の室町時代・3

　　(2)　京都・畿内・諸国の役割・5

　2　織豊政権時代と神屋宗湛・10

　　(1)　織豊政権時代とは・10

　　(2)　神屋氏と宗湛・11

　3　博多商人の地，博多の特性・14

　　(1)　商都博多の歴史・14

　　(2)　博多と福岡・16

　4　神屋宗湛の人間性・21

　　(1)　宗湛とその時代の世界事情・21

　　(2)　宗湛の生き方・23

　　(3)　迅速かつ集中的な行動力・33

第 2 節　茶の湯の隆盛 ………………………………………………35

　1　茶立ての場所・35

　　(1)　茶立所から茶室へ・35

　　(2)　茶室の源流と萌芽・36

　　(3)　茶室の変容・37

2 茶の湯の理念・38

- (1) 虚 構 性・38
- (2) 寄 合 性・39
- (3) 一座建立・一期一会・40

3 茶の湯の歴史・41

- (1) 安土桃山以前・41
- (2) 草庵における美意識・51

4 珠光・利休・秀吉・宗湛の茶の湯・55

- (1) 村田珠光と一休禅師・55
- (2) 利休と豊臣秀吉の茶の湯・61
- (3) 神屋宗湛時代以前の茶の湯・70
- (4) 宗湛時代からの茶の湯・74

おわりに・75

第2章　神屋宗湛の人物像

はじめに・77

第1節　宗湛の人間関係 ……………………………………………… 77

1 大友宗麟と神屋氏・嶋井氏・77

- (1) 宗麟と4代目 神屋宗湛・77
- (2) 宗麟と嶋井宗室・79

2 豊臣秀吉と神屋宗湛・82

- (1) 筑紫の坊主・神屋宗湛・82
- (2) 秀吉の朝鮮侵攻と宗湛・宗室・87

3 秀吉の死と黒田父子の支配・89

- (1) 近づく秀吉時代の終焉・89

目　　次

第2節　秀吉と宗湛 ………………………………………………… 92

1　秀吉の生涯と宗湛・92
　⑴　秀吉の生涯・92
　⑵　秀吉に随行の宗湛・96

第3節　神屋宗湛の人となり ……………………………………… 97

1　宗湛の日記から見えるもの・97
　⑴　小間の茶室を巧みに使う・97
　⑵　細かな観察と正確な判断・99
　⑶　末法を歩む豪商宗湛・100

2　浮かび上がる宗湛のイメージ・102
　⑴　苦界の逢着に生きる宗湛・102
　⑵　法体で世界と競う・103
　⑶　永遠の象徴，博多っ子翁 宗湛・105

おわりに・109

参考文献（第1・2章）・109

第3章　商業史の観点からみた博多の豪商・神屋宗湛

はじめに・111

第1節　初期豪商としての博多商人 ……………………………… 112

1　初期豪商とは・112
　⑴　初期豪商の概念・112
　⑵　初期豪商の歴史的位置づけ・113
　⑶　都市商業の発展・115

2　初期豪商の実態・116
　⑴　初期豪商の存在形態・116
　⑵　豪商の特許状が示すもの・117

3

3　初期豪商の成立の条件・118

　(1)　初期豪商を特徴付けるもの・118

　(2)　4つの成立条件・119

第2節　宗湛と秀吉の関係－商業と文化，信頼関係の理論 …………121

1　大名と商人の文化形成－茶の湯・121

　(1)　神屋宗湛の一局面である茶の湯・121

　(2)　茶の湯文化を介した宗湛と秀吉の関係・121

　(3)　茶の湯と信頼関係・123

2　文化と商取引における信頼関係・123

3　信頼関係の理論の考え方・124

　(1)　信頼関係と不確実性・124

　(2)　茶の湯を介した信頼関係と不確実性の回避・125

第3節　秀吉の朝鮮出兵と博多商人 ………………………………126

1　勘合貿易商人神屋家・126

　(1)　宗湛の先祖たち・126

　(2)　疎開先唐津での会所の存在・127

2　九州における商人の情報網－倭寇に関する情報ネットワーク・129

　(1)　倭寇とその出没情報・129

　(2)　倭寇情報の拠点・130

3　名護屋城本営移転と商人の情報ネットワークの関係性・131

　(1)　朝鮮出兵時の戦略拠点・名護屋・131

　(2)　講和条約にある勘合復活の文言・132

　(3)　秀吉の海賊禁止令・133

　(4)　名護屋移転と倭寇情報の関係性・134

第4節　石見銀山の開発者・神屋寿禎 …………………………………135

1　寿禎と石見銀山・135

　(1)　鉱山史に残る神屋寿禎・135

　(2)　寿禎に関する先行研究・135

目　　次

　2　商人としての神屋寿禎・138

　　(1)　寿禎商人像の先行研究・138

　　(2)　寿禎と日明貿易・138

　3　寿禎と石見銀の世界的なネットワーク・139

　　(1)　日本の銀輸出と石見銀・139

　　(2)　銀のネットワークと寿禎のビジョン・141

第5節　幕藩制市場構造の成立－宗湛，その後 ……………………143

　1　初期豪商の時代の終焉・143

　　(1)　初期豪商の役割の終焉・143

　　(2)　幕藩制市場構造の成立と流通インフラの整備・146

　2　幕藩制市場構造下での商人の商業形態の変遷・146

　　(1)　初期豪商の原型・146

　　(2)　過渡期の存在としての初期豪商・147

　3　初期豪商とその時代的役割・148

　　(1)　応用型・発展型と時代的役割・148

　　(2)　朝鮮出兵にみる役割・149

　　(3)　主　と　従・151

第6節　博多の豪商・神屋宗湛の商人像 ………………………152

　1　本格的な豪商としての始まり・152

　　(1)　グローバリズムと宗湛の商人像・152

　　(2)　宗湛の商人としての活動・152

　2　応用型・発展型としての商人的要素・154

　　(1)　初期豪商の類型と宗湛・154

　　(2)　応用型・発展型としての宗湛・155

　3　宗湛にみる商取引上の信頼関係と通俗道徳・156

　　(1)　宗湛と仏教のモラルとの関係性・156

　　(2)　当時の城下町コミュニティへの伝播・157

おわりに・158

5

参考文献（第3章）・158

第4章　博多の豪商・神屋宗湛の
理念とビジネス戦略の特色

はじめに・161
第1節　ビジネス戦略の概要 ……………………………………………161
1　ビジネス戦略の意義・162
2　ビジネス戦略の構成要素・164
　⑴　経 営 理 念・164
　⑵　マーケティング・リサーチ・165
　⑶　SWOT分析・166
　⑷　経営基盤の充実・強化戦略・167
　⑸　競 争 戦 略・168
　⑹　成 長 戦 略・168
　参考　（ブランド企業の条件）・168
第2節　経営基盤の充実・強化戦略 ……………………………………170
1　経営管理者・170
　⑴　特　　　色・170
　⑵　事　　　例・171
2　従 業 員・171
　⑴　特　　　色・171
　⑵　事　　　例・171
3　財 務 基 盤・173
　⑴　特　　　色・173
　⑵　事　　　例・173
4　生産・販売・物流施設など・174
　⑴　特　　　色・174

目　次

　　(2)　事　　　例・175

　5　組　　　織・175

　　(1)　特　　　色・175

　　(2)　事　　　例・176

　6　立 地 条 件・176

　　(1)　特　　　色・176

　　(2)　事　　　例・177

　7　技術力・研究開発力・178

　　(1)　特　　　色・178

　　(2)　事　　　例・178

　8　情　報　化・179

　　(1)　特　　　色・179

　　(2)　事　　　例・179

第3節　競 争 戦 略 ……………………………………………180

　1　製品差異化戦略・180

　　(1)　製品の概念・180

　　(2)　製品差異化戦略の概念と具体策・183

　2　市場細分化戦略・185

　　(1)　細分化の基準・185

　　(2)　市場細分化戦略の種類・185

　　(3)　事　　　例・186

　3　価 格 戦 略・187

　　(1)　生産者の価格設定方式・188

　　(2)　流通業者の価格設定方式・189

　4　プロモーション戦略・191

　　(1)　プロモーション・ミックス（5種類のプロモーション活動）・191

　　(2)　プロモーション戦略の種類と事例・192

7

5　チャネル戦略・195
　(1)　概　　　要・195
　(2)　事　　　例・196
6　物 流 戦 略・196
　(1)　概　　　要・196
　(2)　物流効率化の具体策・197
　(3)　事　　　例・198

第4節　成 長 戦 略 ……………………………………………………… 198
1　解　　　説・199
　(1)　市　　　場・199
　(2)　製　　　品・199
2　各ドメインの特徴と事例・200
　(1)　市場浸透・200
　(2)　準市場開拓・201
　(3)　市場開拓・202
　(4)　準製品開発・202
　(5)　準 多 角 化・203
　(6)　市場開拓的多角化・203
　(7)　製 品 開 発・204
　(8)　製品開発的多角化・205
　(9)　多 　角　 化・205

第5節　宗湛が展開したビジネス戦略の特性 ………………………… 207
1　神屋宗湛のビジネス活動に対するSWOT分析・207
　(1)　仮称「神屋商事㈱」に対する機会（O）と脅威（T）・207
　(2)　仮称「神屋商事㈱」における強み（S）と弱み（W）・210
2　仮称「神屋商事㈱」にみられるビジネス戦略の特徴・215
　(1)　当時の市場環境・215
　(2)　経営基盤の充実・強化戦略・216

⑶　マーケティング戦略・218

3　宗湛が現代の産業界に与える示唆・220

⑴　宗湛を総師とする仮称「神屋商事㈱」の企業価値・220

⑵　企業の存続・発展には「成長戦略」が不可欠・221

⑶　海外市場の積極的活用・222

⑷　企業家による「社会奉仕活動」の積極展開・223

⑸　現代のビジネスマンや産業界には茶の湯（茶道）の精神が必要・225

おわりに・226

参考文献（第4章）・226

第1章
時代背景と茶の湯の世界

はじめに

　天正15年（1587）から２年間，豊臣秀吉の命を受けた博多の豪商嶋井宗室と神屋宗湛は，永き戦乱で荒廃した博多の復興を支援した。その間，しばしば２人は秀吉や他の武将達の主催する茶会に招かれ，また招いていた。しかしながら秀吉が朝鮮出兵を具現化する頃，嶋井宗室と秀吉の間に距離ができ，いつしか神屋宗湛だけが秀吉と別懇（特別に親しい）で，のちの時代に現れる御用商人の先達となった。この安土桃山時代は戦国大名たちの戦と，宣教師によるキリスト教の布教活動が広がる中，大名が茶の湯に傾倒してゆく時代でもあった。本章は，博多の豪商・神屋宗湛の軌跡と，時代背景を明らかにするために，先行研究・史料・書巻から分析するものでもある。

　なお，本書の神屋宗湛に関する記述は，武野（1980，1990，1998）を参考にした。神屋宗湛自身の克明（細かく注意深いこと）な茶の湯日記で知られる『宗湛日記』の内容は，永島（1984），桑田（1947）に基づくものである。さらに室町期の特質や自治都市に関しては脇田（1991），茶の湯の役割や人物は村井（1984，2011），茶室に関しては中村（1981）を参考にした。

　今回博多の豪商を代表する神屋氏と石見銀山の関わり，宗湛日記にある内容の古典籍による確認では，本書第３章の著者内田寛樹氏に協力をいただき，さらに本書の編集者兼第４章の執筆者，元九州産業大学大学院教授，現福岡ビジ

1

ネス戦略研究所の山本久義氏には全般にわたり懇切丁寧な指導を戴いた。

　なお歴史に馴染みの薄い読者をも想定し，ルビとその解釈をできるだけ付けさせてもらったつもりである。

第1節　神屋宗湛の時代背景

　神屋宗湛を述べる時，最も重要な関係にあるのは豊臣秀吉で，両者の年齢差を調べると両人共に出生年に2説あった。秀吉は天文7年（1536）と天文8年（1537）説，宗湛は天文20年（1551）と，天文22年（1553）説である。結果両者の年齢差は14歳・15歳・16歳・17歳と4通りの可能性が見えたのであるが，宗湛研究の専門家，武野の説，および近年発刊された11種の百科事典・歴史事典での記述を鑑みると，宗湛：天文22年（1553）生まれ，秀吉：天文8年（1537）生まれで年齢差は16歳とするのが妥当のようである。

1　室町時代（守護大名時代）とは

　神屋宗湛が生きた織田信長・豊臣秀吉時代を知るには，その時代背景としてそれ以前，室町時代の天皇・上皇を頂点とした公家と，その官位位階の序列に入る政権を創りあげようとする武家との，せめぎ合いを知る必要があろう。さらに後の江戸時代に徳川氏が法度（権力支配のために発した禁令）とした公家の奪取に至るまで，室町期の足利氏が起こした大きな変革時代，つまり南北朝統一，位階熱望の武士への処遇，義満再開の明国・朝鮮国との貿易，といった室町の時代特性を知る必要がある。

　第3代将軍足利義満（10歳で家督を継ぎ翌年将軍，管領細川頼之が基礎をつくる）から始まった明の勘合（使船証明）による貿易再開は，商人はもとより，大名，幕府にも巨利をもたらせることになった。これがのちに神屋氏だけでなく信長・秀吉が政権を握った時代に，貿易を本業とし，財を成した多くの貿易商人たち，いわゆる富商を生むことになるのである。

2

第1章　時代背景と茶の湯の世界

（1）　南北朝合体以後の室町時代

1）　花の御所と土一揆

室　町　殿

　57年間，対立していた我が国の南北朝統一を整えたのは，室町第3代将軍足利義満（在位1368〜1394）といえる。義満は「花の都」と称される京都の室町に，これも又「花の御所」と呼ばれるほどに美しい庭を持つ邸宅を造営し政務をとったことから，以後その地名をもって「室町殿」と呼ばれ，のちに義満の時代をも「室町時代」と呼称されることになった。

　この頃には地方の市井（まち）や湊（みなと）が急激に賑わい，農村では二毛作・三毛作も行われ，豊年の多い時代であった。しかし農業の多くは領主・守護が農奴をもって行い，裕福な農民たちは一部であった。その実，洛中（都の内）には生業（生活を立てること）から追われた饑民（困窮し飢える人）・乞食（物もらい）で溢れていたのである。

　とはいえ，全国的には，需要の拡大により商工業の隆盛，分業化が進んだ。つまり産地手工業者や商人の増大とともに，生産の地としての都市が全国に形成されていったのである。このようにして起った室町時代における数多くの都市の成立は，その存在の基に市政が敷かれ，産業・商業を中心とした経済構造を生むことになり，これまであった自給自足の農山漁村の姿は失われていった。

土一揆の発生

　また室町期には飢饉による被害も拡大し，多くの人々が困窮，流浪化し，乞食・非人となる者もあれば，守護への抵抗手段として本来約束された要求を掲げ，正大果敢（正々堂々と勇気をもって行うこと）な土一揆（どいっき，ともいう）の戦いに加わる者も多かった。この土一揆の規模が拡大，頻発するのが室町時代なのである。

　この土一揆の基盤は村落の「宮座」（部落の祭祀組織）・「惣中」（村人の共同体的組織）などの共同組織だけでなく，都市民の「町中」，商工業者の「座」（同業組合），さらに乞食・非人達による「惣中」もあり，自治的共同組織が最も活力を発揮した時代でもあった。当時の政治権力の基底にはこのように民

3

衆の共同体構成員がいて，その権利を主張し始めていた。さらにそれらの中から自治村落や自治都市への発展を実現したものもあり，堺や博多がその代表例であった。

　当然のことながら，この時代の自由・自治権は，中世の重層的構造社会の中で，特定階級の団体構成員が集団として獲得したもので，そのほかの人間と顕然（著しく明確なさま）たる一線を表出させ，新しい身分制度を生むことにつながるのである。

　また室町時代の経済発展は，それまであった商品の交換から，金銭使用に変化する新時代を開いたともいえた。

　金銭で買えば身分の如何を問わず，誰でも土地が所有でき，経済的優劣が全てを決定するというのが市民の抱いた論理でもあった。こうして鎌倉時代にあった身分秩序は崩れ，最盛期をつくった将軍足利義満は太政大臣に上り詰め，半年後には出家，法皇の儀礼を受け，公卿たちの上に君臨し，彼らを畏怖させることになったのである。

2）　義満による日明貿易

悲願の貿易

　義満が将軍に任官（官職に付くこと）した応安元年（1368），中国の托鉢僧で宗教的反乱軍「紅巾軍」の武将となった朱元璋が，元をモンゴルに駆逐（追い払う）し明を建国，皇帝（洪武帝）となったのである。その6年後の応安7年（1374），日本から禅僧の宣聞渓・浄業・喜春らを使者とし，日本国の持明なる者が「国臣の書」を持って明国へ入貢（外国からの使者が貢ぎ物を持って入朝すること）した。さらに康暦2年（1380），やはり日本国より「征夷大将軍源義満」の名で（初めて義満の名を記した）丞相（明国王の補佐大臣）に捧げる書を使者に持たせて入貢したが，これらは公式の使節でないとして入貢を許可されなかった。

　以後，様々な問題や条件が頻出（しきりに現れること）する中，倭寇により捕えられた捕虜の解放問題もありながら，応永8年（1401）5月，義満が派遣した使者が翌年，明使を伴って帰国したことにより行き来が始まる。当初日本

第1章　時代背景と茶の湯の世界

からの主な交易品は刀剣であったが，応永11年（1404），日明貿易が開始され，幅広い物品の交易が盛んとなった。

勘合符の貿易開始

　この貿易は明や朝鮮を悩ませていた海賊行為を行う倭寇と区別するための勘合（割符）を用いたために，勘合貿易とも呼ばれた。また同年，朝鮮も義満を「日本国王」として認め，回礼使（日本からの使節に対して回答する使者）・通信使（外交使節団）による日朝間の外交ルートも成立したのである。

　応永14年（1407），帰朝した貿易船の利益は20万貫といわれ，義満は頒賜銭（朝廷などから分かちたまわる金銭のこと）1万余貫の内，千貫を内裏に献上，三千貫を紀伊日前宮（和歌山市秋月）に寄進した。今谷（1990, pp.116〜123）は，その賑わいを次のように紹介する。

　　　義満は中国船や派遣船が兵庫に着岸するたびに，「兵庫御成」（兵庫式の送迎）を儀礼化した妻女を伴っての貿易船見物を行ったが，これも計算され尽くした義満の演出であった。明使の接待名所案内も絶好の中国宣伝の場である。

　　　（略）義満は明人に扮装して使節を紅葉狩りに案内している。（略）明使一行は数十人から300人に及ぶ団体である。

　義満は彼らが半年から1年余も滞日する間，天竜寺・相国寺などの五山（他の建仁寺・東福寺・万寿寺の禅寺を加えて京都五山という）に宿泊させている。その間にも，物見の行楽に連れ出す一方，神楽を演じて饗応するなど，中国ブームの盛り上げを計っている。こうして輸入品中の工芸品などを通じて上流階層の唐物崇拝，舶来品尊重のムードも高まり，明銭の伝播力によって貨幣と共に義満の権威が津々浦々に及ぶことになったのである。

（2）京都・畿内・諸国の役割

1）産業内格差

　足利4代将軍義持時代の応永26年（1419），朝鮮は倭寇討伐のため対馬出兵を行ったが，これを日本側は「応永の外寇」と捉えた。義持はその意図を探る

5

ために日本から使者を送った。その翌年，朝鮮から回礼使として日本の都へ上った宋希璟（李氏朝鮮の官僚。老松堂と号す）は，三毛作の富裕な農村を記し，また乞食が多いことを漢詩に詠じた。脇田（1991，pp. 124〜126）は，このような畿内農村の様子は次のような事情に起因するとみている。

中世農村の収穫物の大半は，貢納物（みつぎものとして納めた物）と自家消費であった。農民たちはその余剰物を市に売り出して，必要品を買って帰る暮らしであった。しかし室町時代に入ると，貢納品も金納地代（小作料を金銭で納めること）になってくることから，収穫剰余物も市場で売れやすい物に限定されるようになり，農民の暮らしも大きく変化した。つまり年貢を納める前に，高値の時に米を売ったり，豊作による米価の下落を見越す判断力・対応力によって，農民の間に大きく収入の格差が生じてきたのである

室町期に生まれたこのような剰余の慣習により，小農民経営が進展したが，これはその背景に，それらを支える領主の農業改革と手工業生産力が発達していたからである。16世紀には手工業が，戦国末期に入ると海外交易が盛んとなり，道具の発達など多方面で技術革新が見られた。それによって生産の速度と質と量が高まり，日常的リズムから離れた突発的な大規模取引や商業を可能とし，俄長者や豪商・政商を生み出すに至るのである。

2) 販売独占権と分業生産

脇田（1991，pp. 145〜148）によれば，このような現象は室町初期に現れ，15世紀には領主の国々で小規模な村落市場が誕生。16世紀には一国に10から15ヶ所の市町・中心村落が収斂（税を取り立てること）し，有力な土豪（その地方に土着し，財産・勢力を持つ者）の城館（城郭と住居を兼ねた大きな建物）と結びついてた。城下の市町（市場に関わる人たちの居住区）を形成していることが，近年歴史地理学の成果として明らかになったという。

さらに脇田（1991，pp. 153〜154）は，室町期の畿内と諸国の関係が明確になっていくことについても次のように説く。それは応仁の乱以後，京座数人の構成員で共同所有されていた販売独占権に変化が出てきたということである。京に新しく生まれた諸品の販売の座を買い占め，一人の問屋が旧来からある本

座と，新製品の新座の両方を支配する者がでてきた。しかもこの問屋は京都の
みならず，畿内一円の独占販売権を持つようになるのである。

　一方畿内の諸都市は，周辺農村から生活物資の供給を受けていた。それは座
特権を持つ問屋に仲介されたからであるが，流通規模の拡大に伴い，畿内の範
囲で分業化され，明確な特産地が形成されたことに繋がるのである。また脇田
（1991，pp. 155〜156）は『庭訓往来』に，京都の名産として出てくる「奈良
刀」が，刀の鉄部の身は奈良で量産され，裸身（鍛造され研ぎ上がったまま）
の状態で京都に運ばれたという分業体制を紹介している。

　そこで鍔や，柄を飾る輸入品の鮫皮，また縁頭（柄と鞘の両尻に付く飾り金
物）や目貫（柄の両側面を飾るもの）など，美しい彫物飾を分業して各地から
取り寄せ，「拵刀」として全国はもちろん，中国にも大量に出荷されていた。

　このような製造・販売の形態は刀剣に限らない。京都を核とする畿内は日本
の中心であり京都から畿内へ，さらに諸国という商品流通を媒介とする特産地
の形成，分業関係が成立していたのである。特に京都は古代律令制の官衙（官
営）工房以来の伝統技術によって作られてきた高級衣料・美術工芸品・金属加
工品の産業が存在し，貴族・武家などの注文を受け続け「花の都」にふさわし
い高度な技術を持つ産業・産地の先駆であり続けた。

　京都の商業に関わる人々，つまり京商人は，地方へ出向いた時には各地の産
物を買い占め，買いたたいていく特権的座商人（貴族・社寺の保護を受け独占
権を得た商人）でもあった。室町幕府に保護を受けていた京商人は，南北朝内
乱において幕府に寄り添い，幕府の勢力拡大に応じてその営業独占権を行使し
てきた。しかし応仁の乱以後，幕府の勢力衰退の結果，領国商人の保護は戦国
大名の基本政策となった。この政策の転換は，幕府権力の強弱のみならず，大
名権力の御用商人の実力にもかかっていた。こうして戦国大名の自立性は，領
国内商人の成長と深く関わっていた。

3） 市庭と市町

市庭から始まる城下町

　脇田（1991，p. 169）は，薩摩国入来院氏や渋川氏の領内を始めとする事例

を用い，地頭領主と商人の関わりは，鎌倉末期の領主が支配する市庭（市場のこと）や市町（商人の居住地区）の発生の頃から強い影響力をもって存在していたことを，次のように記している。

　　各地の領内には幾つもの市があり，領主はその市を支配し市場税「市場銭」を徴収，収入源とした。しかしながらどの地においても全ての産業が揃うことはなく，都からの流通無くして満足な自給自足は有り得なかった。そこには名主たちを主体とする市庭が存在し，地頭領主たちはその営業税を取得していたのである。それらの市には「京下りの商人」も訪れたであろうが，対外貿易品も流入していたのである。

　　応永30年（1423），李氏朝鮮の世宗（第4代国王，ハングル語の創作，儒教の理想政治を行ったことから，朝鮮史最高の名君と称される）は俘虜（戦いで生け捕りとなった者）の朝鮮人の多くが薩摩・大隅・日向（現：鹿児島・宮崎県）に転売されているのを知り，その返還を島津久豊に要請した。三島倭寇（前期倭寇のことで，元寇時に高麗軍から虐殺・略奪された対馬・壱岐・五島列島に対する報復行動を目的とするもの）などの略奪物は米穀・綿布，そして農奴による労働や土地開発に投入するための俘虜（敵軍に捕らえられた人）だったのである。

　脇田（1991，pp.171〜172）はそのような薩摩国の市庭からの公事銭（年貢以外の雑税）収入とは異なり，農村でありながら商品経済の発展著しい小早川氏支配の安芸国沼田庄（現・広島県三原市本郷）を紹介している。ここは陸海の交通要所であり商品流通の拠点となりつつあった。かくて市庭には定住商人が増え，小早川氏の家臣もここに居住を要望し裕福な商人と縁組する者まで出た。小早川氏は一方で様々な厳しい禁令も出し，一種の身分統制強化と城下町集中政策を完成させた。これが以後の戦国大名の城下町形成の先鞭となったと考えられる。

市町の発展

　市町の発展は自治的な新しい過程を示し，小早川氏の身分統制強化，城下町集中政策とは共存が難しい局面も見せ始めるのであった。このような中，武家

領主と荘園領主支配の間隙（かんげき）に位置する寺領・社領が存在した。この寺社領は守護権力の不入権を持ち，その下で自治的組織をもっていた市町の存在は，流通経済に対する掌握志向を有する武家権力，すなわち戦国大名権力を強める方向とは馴染まないものであった。

　15世紀に入った頃，惣中（そうじゅう）（農民の自治組織）は鹿垣（ししがき）（枝付き竹や木で作った逆茂木（さかもぎ）のこと）や用水路を建設し，商業活動についても詳細な規定を行った。またこれらの設備や規制の整備が，村落では秩序を保ち，余剰米（よじょうまい）（残り米）をもたらせた。余剰の一部は惣有田（そうゆうでん）の得分（とくぶん）となって惣中へ戻り，それを惣の年中行事や諸設備，商業，隣村との相論費用（そうろんひよう）（紛争・訴訟費）として権利の獲得につながる関係にあった。

　15世紀の後半には全国的に大飢饉が起り，京中だけで8万人以上の餓死者がでたという。この時期，普段から敵対している村落へ盗人に入るなども起こって収拾（しゅうしゅう）がつかないことから，自治村落が「惣庄置文」（そうしょうおきぶみ）（中世の荘園領主から独立した農民がつくった惣村の自治法）を定めた。脇田（1991, pp. 190～192）は次のようにいう。ここに封建的領主法における縁座主義（えんざしゅぎ）（重罪犯の親族や家人（かじん）までが罰せられる制度）が否定され，罪科（ざいか）（罪と罰）のほかに財産権の世襲制が認められるなど，従来の自検断村落（じけんだんそんらく）（中世日本において自ら警察権・刑事裁判権を実施する惣村・郷村）に比して，画期的に進歩した農漁民村落の姿を見ることができる。

4）　自治都市の成立

　15世紀末には，年貢を地下請（ねんぐ）（じげうけ）〔領主から課せられた荘園の年貢・公事（くじ）（諸々の税）を村単位で請け負うこと〕にした自治村落では，惣有田（そうゆうでん）を確保し，惣村（そうそん）（鎌倉後期から戦国期にかけての荘園解体期に，村民全体で行動した）の経済的基礎の確立に進んでいる。しかしながら自治力を高めたこの惣有田（そうゆうでん）は，織田信長の天正の検地で禁止された。その後復活するが，今度は天下統一を果たした豊臣秀吉による徹底した検地で完全に抹消したのである。

　脇田（1991, pp. 202～205）は，惣村とは別格の規模を持つ兵庫，博多，堺，の津（港町）など巨大港湾都市も自治都市になれば，領主が港湾整備をするの

ではなく主体は領民の都市であり，浦と呼ばれる漁村においてもその整備は集落の責任で行ったと説明する。それは地域の整備は橋や道路をも含むことから，守護や領主が弱体化した場合は，その地に生活する土豪や村人が整備，管理をせざるを得なくなることでもあった。

　しかし通行人や牛馬や商品運搬に用いる道路の修復は，それを使用する旅人に対して，道路使用料を課すことが，当然のように広まっていった。いわゆる「関」を立てたのである。そこで座商人たちは商品を運ぶたびに関銭を支払うことは，仕事の妨害になるとし，商人団としてまとめて関銭以上の「礼銭」を渡して誼（親しい交わり）を結んだのである。こうして「関」と馴染となった座商人たちは，礼銭のおよんだ村々の道路を独占品を運ぶ専用道路とし，他商人がその独占品の運搬を禁じる取締役をも依頼した。

　また15世紀に入ると，本座特権商人の居並ぶ京都の両側町（街路で向き合う両側を一つの町内とした町）の町人たちは，幕府の意向もあり，町の世話役としての両側町共同体を形成し，町内の世話役も順番で「月行事」，「年寄行事」などと呼ばれた。この両側町共同体が集まり上部組織による自治権をもてば，同時にそれは自治都市の成立なのである。

2　織豊政権時代と神屋宗湛

(1)　織豊政権時代とは

　織豊政権時代（戦国直後からの時代），京・大坂（現在の大阪）に並ぶ大都（大きな都市）として海外に知られた代表的な町は，堺であり，博多であった。応仁の乱〔応仁元年（1467）〜文明9年（1477）〕以後，将軍家や諸大名の庇護を失った茶の湯は，主として豪商たちが担うことになった。中でも武野紹鴎門下の天下三巨匠と呼ばれたのが，今井宗久・津田宗及，少し遅れて巨匠となった田中宗易（千利休）である。戦国の世に堺は商人の独立自治都市として発展，納屋十人衆ら豪商によって堺の名は世界に知られていったのである。

　「博多」の地名が知られていたことは，大航海時代の1584年，ルドヴィコ・ジョルジオ（Ludovico Giorgio）が作った洋地図（世界を軸に2分した1方の

地図）「中国図」の九州に大きく「Facata」と記載されているものを始め，この時期，欧州で作られた世界地図中の日本に，京都，大坂に並び，博多，堺の名が，表記されていることでも理解できる。

　織豊政権時代とは文字通り，織田信長と豊臣秀吉の政権時代をいう。正確には永禄11年（1568）の室町幕府の滅亡時から，慶長3年（1598）の秀吉の死，慶長5年（1600）の関ケ原の戦い，さらに江戸幕府の開府までの約30年間の時代をいう。この時代には信長・秀吉が，天皇・将軍の伝統的権威を利用し，専制的な武家政治を行った。特に秀吉は土地や人民の直接支配の基礎を固め荘園制を解消し，大名知行制を敷く。これらにより，近世の集権的封建制への過渡期の基礎が築かれたと言ってもよいであろう。

　ところで宗湛が生まれた天文22年（1553）は，織田信長19歳の時代であった。またその時は，信長の父信秀が死去した2年後で，当時政権は足利13代将軍，義輝（義藤）の時代，遣明使を出し，宣教師ザビエルが九州・山口で布教を行い，近畿では種子島銃が実戦に使用され始めた時代であった。

（2）　神屋氏と宗湛

1）　秀吉と対面以前の宗湛

　神屋宗湛は，天文22年（1553），神屋氏6代目として誕生。この年は，日本が中国に朝貢〔外国人が来朝して貢物（みつぎもの）を奉ること〕する年にあたり，過去19回派遣された遣明船という形をとった日明貿易が150年の歴史に終止符を打った4年後であった。

　日明貿易の始まりには，多くの博多商人が深く関係していた。古より室町時代までの外交史をまとめた『善隣国宝記』に，「応永（1394～1428）初期，筑紫商客（博多商人）の肥富，大明より帰る。両国通信の利を陳ぶ（述べる）」とあり，博多商人の肥富が，明との貿易を足利義満に奨めたことがわかる。

　神屋家は代々，博多の津（港を控えて人々が多く集まる地域。港湾市内）に住み，古くから富豪を以て聞こえていた。永富から始まる神屋氏先祖の姓は菅原，八幡宮の管領職であったともされる。永富の孫に当たる3代目寿禎は，

製錬術を学んで帰朝し，日本に初めて銅や金を吹き分ける技術を広め，また銅山を拓き，その道の先達となった。

　寿禎が精錬技術を学んだのは明とも，朝鮮ともいわれるが，『日韓歴史共通教材・日韓交流の歴史』（1995, p.120）によると，その当時，日本人に技術を教え罰せられた２人の朝鮮人が記されている。そこには朝鮮国全羅道の一地方官，柳緒宗が自宅を漢陽の裕福な商人に貸し，ここで日本人に銀の精錬法を教えたとある。寿禎もそのような１人であったと推測される。

　寿禎は明より帰朝の際，文琳（りんご形）の茶入（以後，「博多文琳」と称される）や「瀟湘夜雨」（中国湖南省の名所・瀟湘の夜雨画）の一軸を携え，将軍足利義政に披露し，盃を賜っている。のちにこの茶入と軸物の二点は，神屋の家宝として広く知られる。

　石見の銀山を発見した寿禎は，銀鉱採掘を計画し，大永６年（1526）に着手。筑前博多に輸送し，巨額の富を得，博多に確固たる神屋家の地盤を築いた。この寿禎の曾孫が宗湛である（孫という説もある）。宗湛は通称善四郎。字名を貞清といった。

　また曽祖父寿禎と深い関係を持っている豊後の大名・大友氏は，宗湛の青少年時代には，豊前・筑前と北部九州に勢力を拡大していた。他方，中国地方10ヶ国を併有する安芸の毛利と争い，ついに博多の津にて合戦が始まった。博多が戦火により焼土と化す永禄12年（1569），17歳の宗湛（19歳の説もある）は，父の紹策と共に，肥前国唐津へ移る。この前年，信長は入京し，この年，将軍足利義昭と不和となりながらも，撰銭令を出し，ルイス・フロイス（Luis Frois）の伝道を許可した。

　宗湛は以後，天正14年（1586），33歳で博多に戻るまで，唐津と博多を往復した。天正10年（1582），明智光秀による「本能寺の変」で，信長は自刃（自ら傷つけて命を絶つこと）する。秀吉は明智光秀を討ち，信長の後続を示し，太閤検地を開始〔天正10年〜慶長３年（1598）〕，これにより荘園制度が消滅，大名の（所領支配）知行制度が確立した。秀吉が天下統一を達成したのは，さらに８年後，伊達政宗が秀吉の傘下に入り，秀吉は奥羽を支配下に置き，さら

12

に北条氏が滅亡，徳川家康が関東八国を与えられ江戸城に入った天正18年（1590）のことであった。

　実は秀吉は天下統一を完全に果たすために，天正18年まで急激な権力の拡大を進めていたのである。それは天正11年（1583）の大坂城築城，天正13年（1585）7月11日，関白となり，続く天正14年（1586）12月25日，太政大臣（尊称は太閤）で豊臣姓を拝していたなどである。

2）　秀吉と対面後の宗湛

　天正14年の10月28日，宗湛が肥前・唐津を出発することから『宗湛茶湯日記』が始まるのである。11月18日に京都へ着いた宗湛は，5日後に津田宗及（天王寺屋）と会った。宗及は，信長・秀吉に仕え，禄3000石を食み，千利休・今井宗久と共に茶の湯の「天下三宗匠」と並び称される大茶人であった。

　その後，宗及らの案内により堺や京町衆の茶会に出席し，12月3日，宗湛は秀吉が篤い至心（誠実な心）を寄せる大徳寺の蒲庵古渓和尚によって仏教に帰依，剃髪して法体となり，本名の善四郎貞清を改め，宗湛という法名（戒名ともいった）を頂いた。

　宗湛は津田宗及その他の尽力で，翌天正15年（1587）正月2日から8日にかけて行われた「大坂城大茶の湯」の3日目に，ついに太閤秀吉と会えたのである。時に秀吉は50歳，宗湛は34歳（36歳説もある）であった。この天正15年に秀吉は，天正通宝で貨幣の統一を進め，聚楽第を完成させた。

　翌年の天正16年には，刀狩による兵農分離を進め，倉入（朝鮮出兵）の軍事基地名護屋城建設に着手。17年には琉球・朝鮮に使いを送り国交を開いた。また同年，京都に奈良・鎌倉よりも巨大な方広寺の大仏を建造し，翌18年には徳川家康が関東へ移り，秀吉が完全に天下を統一したのである。神屋宗湛は，我が国の大改造を急激に進めてゆく，豊臣秀吉と出合って以後，秀吉の終焉までの11年間，重要で稀有な博多商人として緊密な関係を深めていった。

3　博多商人の地，博多の特性

(1)　商都博多の歴史

1)　唐房の出現

　ヤマト政権の軍勢が朝鮮半島を窺い北部九州へ来た時，九州の豪族はその勢力に立ち向かって戦った。いわゆる527年の「筑紫君磐井の乱」である。1年以上続いた戦いは，ヤマト側が勝利したが，『日本書紀』には536年，「宮家（政治・軍事の拠点）と屯倉（経済的拠点）を那津（博多の古名）の口に造る」とある。こうして6世紀後半「那津宮家」が造られた。

　当時中国や朝鮮半島では，全国統一の動きが激しく，ヤマト政権は親交のあった百済が，唐と新羅の連合軍に滅ぼされ，百済再興に援軍を送ったが白村江の戦い（663）で再び敗れた。わが国はこの戦いに続く報復・襲撃を恐れ，対馬や壱岐に防人を配属，筑紫に水城・大野城を築き大宰府が置かれた。のち唐や新羅との外交を復活させ，668年，新羅の使者を「筑紫館」で接待する。これが後の「鴻臚館」である。現在の福岡城内の地にあったとされる鴻臚館は，外国使節の接待の場であり，遣唐使や入唐僧の宿泊にも利用された。

　しかし9世紀末，遣唐使も遣新羅使も突如停止となった。ところが鴻臚館は，さびれるどころか，大いに賑わうことになった。なんと唐や新羅国の使者でなく宋や新羅の商人たちが押し寄せてきたのである。鴻臚館は「外交の館」から「交易の館」となり，以後11世紀半ばまでの200年間，国際交流の拠点となった（筆者はここに現在の「博多っ子」の国際的に通用する陽気で元気，気の良い原形と民力の強さ，大きさを見るのである）。

　この時の平安貴族たちは「藤原文化」を起こすが，宋の精巧な工芸美術品に対し強い憧れを抱き，陶磁器・金属器・漆器・織物など唐物を珍重した。中でも「唐物荘厳」で〔仏堂を天蓋（仏像の上や仏前の天井から吊るされた笠状の装飾）や幢幡（竿柱に帯状の飾り布「帛」を垂れ下げた飾旗），瓔珞（多くは貴金属で繊細に加工された飾り物で菩薩像の装飾や天蓋などに用いる垂れ飾り）でおごそかに飾ること〕がもてはやされた。

第1章　時代背景と茶の湯の世界

これら唐物を入手する交易の拠点が，鴻臚館であった。ところが宋（中国）の「博多綱首」と呼ばれた宋商人たちが，博多の町に移り活発な交易を始める。やがてこの地に彼らの日本最初の中国人町「唐房」が出現，国際貿易都市博多が誕生することになるのである。

2）　平清盛と博多の町づくり

12世紀の初期，白河院と祇園女御（愛人で下級女官）の妹との間に身ごもった子が平忠盛の嫡子として，白河院より下賜（高貴の人が下の人に物などを与えること）された。戴いた赤児がのちの平清盛である。元来，平氏はその基盤を西国に置いたが，清盛は大宰府の官吏である大宰大弐（大宰府の次官）になると，博多の袖の湊を築き，父の代から関わりが強かった肥前神崎の櫛田神社を勧請（神仏の来臨を請うこと）した。こうした清盛による周到な博多の町づくりは父忠盛に負けぬ清盛勢力の誇示と自負でもあったと考えられる。

清盛の期待以上といえようが，博多は日宋貿易で未曽有の繁栄を実現し，この状態は元寇後も続いたとされる。当時の博多には「大唐街」という外国人居留地的な地区ができ，博多に永住・帰化した宋商人の町となった。この地は日宋を行き来する人々で，ことのほか賑わっていたという。ところで，博多に残る奥の堂，辻の堂，石堂川など堂の名の付く場所は，このような宋人たちが設けた百堂の名残りとされている。

また博多には，「博多三刹」と呼ばれる三つの名刹（名高い寺），聖福寺・崇福寺・承天寺がある。聖福寺は日本最初の禅寺で，『喫茶養生記』を著した栄西（1141〜1215）が開山したもの。承天寺は聖一国師の開山で，敷地は大宰大弐で筑前の守護をつとめた武藤氏が寄進した。また工事一切の費用は，宋の帰化人で博多貿易商の謝国明が引き受けた。武藤氏と謝国明には，貿易でのつながりがあったと考えられる。

謝国明は日本人の妻を迎え，櫛田神社近くに住んだらしいが，本業の貿易のみならず，窮民の救済や中国針術の指南など，得難い博多住民として迎えられたことは容易に想像できる。また謝国明は，筑前国小呂嶋の領有の時代もあり，聖一国師（鎌倉中期の臨済僧。入宋から帰国後，博多の崇福寺，京都の東福寺

15

を開山。円爾，弁円ともいう）の渡宋にも彼の支援があったともいわれる。また博多に疫病が流行った時，承天寺の聖一国師が，施餓鬼棚の上で祈祷し聖水を撒いたのが，博多の「祇園山笠」の始まりとされている。

3）　九州（島津氏）征伐

　天正4年（1576）薩南の島津が北上，10年間という戦いに危機を感じた豊後の大友は，当時ほぼ天下統一を果たした秀吉に助けを求めたのである。受けた秀吉は天正14年（1586）7月，島津討伐を決め，黒田官兵衛孝高を軍監（軍事の監督。ぐんげんともいう）に命じ「九州征伐を成せば九州の二国を与える」と約束，これにより黒田氏が九州と縁を持った。

　天正15年（1587）3月，畿内と中国の37ヶ国，かつて無い数の兵を率いた秀吉は，黒田孝高と毛利輝元に迎えられ，豊前小倉城で島津討伐の軍議を持った。結果，孝高の進言通り，秀吉の軍は筑前・肥後の西九州を南下，豊後・日向路の東九州南下の軍は秀吉の弟秀長が率いた。筑前の古処山（現・朝倉市）で迎え撃つ島津方の先鋒秋月種実は，それまで経験したことのない地平を覆う秀吉の軍勢に圧倒され，戦わずしてその軍門に降った。秀吉による30万人の軍勢は，九州一の軍事力を持つ島津さえ圧倒するほどの大軍だった。

　次第に追い詰められた島津は，城下まで10里に迫られ，5月6日，島津義久が僧体となって，秀吉に降伏したのである。以上は林（2015，pp.10〜12）に詳しくあり，次章も軽妙洒脱で丁寧な林（2015，pp.13〜15）を参考にした。

（2）　博多と福岡

1）　自由都市支援の秀吉

　九州平定後，筥崎宮に滞在した太閤秀吉は，荒廃した博多の復興に着手した。これが「太閤町割」と呼ばれる大規模な区画整理で，整然とした街区を形成することになった。さらに秀吉から，筑前国（当時の領国形状は逆三角形で東部は現北九州市戸畑区の境川までで37万石，後の黒田藩は拡張して50万石以上となる）を与えられた小早川隆影は，博多の本格的な再興に，嶋井宗室や神屋宗湛ら博多豪商の協力も得て再建を進めた。

第1章　時代背景と茶の湯の世界

　島津氏降伏の1ヶ月後，博多に戻った秀吉は，筥崎八幡宮に陣所を構えた。続いて秀吉は神屋宗湛の案内でポルトガル船に乗り，筥崎浜から博多湾に出て博多を巡視（その折，宗湛から博多の町の復興を懇願されていたという説もある），当時九州一の大都市，戸数1万戸余の町が，天正8年の龍造寺氏，天正14年の島津氏らによって侵攻・焼打ちに遭い，荒れ野と化した博多の全貌を見たのである。

　林（2015，pp.10～16）によると，太閤秀吉は宗湛・町衆に手を貸し博多の町割りを10町（1100メートル）四方に定め，東を石堂川，西を博多川，南を辻の堂，北は博多湾を限りとした。さらに黒田孝高を普請奉行に命じ，孝高は縄張り（測量と基本設計）を家臣の久野久兵衛に命じた。こうして世にいう「太閤町割」は碁盤目状の街区となり，街区に沿った短冊形の町屋が整備されたのである。

　博多の町は秀吉の命で武家には居住が許されず，楽市楽座を開いて，自由都市とした。さらに商業振興を目的とした以下の如き「定」を出したとされる。

定

一，商業の自由
二，地子（田畑に課した領主の雑税）・夫役（人民に強制的に課す労役）など諸税の免除
三，博多津中廻船の保護（博多津のどの船が避難しても保護をする）
四，喧嘩両成敗
五，いわれなき訴訟や指令の禁止
六，出火・放火は本人を罰し，連座（連帯責任による処罰）制を廃止
七，徳政の免除＝武士の困窮対策としての債務免除は許さない。
八，給人（領地を持つ武士）・武士の博多区（町人地）の居住を許さず
九，権力者の押買（売手が望まないのに，無理に買取る）や狼藉（乱暴なふるまい）を許さず，（前記）各条（の内容に）もし違反の輩（者たち）がおれば，罪科（刑罰）処されるべく候由也

天正十五年六月　秀吉

---

2) 太閤国割と大茶の湯

　続いて秀吉は九州諸大名の地割（領地配分）「太閤国割」を行った。天正13

年（1585）のこの頃すでに「唐入構想」を持っていた秀吉は，天正15年（1587）の九州征服を機に国割を具体化したのである。実は秀吉が天下人として完全な全国統一を果たしたのは天正18年（1590），小田原攻めに伊達政宗が従い，北条氏は滅亡。秀吉が家康に関東8国「関八州」を与えた年であった。

しかし秀吉はこれ以前の大事件，「本能寺の変」で信長が憤死した天正10年（1582）から天正20年（文禄元年：1592）に朝鮮侵攻するまでの10年間，一刻も早い天下統一と明国（中国）侵攻を望蜀（次々に上を望むこと）した。その為に必要な朝鮮の属国支配を実現し，この戦に貢献した大名には広大な領地を与えると公言した。それゆえ天下統一の2年後には，ほとんどの大名が秀吉に逆らわず朝鮮進出に兵を送ったのである。

そういった準備のため，秀吉は信長亡き後自分が正当な後継者であるために，本能寺の変を起した明智光秀をいち早く討ち，その年天正10年の内に，遺体がなくとも信長の葬儀を行った。さらに，検地を開始して貴族・寺院の荘園制を潰し，遥か異国にも繋がりを持つことを示すごとくキリシタン大名が望むローマに遣欧少年使節派遣を許可したのである。

前記の通り秀吉は，天正15年（1587）天正通宝を鋳造させるとともに，禁教令を発した。さらに聚楽第を完成させ，今日でも空前絶後と称される規模の北野の大茶の湯を催した。

このような中にも秀吉は，対馬の宗氏に「朝鮮が日本に服属し明（中国）征服の先導をする」ことに同意するよう対朝鮮交渉役を命じた。古くから中国と交易関係があった宗氏は，秀吉の一方的で唐突な宣戦布告ともとれる内容ではなく，懐柔策をとった。しかしながら天正20・文禄元年（1592），秀吉の朝鮮侵攻が始まるのである。

3）秀吉の海上戦準備

秀吉は，筑前・肥前を明国侵攻における朝鮮攻めの兵站地域とし，その実力が評価される毛利本家の主力水軍を博多に入封〔封土（国土・領域）に入ること〕させることも始めた。秀吉の命令を受けた毛利輝元は，自身の代理として一族の小早川隆景を推挙した。

18

第1章　時代背景と茶の湯の世界

　この隆景は毛利元就の「三本の矢」で知られる隆元，元春，隆景，毛利三兄弟の三男で，勇猛果敢にして思慮深いといわれていた。当初，備後三原を領していた隆景は秀吉の信頼も厚く，四国攻めの功により伊予に領地を与えられていたが，転封（大名の領地を他へ移し替えること。国替）となり，三原に加え筑前一国と筑後の三井・御原，肥前の基肆・養父郡を有した。さらには怡土郡と引き換えに，博多津までが領土の大大名となったのである。

　こうして隆景は領地の内，筑後の久留米7万5千石を養子の秀包（隆景の弟，毛利元就の9男）に与えている。秀包は黒田考高（別名：如水・勘兵衛）の勧めで入信したキリシタン武将で，妻は大友宗麟の娘，桂姫（孝子・印地之君・洗礼名はマセンシア）で，共に熱心な信者であった。かかる故に久留米は，たちまちキリスト教布教の中心地となった。

　また隆景が当初，立花城に入っていたところ，秀吉から「山城ではなく海陸の交通要所に築城を」と指示があり，名島に船溜まりを備えた城を築き，領内寺社においても，宗像大社拝殿・大宰府天満宮本殿・筥崎八幡宮楼門などを寄進した。

4）秀吉の甥小早川秀秋

　朝鮮侵攻の兵站基地は小早川隆景が治め，さらに自ら兵を率いて戦うのであった。隆景が名島にいたのは7年間で，後半は朝鮮に在陣していた。しかし戦陣で体を壊す兵が多いように，隆景も病んで帰国した。すると秀吉から甥の秀俊（のち秀秋。秀吉の正妻・北政所の兄・木下肥後守定家の五男）を毛利輝元（隆景の長兄・毛利隆元の子，隆景の甥）の養子にする話を持ち込まれたのである。

　ところが隆景は，毛利本家に秀吉の甥が養子として入ることに，毛利家収奪（奪い取ること）の可能性・危険性を感じたのであろう。隆景は自分の養子・秀包が久留米の領主でいることから，筑前一国他に所領する小早川隆景自らの養子として，秀吉の甥秀俊（のち秀秋）を受け入れ，毛利輝元の養女を嫁がすことを願い出た。そうして文禄4年（1595）9月20日，秀秋は隆景と共に名島へ入り，11月から秀秋が筑前を治めることになった。

19

ちなみにその後の隆景は、鞍手・宗像・御牧（遠賀）の筑前３郡を領し、三原に戻って隠居した。そこで養生したが慶長元年（1596）６月12日、65歳で死去した。あとを受け継いだ秀秋も苦労し長命とはいえなかった。

　慶長２年（1597）２月、「慶長の役」には、兵站地の領主、秀吉の甥・小早川秀秋（当時15歳）が朝鮮派遣軍の総大将として赴任したが、約１年後の慶長３年１月に帰国し、越前15万石へ減封され転封となった。理由は朝鮮慶尚南道の蔚山城から加藤清正の救出を黒田長政らと共に成功させたが、秀秋は自身の全軍を放置して手柄を狙ったとし、軽はずみの罪で役を解かれたことによるものであった。秀吉はこの時小早川領を直轄、急ぎ兵站基地の強化を図った。しかし博多湾は遠浅で大船の横付けが難しく、名護屋に切り替えたとされる。

　直轄地の代官は石田三成、後に浅野長政（秀吉の五奉行の１人）が筑前９郡の代官となり、二人は引き続き博多津中（博多町衆）を使って兵站基地名護屋へ物資や人を送った。しかしこの直轄地も慶長３年８月の秀吉の死で終わった。またこの死は次の慶長４年（1598）に越前の小早川秀秋（17歳）を筑前へ復領させることにもなった。

　秀秋はこれまで豊臣代官衆の過酷な収奪で田畑は元より荒廃した町の復興に意欲を見せ、領民たちと共にある姿を示したが、この復領は２年足らずで終わった。関ケ原の戦いで徳川東軍についた秀秋は、その論功行賞（功績を論じた結果与える賞）により旧宇喜多領の備前岡山50万石領主（19歳）に栄転していったのである。しかし２年後に21歳で死去、秀秋には子がなく、隆景のもう一人の養子、久留米領主だった小早川秀包は関ケ原の西軍で敗戦、黒田官兵衛を頼って毛利本家に戻るが、病に臥し35歳で没した。

　この豊臣秀吉の九州入り以前に、朝鮮を中心とする海外貿易で財を得、秀吉の九州入り後は、朝鮮侵略の兵站基地商人として、地域の町人から天下の町人になったのが、博多商人と呼ばれる人々である。中でも巨大な銀山を持ち、秀吉から格別眼を掛けられた神屋宗湛を中心に、秀吉政権に結び付くことで彼らの将来は約束されたと思われた。

第1章　時代背景と茶の湯の世界

4　神屋宗湛の人間性

(1)　宗湛とその時代の世界事情

1)　初めて見る世界

　太平洋戦争後の昭和20年代を経験した人々の中には，進駐米軍の家庭や，映画館で洋画を見て彼らの暮らしの全てが目新しいことに驚いた人も多いであろう。どの家庭も炊事・洗濯・掃除の多くは電気エネルギーの機器が行い，自家用乗用車とガレージを持つという文明国の衝撃的な場面は余りに印象的であった。それだけに安土桃山期の西洋人来航時の驚きは，いささかなりとも想像できる。当時見られた戦後のアメリカ人の暮らしぶりは，いきなりの懸隔（へだたり）であったが，宗湛時代の南蛮船渡来はこの太平洋戦争後の米軍進駐に先駆けた米国の文明文化の流入以上の驚きであったと考えられる。

　異国の目新しい事象はあらゆる分野で流行となり，しかも僅かな年月において模倣，応用される。一時的な流行ではなく，人々の生活の中に取り込まれると，それは一つの異色文化の萌芽ともいえよう。しかも安土桃山時代は，先史の時代からあった中華思想の支配下に置かれたアジアや我が国の輸入文化と違い，さらに平安期の表層的な国風と称された文化とも全く異なり，我が国独自の精神に基づく固有の文化を生み始めたばかりの時代だったのである。

　安土桃山という時代は，これまでの歴史時代で最も長い400年を有した平安期の後，それまでの公家政権を打ち破った武士の戦乱と，庶民の不安が激化した鎌倉時代の150年間を経て，東国鎌倉の政治拠点を京へ戻し，武力と財力による領土拡大の戦国時代を招いた180年間の室町時代，そしてあとに続いたのが天下統一に届いた，わずか25年から30年という安土桃山の時代であった。

　この短く移り変わりの激しい時代に活躍したのが神屋宗湛であるが，現在の茶の湯ファンたちに，博多の豪商神屋宗湛が知られるのはなぜであろうか。一つには宗湛が克明な茶湯日記を残したこと，それがコミックなど刊本で若者に知られたという。またその中には古田織部の沓形茶碗（上から見て円形ではなく，神官などが履く木沓を連想させる。織部が祖とされる）など故意に歪めた

21

器を「ひょうげもの」（おどけたもの）と神屋宗湛が評した有名な下りもコミック本に描かれていることで，近年着目されていたということでもある。

2) 織豊時代の海外

　この織豊期（信長・秀吉政権＝1573〜1598）という時代の世界地図を広げると見えてくるものがある。そこには我が国だけでなく世界の大国はこれまでにないほど短期間に大規模な変容をみせているのだ。イタリアに起こり，欧州全域に波及した芸術・思想などの革新運動「ルネサンス」（13世紀末から15世紀末）が終盤を迎えた時代，これを受けるように欧州人が新航路・新大陸発見を目指す大航海時代（15世紀〜17世紀前半）が到来した。織豊時代の欧州は，活発な植民活動が諸国に起こり，西欧の政治・経済に重大な影響をもたらした発見の時代であり，貴族たちの好奇心を高め，博物学や動植物園，さらに展覧会・博覧会が誕生する発見の時代ともいえた。

　1494年に教皇まで出したフィレンツェの名門・大富豪のメディチ家（Medici，門閥貴族で商業・金融で勃興，ルネサンスの学問・芸術を保護）も政権を失い，1498年，天下を轟かせた（広く世間に知られた）怪僧サボナローラも刑死となった。1506年ヴェネツィアはオスマン帝国と戦い，同年ヴァチカンではサンピエトロ大聖堂の新築工事が始まり，レオナルド・ダ・ヴィンチは「モナリザ」を描いていた。まさにその頃，大内氏は使僧を明に派遣している。また4年後の1510年，朝鮮では日本人居留区民の反乱，「三浦の乱」（李朝の中宗が即位して日本との交易用の三ヵ浦に密貿易者が急増，この三カ所の浦で中国側は厳しい取り締まりを行いこれに反発した在朝日本人による反乱）が起っていた。

　戦国時代の末期，天正11年（1542），生野銀山が発見された頃，斎藤道三は土岐氏を追うなど，激しい戦と非情な下剋上が起っていた。翌1543年，ポルトガルの商人が種子島に漂着，鉄砲が伝わった（他に山陰ルートも聞く）。さらに2年後の1545年，スペインは800万人の労働者を酷使で殺したともいわれるボリビアのポトシ大銀山を開発した。この頃朝鮮を標的とした倭寇の活動が激化。さらに5年後の1544年には，増大した倭寇が浙江省，1555年には大陸の奥深く，南京にまで迫っているのである。

第1章　時代背景と茶の湯の世界

　そのような最中の永禄3年（1560），桶狭間で織田信長が今川義元を奇襲し敗死させた。この3年後，倭寇は福建で敗れ，以後衰退してゆくことになるのである。

(2)　宗湛の生き方

1)　宗湛の人間観

戦地で育つ宗湛

　博多の豪商に生まれ，戦国時代に天下統一を成した為政者（政治を行う者）豊臣秀吉を経済的に支え続けた宗湛の人生観とはいかるものであったろうか。確かなことは，宗湛が生まれた頃の神屋氏は，石見銀山開発で巨利を得た一家として，すでに我が国の名立たる貿易商家の一族であったことが知られている。

　博多は宗湛の子供時代から貿易都市の権利と富を狙う大友・少弐・大内・毛利・龍造寺・島津と大名らの係争地（領有権を巡って争いや対立が起った地）となり，戦地に高僧を連れる大名もいれば，かたやキリスト教宣教師の信仰を支えに進軍する姿もあった。既に述べたように宗湛は永禄19年（1569），17歳（19歳説もある）という多感な年頃に大友・毛利による勢力支配の争いで焦土となった博多から肥前唐津に移ったのである。ここで宗湛が公私の貿易，さらに密貿易世界の存在を知り，或いはそれらに接触・体験することもあったかも知れないが，変わらぬことは世の中が常に武将による戦の激化で明け暮れるという日々の現実であった。

　やがて下剋上も起こり，目まぐるしく変わる上下・縁戚関係を生み出す武力支配が続いた戦国期も終盤に向かうことになった。永禄10年（1567），織田信長が「天下布武」（武力で天下を布くということ）の印判状（戦国期，花押に替わって流行した印章で，武士が僧侶に倣った書状）の元に天下統一を目指し始めたのである。

2)　秀吉の時代へ

　この「天下布武」の決意から15年，まさに信長の勢力支配が完結せんとする天正10年（1582）6月1日に「本能寺の変」が起る。天下統一の目前で死んだ

23

信長の地位を継ごうとする戦国大名の中に，周到な策略と行動力で天下人の座を誰よりも狙っていたのが秀吉であった。そしてこの「本能寺の変」から4年後，神屋宗湛（33歳）は肥前唐津村を出行（出てゆくこと）したのである。この天正14年（1586）10月という時期は，天下統一を果たす秀吉が，信長をして難攻不落で，ついに和解に及んだ巨大要塞，元石山本願寺の焼け跡地に残る曲輪の基礎形を利用した大坂城が完成するのと同時期であった。

つまり宗湛は堺一の豪商である天王寺屋津田宗及を介し，大坂城落成の祝儀を持って秀吉の目通り実現を胸に秘め上洛したのである。石見銀山を背景とする莫大な財力と，明を始め東南アジア貿易に豊かな経験をもつ神屋氏の宗湛にとっては今が，天下に知られる豪商の地位を実現する大切な時期であり，絶妙な好機でもあった。この時期に宗湛が上洛（京都へ上ること）した理由は，急激に天下統一を目指し昇って行く秀吉の様子をあらゆる情報網から確信したからに違いない。それは概ね次のような事象に起因すると考えられる。

実は秀吉が天下統一を成すとしたのは天皇から公家の最高位，太政大臣（敬称は太閤）の位を得ると見たからである。宗湛の予測通り秀吉は全国の武将の中で，一人だけ格別の存在となったのである。信長のあとを継ぎ，破竹の勢で天下を治める寸前であることを天皇に接近し認めさせたとされる。また秀吉は「本能寺の変」の直後，検地（太閤検地）を開始していた。

天正14年，いよいよ宗湛が秀吉との目通りを求めて上洛した時は，それまでの正親町天皇から譲位された後陽成天皇によって，秀吉は太政大臣，豊臣姓を賜る直前の関白であった。しかし，この年においても秀吉の天下統一は完成に至らず，翌天正15年に秀吉は宗湛から資金面での援助を受けて，30万人の兵を集め島津氏を討ち九州を平定した。引き続き焦土と化した博多に寄り，復興に着手，町人主導の楽市とし，天下統一前でありながら天正通宝の鋳造で貨幣統一を進めているのであった。

惹かれる宗湛と秀吉

秀吉は天正16年には倭寇取締令，刀狩令を発し，兵農分離を進め，天正大判・小判の鋳造を行った。翌17年は奈良・鎌倉の規模に勝る方広寺（現・

24

第1章　時代背景と茶の湯の世界

京都市東山区七条，京都国立博物館側）の大仏を鋳造し，また琉球に使いを送り，さらに朝鮮との国交をも開いた。

　そうして翌天正18年（1590），奥羽の伊達政宗が従い，関東の北条氏を滅ぼした。これにより初めて秀吉の全国統一の達成が成され，それまで動かなかった徳川家康も秀吉から与えられた関八州（関東八国）の本城とした武蔵国の江戸城に入ったのである。これ以後秀吉はさらに倥偬（軍事など，緊張感の中であわただしいこと）状態となり，名護屋城から明国・韓国支配に向かった時ついに，宗湛へ兵站の物資手当を全て任せたのである。

　秀吉が信長の死後，天下統一に8年を要した。又，その半分の時期，天皇家の親交を得て為政の全ての権力を手中にしようとしていたが，秀吉の思うままにはいかなかった。秀吉が念願として朝廷に進言していた征夷大将軍（武家政権の象徴というべき政庁の首長称号。略して将軍とも）の位も与えられず，代わりに当時では具体的実務のほとんどない太政大臣という最高位を授かった。秀吉は自身の思いを達成するのに，この思いのままにならぬ公家より，強い味方となる東アジア貿易に関わる博多の豪商，神屋宗湛との出会いを楽しみ，あるいは緊要（まずなすべき大切なこと）な仕事を任せられる人物と感じていたと考えられる。

　両者の茶会は毎回趣向を凝らした設いで茶席に招くなど大いなる楽しみであり，それとともに互いの人生に何らかの影響を及ぼしかねないとする緊張を伴うものであったとも考えられる。肥前・筑前の地を良く知り，秀吉が頼りにするほどの富を持ち，明や韓国に良質倭銀の輸出をする宗湛は，これからの名護屋城を拠点とする計画を持つ秀吉にとっても，宗湛にとっても，互いに必要とするものは多くあったはずである。このようにして始まる宗湛の余りに多忙な様子は『宗湛日記』を記す間もなく，空白の日が続くことにもなった。

3）　法体の商人宗湛

在俗の法体

　宗湛の法体については，桑田（1947，p.6）を若干補足して説明することにする。

25

当時，利休を始めとする泉州堺の商人たちが，剃髪・得度（髪を剃り仏門に入ること）の法体（法衣を着た僧侶の姿）には，世俗の階級的差別を超越するという特別の意があったのである。勿論，原則としての法体には外見だけでなく，それに相応しい内容を持つ必要があったが，武家・富商によって新解釈を生んだ。

　その内容は，無差別平等を主眼とした仏教の教理が根底にあるが，それ以上に「茶を立てて仏に献じ，我も飲み，人にも施す」という禪院僧坊（禅宗の寺院で，禅寺に起居する寺院付属の家屋）の行事に端を発した「茶道の精神」を受け入れようとしたからであろう。

　外形的に頭を丸めた彼らは，その反面において，茶を饗し茶を飲みつつ，依然（何事もあるがまま）として世俗の生活を営んだばかりでなく，逆に帰俗（自発的に僧の道をやめること）・還俗（処罰として強制的に俗人に戻ること）の者も現れ，一層強く在俗，世俗に生きた者も多い。宗湛も強く世俗に生きた一人である。彼は33歳にしてこの世俗を捨てながら，却って刹那の連発を生きぬくこの世に現れ出たといえよう。そのような彼の茶日記が天正14年，得度・法体の年に始まっているということも意味深い。

　しかし室町期において，すでに剃髪した法体姿で隠居する身分のある富商やその家族，武家が現れてくる。寺院側も戦乱の世にあっては維持費も入用で，得度式を歓迎する理由もあったに違いない。また別の世界で，末法に近づくことを恐れる風潮が高まると，熱心に仏にすがり帰依する者が多く出て在俗（僧ではなく在家妻帯のまま僧形で普通に生活し信仰すること。またその人）の認可を領主や寺院に申し出る者が増えた。多くは体力の無い村民に成り替わり，仏にすがる修行をするということであろうが，僧形で村落を遊行（僧などが修行，布教のために巡り歩くこと）し，読経，葬式にも加わった。これらは古代末から中世にかけて国家が保護したこともあって，困窮者や逃亡者も駆け込み，後には職業化して，近世には乞胸（江戸期の辻講釈・万歳芸で銭を乞うた人々）のように賤民化したのであった。

第1章　時代背景と茶の湯の世界

宗湛の得度・剃髪

　また得度と剃髪の様子は前記の桑田（1947，pp.4～5）が概ね次のように述べている。

　「天正14年（1586）12月3日，寅の刻（午前4時），宗湛は京都紫野・大徳寺に詣でた。洛中（京都市中）は三尺（約1m）も大雪が積り，乗物（引き戸のある高級駕籠）も難しかった。門の外で，夜はほのぼのと明ける中，塔頭（大寺に所属する別坊）の総見院〔天正10年（1582），豊臣秀吉が京都大徳寺内に創建した塔頭で，織田信長の菩提所〕に参り，案内を乞うた。先ず門首座の寮に呼び入れられて，朝飯三膳まで結構な御馳走が出たが，間もなく客殿（貴族の邸宅や寺院などで，客を応接するための殿舎）に呼び出され，宗湛の意中の人物，得度を願う名僧，古渓和尚にお目に掛かることができた。

　　そこで僧衆が，寮の内から燭（燭台蝋燭を立て火を点ずる台）を持ち出して縁側向きに置き，さらに台の上には，剃刀と香炉（香をたくのに用いる器）と香合（香料を入れる容器）が置かれた。まず古渓和尚が出てきて香を一炷（線香を数える単位）焚いて剃刀を当て，三度，尋問して剃刀を元に戻す。その後古渓和尚に替わり，僧衆が来て髪を剃る。そうして和尚の導きによって本尊を参拝。さらに三方に奉書紙（上質の楮を原料とする厚手で純白の和紙）を一枚敷いて白梅一枝を置き，御肴が両種（2種類）出て，その後に饂麺（汁で煮た饂飩）が出た。その時，土器（素焼きの器）一重ねを足打（足打折敷＝脚付の四角盆）に据えて出し，御酒五返（五回の返杯か），肴三種の振舞があった。かくて神屋の善四郎貞清（宗湛の俗名，33歳）は，戒名としての号，宗湛を称するに至ったのである。」

法体の意味するもの

　法体とは俗体（僧でない俗人の姿）に対して，仏門に入り髪を剃って黒染めの衣を着けた姿をいうが，本来は「一切存在の姿」（宇宙万物の実体）をいい，仏教の浄土門では阿弥陀仏の名号（仏・菩薩の名）・念仏のことをいった。ま

27

た法体は，既に僧侶である者の姿をいうのではなく，俗人が僧体（僧侶の姿）を身に纏うことを呼ぶのである。

　宗湛のように，当時法体となった公家・武士・商人たちは，どのような理由から法体となったのであろうか。当然のことながら，永承7年（1052）以後，仏教では「末法時代」に入り，仏教が衰えると同時にやがて教法（釈迦の説いた教え）の消滅に至る「法滅時代」を迎えるとした悲壮感が高まっていったこともある。

　さらに守護大名以降，戦国時代に入ると我が国の各地が戦場となり，血生臭い日々が続くことになった。それまで死の恐怖を縁遠いものとしていた時代と異なり，数多くの人間が死んでゆく日々を間近にする武将たちは，仏と合体したかったのかもしれない。さらに神屋宗湛や嶋井宗室のような豪商は，何と言っても身分を超えて，仏と常に共にある商人として，少しでも対等な雰囲気を醸し出すことで商談上有利と考えたのではないだろうか。

　とはいえ個々様々な理由から，仏教に帰依するだけでは満たされず，法体での日々を求めた者もいたであろう。しかしどう見ても法体であれば，あたかも人間性が浄化されて見えるのも自然の理といえる。このような外見の利用は，自己満足度を高めながらも，これまでの人々との接し方も変わり，人徳ある姿を期待してのことではないだろうか。

　僧侶の姿は誰にも穏やかな印象があり，これらの特性で交渉上の好印象を与えたいとする底意（心の奥にある考え方）がありながら生き抜く法体商業者も当然存在したであろう。

4）　名護屋本営の仕掛人宗湛

　松浦史・松浦党研究家の原口（1999，pp. 21～24）は，博多から名護屋に明国征服の本営を移した仕掛人が神屋宗湛と論じた。その一部をここに紹介する。宗湛が秀吉との目通りを求め，九州唐津村を出立する天正14年（1586）11月より8ヶ月前の同年3月，日本イエズス会副管区長ガスパル・コェリュ（Gaspar Coelho）の一行が築城普請中の大坂城を訪問。そこで秀吉は明国の征服計画を，概略次のように語っているのである。

第1章　時代背景と茶の湯の世界

「自分（秀吉）は既に最高位に就き，日本全国を帰服（支配下に置く）
させたならば，領国も金銀も何も不要である。唯一，名声と権勢を死後
に遺したいのだ。日本の統治が実現すれば，我が国（日本）を異父弟の
羽柴秀長に譲り，自分は朝鮮と中国の征服に専念したい。故にその準備
として船舶2000艘の建造のため木材を伐採させている。また（あなた
達）伴天連には，十分軍備された大型南蛮船２艘を斡旋して欲しく，こ
れ以外は求めない。この南蛮船２艘は無償で貰う考えはなく，代価の他
にこの購入に係る一切を支払う。同時に手配を願うポルトガル人のベテ
ラン航海士には報酬以外に銀をもとらせる。」

　中国・朝鮮遠征のための本拠地は当初博多であったが，天正19年（1591）か
ら軍事基地としての築城が始まったのは肥前名護屋であった。原口（1999,
pp. 113～117）は，この博多から名護屋へ本営を移したのは宗湛が仕掛人では
ないかとみている。理由は唐津に13年間住んだ宗湛が，玄界灘を知り尽くした
唐津・松浦の漁民や海賊（松浦党）の支えなくしては，自由な渡海は不可能と
いう玄界灘の困難さを熟知していて，「軍都は名護屋」と強く薦めたことによ
るという。

5）　約束を果たした秀吉の茶席

大茶の湯への招待

　現在神屋宗湛の屋敷址には豊臣秀吉を祀る豊国神社が建っている。宗湛と約
束した秀吉の茶席は北野大茶の湯が発端である。天正15年（1587）９月，大坂
に帰った秀吉は完成したばかりの京都，聚楽第に移った。さらに同年10月１日
から10日間，北野天満宮で大茶会（「北野大茶の湯」ともいわれる）を催すこ
とになった。そこで秀吉が掲げさせた大茶会案内の高札は次のようであった。

「北野の森で10月朔日（１日）から10日間，天気の良い日に茶の湯を行
う。茶の湯に関（心）のある者は，若党（武士の従者）・町人・百姓に
よらず，道具は釜一つでもよく，茶はコガシ（米や麦を炒って粉にひい
たもの）でも良いから提げて参加して良い」

この結果，初日の北野の森には1500軒から1600軒の数寄屋（茶席）が立ち並

んだという。秀吉の「通り抜け大規模茶室」（３ヶ所に建てられたとされる）では803人もの客に秀吉と他の３人で振る舞ったとされる。この北野大茶会には九州代表の茶人として，秀吉と最も親しい宗湛が只一人招かれたのであった。

宗湛への招待状は，津田宗及から開会14日前の９月17日に飛脚便で届いた。それには宗及の添状があり，「九州から招待されているのは宗湛一人ゆえ，必ず上洛するように」とあった。

遅れた宗湛

ちょうどその頃，宗湛は秀吉から拝領した博多の土地に仮屋を建てている最中で眼を離せず，上洛は難しかった。しかし太閤からの招待ということで吉日の「天赦」（四季に１回ずつある何事にも良い日）を選び９月22日に旅立った。道中を急ぐ必要から船で向かったが，これが不順な天候で連日思うようには進めず，ようやく10月４日に大坂，聚楽第には８日に到着した。間に合ったと安堵する宗湛は，ここで北野大茶会の10月10日に間に合ったのではなく，茶会は１日の初日限りで終わったことを知る。

茶会を１日限りとした理由は「秀吉の九州平定後，佐々成政を肥後の大名に据えたが，秀吉の命に背き検地を強行しようとし，国人（在地の武士）一揆が起こった」という国人からの注進（急がれる大事の報告）が届いたからであった。ようやくにして宗湛が聚楽第に着いたその日，秀吉も大津から京へ帰り，正午頃に聚楽第内にある宗湛の屋敷で秀吉にお目見えできた。秀吉は宗湛にむかい「可哀そうであった，上京が遅くなったものであることよの，しかしその内，お前に茶を点ててやるから，待っておれ」と慰め約束したのである。

ところで秀吉の異父弟の羽柴秀長〔秀吉の弟，秀長は多くの大名達からの信任厚く，大和郡山に居城70万石を領し奈良地域の武将・富商（奈良衆）を束ねていた〕は，折角だからと二日続けて茶席を設けたともされている。

秀吉のお点前

宗湛が聚楽第に着いたこの８日の夜，秀吉の茶頭である津田宗及は，聚楽第内に与えられた自分の屋敷に宗湛を招き，その労をねぎらっている。翌朝は同じく聚楽第内の石田三成が茶席を設け，翌朝は山崎志摩守片家が，昼は長束

第1章　時代背景と茶の湯の世界

正家が，晩は池田伊予守秀雄と皆，聚楽第内の屋敷に宗湛を招き，ねぎらってくれたのである。そして14日秀吉が聚楽第内に新しく造らせた2畳数寄屋の茶室開きに津田宗及と共に宗湛を招いたのである。

　実はこの日，秀吉は対馬の宗義調・義智に対し，中国への侵攻のため，朝鮮服属の交渉を急ぐよう命じている。秀吉は片時も中国侵攻，朝鮮服属計画を忘れたことはなかった。

　秀吉のお点前（茶を点てる作法）で茶の湯が終わった後，宗及が宗湛に次のように語った。「この数寄屋は3日前に完成したばかりで，誰よりも先に宗湛を招き自らのお点前で茶を下さったことは，この上ない名誉なこと。九州に帰ったら皆に聞かせてやるがよい。」

　実はこの内容は事前に秀吉が宗及に「お前から伝えるように」と示唆していたのである。秀吉が自分に代わって言わせたこの演出は，のちほど容易に露呈することを承知の上で仕向けたのである。宗湛もその場で承知していたと思われる。何故ならこのように互いに気心が知れていた茶番を楽しむ会話は他にもしばしば存在するとされるからである。

秀吉の仕掛け

　この14日の茶席における秀吉は宗湛をさらに驚かせる。2畳の数寄屋は聚楽第の「山里」と呼ばれたが，この付近は松原であった。その奥には大層ひなびた茶屋が建ち，同朋衆〔阿弥号（本来は浄土教遊世者の称号）を称し茶事の雑用などをつとめる僧体の者〕が一人いる。横長の竈の片方には，すすけた釜が据えられ，他の一方には田楽豆腐が2本立ててある。

　さらに古めかしい板の上には柿が2個ずつ，3ヶ所に置かれ，脇の壁に藁草履が吊られていた。そしてこの草履を店主秀吉が1足5文で売らせているという趣向である。当然のことながら宗湛は自分の為にこのような手の込んだ興趣（味わいのある面白さ）を用意した秀吉に，この上ない喜び，感謝を感じながら宗及の草履代を加えた10文を売子の同朋に支払ったことであろう。

　これはまさに山里の茶飲み処，茶店の再現といったものであるが，ここは千利休が好んで秀吉を始め数多くの茶席で見せた「侘茶」の草庵茶室に通じる原

31

点を今度は秀吉が宗湛に披露したのである。秀吉は黄金の茶室や満艦飾（賑やかに着飾る）の身なりで御成（貴人の外出・訪問・臨席）になるなど，何事も派手好みと受け止められているが，実は年を重ねてゆくごとに，黄金とは対照的な閑寂・枯淡な「侘」の美意識に魅かれていくのである。その傾向はこの北野大茶の湯の４年後，政界にも影響を及ぼしたとされる千利休が秀吉の怒りに触れ自刃〔天正19年（1591）没〕して後に，強くなっていったとされている。

多才な秀吉

　同じくこの10月14日の聚楽第における松原茶会の翌日，秀吉は大坂城へ赴き，宗湛はそこまで供をしている。大坂について１週間後の10月21日早朝，宗湛は宗及と大坂城に行き，薩摩の島津氏の老臣伊集院忠棟と細川幽斎の茶席に着いた。この時宗湛を後見（世話役）に付けたのは，秀吉・宗及による。実はこれは宗湛を大大名と陪席（身分の高い人物との同席）させる配慮（心くばり）があったからとも見られている。

　さらに続いて大坂城山里丸の数寄屋で秀吉招待による昼会が行われた。この時秀吉は水屋から「長ソロリ」の名を持つすらりとした姿の青銅製花入を持出し床に置いた。

　ここで秀吉は宗湛に「花を活けてくれ，花を活けないなら，博多には帰さぬ」と言い出した。宗湛が困っているのを見た宗及が様々な断りの文句を並べた結果，「それでは」と秀吉自身があっさりと一輪の花をそれは見事に活けて見せた。秀吉は茶湯に通じているだけでなく，このような茶花などの立花や短歌・連歌・書・建築，そして戦時における戦法にも巧みであった。

　このような才能を持つ巧者振りと，茶目っ気，器用，女好きなど憎めないとされる面と，天下の覇者として中国・朝鮮制覇の為なら何でもやるという狂信的な蛮行の一面も見せている。

　この極端な「飴と鞭」，思いもよらぬ褒美やお世辞の旨い「飴」と，短気で逆鱗に触れると耳や鼻を削ぐ「鞭・凶器」を常に持つ秀吉，このような秀吉と親交を深めた宗湛もまた，桃山時代を支える側の人間として天下を極めた人物，と呼んで差しつかえないであろう。

第 1 章　時代背景と茶の湯の世界

(3)　迅速かつ集中的な行動力

1)　宗湛の行動力

　安土桃山時代を懸命に生きた神屋宗湛であるが，茶会の様子が書かれている
『宗湛日記』から見えてくるものに宗湛の動きがある。織田信長の威令（威力
ある命令）とは趣の異なる温かくも緊張感のある主命（主君の命令）を屡々投
げかけてきた豊臣秀吉，早朝から深夜さらに夜明けまで，宗湛の活動を支援し
てくれた大茶人の津田宗及，この２人が存在し，彼らとの関わりがあったから
こそ，宗湛の活躍が可能であったともいえる。

　21世紀初頭の現在，我々は宗湛の時代よりも，はるかに簡単に，自由に，し
かもすこぶる速く，活動することが可能である。しかしながら宗湛には，その
ような現代に類似する迅速で集中的な行動力を見ることができたのである。

　宗湛は天正15年（1587）10月１日の京都，北野大茶の湯に向かう時，九州か
ら宗湛一人が招待され，遅れてはならぬとして博多から大坂まで船便を利用す
る。しかしこれが失敗だった。天候が崩れ遅着したのは誤算であった。空路も
鉄路もない時代であるから仕方あるまい。今やコンピューター時代で，一瞬の
内に世界中が同じ情報を共有できる社会とは格段の差がある。しかし結果は秀
吉と，より親交を深くする切っ掛けとなったのである。

　ここで宗湛の茶会日記を見ると，宗湛が秀吉と茶席で会ったのは天正15年
（1587）１月から同年４月28日までの約４ヶ月と，同年６月８日から10月21日
までの約４ヶ月強。あとは天正20年（1592）10月30日に宗湛が博多の自邸に秀
吉を招いた記述がある。つまり５年間の内，そのほとんどが天正15年１月から
10月下旬に向かう頃までの11ヶ月間弱なのである。宗湛はこの１年間，不眠不
休の全力疾走を執念で完結したと考えられる。

2)　驚異の築城速度

　天正20年，宗湛が博多の自邸に秀吉を招いた頃は，朝鮮侵攻も有利に勝ち進
んでいたのであるが，わずか２ヶ月後には，明国の大軍が平壌を攻囲（包囲し
て攻撃すること）し，以後５年間に及ぶ奮戦（力を振って戦うこと）が続き，
慶長３年（1598）８月18日，日本軍の苦戦が続く中，秀吉は伏見城で没したの

33

である。

　話は戻るが，宗湛は秀吉が天下人を目標に走り始めたと感じた天正14年，宗湛自身も茶会を中心に秀吉へ近づいた。この完成が北野大茶の湯〔天正15年（1587）10月〕の時期であり，その後は博多の貿易業と，名護屋の朝鮮侵攻の兵站業者として約５年の間の大規模な仕事に専念していたと考えられる。

　一方秀吉は名護屋の築城を急ぎ，割普請（羽柴の時代から信長の命を受け西国の大小名に声を掛けて，戦場の掘や砦，山城の建造を割当てて速さと技術を競わせること）を行った。

　秀吉はこの頃，公家を対象に自らが信長の継承者で，葬儀も終わらせ，公家に仕え織田氏を蔑ろにしていないことを見せ，次の為政者であるべき動きを見せていた。そして石山城（石山本願寺）跡に大坂城を建てることを達意（自分の考えを充分に知らしめること）すると同時に大掛かりな割普請（普請を分担すること）を強いていたのであった。

　天正11年（1582）６月に着工した大坂城の様子を，ポルトガル出身イエズス会宣教師のルイス・フロイス（Luis Frois）は足繁くこの現場を見に通っていた。秀吉が現場に召集した人夫がみるみる増え，わずか２〜３ヵ月で２万人にも膨れ，さらに半年後には５万人以上になったことを故郷へ手紙で伝えている。

　こうして天正13年（1585）４月，僅か１年と８ヵ月で見事築城したのである。この割普請は褒美がよほど良いのか，それとも大名達の意地から来る競争心からか，速度も技術も上がっていたとされる。次に秀吉は天皇の傍に居城を計画，旧平安京宮殿跡に桃山期で最も絢爛豪華といわれた聚楽第（聚楽城）を築いた。因みに秀吉は隠居し息を引き取る場所は宇治と決めていたらしく，伏見桃山の広域な天皇陵群の傍に伏見城を建てている。

　また秀吉は肥前名護屋城を天正19年（1591）から翌文禄元年（1592）のわずか１年３ヵ月で５層７階の天守までを建て，我が国の３都に次ぐ規模の城下町を完成させた。しかも秀吉は名護屋城の完工とともに朝鮮へ出兵，釜山に城を築いて名護屋へ帰り，翌年は一度に10ヵ所で築城〔朝鮮ではウエソン（倭城）と呼ばれた〕を開始した。これら倭城は朝鮮全土で現在28カ所ほど確認され，

第1章　時代背景と茶湯の世界

これらの規模は全て当時の我が国に建つ城に比べると，平均以上の規模や質をもつとされている。

第2節　茶の湯の隆盛

安土桃山期の大小名や富商の日常・非日常を語る時に茶の湯の存在は欠かすことができない。この時代に茶の湯があり，茶室があったからこそ我が国特有の文化や有形・無形の遺産が生まれたのである。

１　茶立ての場所

茶立所はどこから生まれ，何故に草庵茶室を完成の姿とするのか。さらには戦乱の世にあっても生き抜く精神性や，「静かにかすかな自然の移ろいと共に生きよ」とする禅語の掛け軸も目に入る。そのような大自然の中にある死生観を感じる「市中の山居」（町中にある山小屋の住み家）。我々の先祖が作りだした日常と非日常の同居する空間，茶室とは何か，これらの施設に関しては，中村利則『町屋の茶室』を参考とした。

（1）　茶立所から茶室へ

茶の湯の客は何故あのように小さな出入口を利用するのか，このようなことがいつから始まったのか，また外壁の一部が工事中のように未完成で，下地の割竹が蔓で組まれたままで完成としている。なぜこの様子で完成なのか。これらは利休がたどり着いた茶室の最終的な理想の姿なのである。これらの詳細は中村（1981，p.174）が詳しい。少々荒っぽいが私意も含めてその大筋を追う。

ここでいう茶は中国から日本へ入り，当初修行僧の眠気覚ましや貴人の薬用で始まったことから，庶民の日常生活の中で喉の渇きをいやすという飲茶の方向ではなく，改まった時や場所において茶を立てることに繋がったハレ（私的でない）の喫茶ともいえよう。中村（1981，pp.13～19）がいう「茶立所」の変遷は，茶立ての初期にあった炊事場などで行うよりも行為そのものから，そ

35

こに集う者が自他共に喫茶の仕草をも楽しもうとするかのように変化したことから始まると考えられる。

そもそも喫茶や喫煙の「喫」は「喫驚」（びっくり）という言葉が造られたように，白湯を飲むのと違って多くの者が茶を口の中に入れた時に何かしらの反応や感動をするということであり，味や香りを楽しむ嗜好性を感じ取ったという事であろう。となるとこの体験を継続すると新しい欲求・満足・楽しみにつながる世界へ導いてくれることになる。

それが本来暖房目的である筈の囲炉裏が数々の劇的な対面の場を生む設いの炉に生まれ変わり，さらには今までの茶立所が新しい空間を表現する茶室となり，飲茶が喫茶さらには茶の湯の場としての求心的な存在となるのである。

茶の湯はそれまで茶道具を置く棚と風炉（釜を掛けて湯を沸かす道具）を持ち運べば，どこにでも茶立所が成立し移動できるものであったのが，炉の出現により特別な場所に固定化された茶室が生まれたのである。炉は冬の寒さを凌ぐ設備であり快適さの象徴である一方，冬季の茶室における内観に侘びの美意識を醸し出すのに不可欠な存在でもあった。

（2） 茶室の源流と萌芽

足利義政が文明14年（1482）着工し，17年（1485）に造立した山荘東山殿が，義政の没後に臨済宗相国寺の境外塔頭・東山慈照寺（東山殿）として，簡素枯淡の美を映す山荘となった。さらに江戸時代に入ってからは，義満の造営した金閣に対して，慈照寺の観音殿が銀閣とも呼ばれ始める。東山慈照寺の持仏堂である東求堂〔現存する建物はこの東求堂と観音殿（銀閣といわれ国宝に指定されている）のみ〕の同仁斎四畳半が，今日における茶室の源流とされ，さらに我が国の書院造，四畳半造りの始まりともされる。

実際にこの四畳半を見ると床の設えがなく，筆者の受けた印象では茶室とは全く感じられなかった。というのも中村（1981，p.13）によるとこの時代は，掛物を長押から下ろしたり，茶も同朋衆（室町期以後，将軍・大名の側に法体ではべって，芸能・茶事・雑役を務め，阿弥陀号を持った者）により別所の茶

立所で点てられ，運ばれる時代でもあるから当然ともいえた。この同仁斎は書斎を目的として造られているので，当初囲炉裏が切られたのも京都の冬の寒さゆえに他ならない。

　床に関して中村（1981，p.17）は，尾張徳川家に画題も無いままに伝来し，のちに「掃墨絵」と題された上下二巻の絵巻物で床の原形を詳解する。この絵巻物は，「春日権現験記絵」や「法然上人行状絵図（48巻伝）」などの画趣を以って制作したとされている。

　その図版を見ると掛物のためと思える壁のへこみ，まさに壁龕（ニッチ，絵や置物を飾るためにある壁のへこみ）が描かれているのである。またこの絵巻において当時の絵の特質なのか，この作品だけなのかは不明であるが。部屋の表現を囲炉裏や畳で追ってみても極端に広く見えたり柱が少な過ぎたりして，広さを想定することが容易ではない。それでも中村（1981，pp.19）は囲炉裏や畳の敷き方はもちろん描かれた各部分における内容の特徴を明らかにし，絵巻の制作年代の可能性までを解説している。

(3)　茶室の変容

　茶立所が書院から会所に移るのは，まさに時代の流れに巻き込まれたというべきことであろう。この中世期において貴人の間で広く流行したものが茶寄合と連歌会である。中村（1981，p.20）は当時の会所における寄合が，時によりいかに，射幸心（偶然の利益を願う気持）を煽り，また軒昂的な（気持ちが奮い立つ）場となったものか，その一例が南北朝分裂前夜，元亨4年（1324）11月1日の寄合としている。それは鎌倉倒幕の企てで，飲茶会などの名を借りた「無礼講」「破礼講」（礼儀抜きの酒宴のこと）と称される乱痴気騒ぎで，この日も賭け物を出し茶の産地を当てる賭博，闘茶が行われていたとされている。

　このような会所の構えが朧気にでも明らかになるのは室町将軍第（足利将軍邸宅）以降である。空間には寝殿を中心とした儀礼的空間，つまりハレ（晴）空間と，対ノ屋などからなる日常生活空間であるケ（褻）の空間の2種類がある。その中間領域のスキに位置したものの一つが会所であった。また中村

（1981，p. 31）は足利6代将軍義教室町殿の南向会所と塔所型方丈の平面が類似していることから禪院方丈にも会所の可能性を説く。

　次に現れたのが数寄屋造りの茶室であるが，従来数寄屋造りとは中世の建築様式として完成した初期書院造りが，利休以降の草庵茶室の意匠要素を取り込み，草体化してできた様式と考えられており近世以降に完成した。ところがその特質とされる要素は中世中期に出揃っていて，一応の完成を見たともされる。

　中村（1981，pp. 46〜48）は草庵茶室の誕生を次のようにいう。スキ（数奇）の領域に生まれたケ（褻）の茶湯（炉の茶ともいえる）は，茶礼における儀礼性とか，闘茶における賭博や歌舞音曲など，ハレ（晴）向の要素を切り捨てたことにつながった。草庵茶室の完成は，これに日常を，非日常化に向かう努力・工夫をもって新しく目指すことにもある。つまりこれらは今までの高位の茶立て世界から階級を超えて喫茶する世界へ変貌する中，際立った利休の草庵茶成立でもあった。さらにこの人気を後押ししたのは，何といってもその当時，茶屋や庵室が流行していたことである。

2　茶の湯の理念

　村井（2011，p. 1）は『茶の文化史』の冒頭で茶の湯を語る前段として「日本人は何故わざわざ，あの回り諄いような作法で茶を飲むのだろうか」という質問に概ね次のような三つの性格をもって回答をしている。

(1)　虚構性

　茶の湯は先ず，飲茶という極めて日常的な行為を虚構（事実でないことを事実らしく仕組むこと）化したところに成立する。さらにその行為を日常性の次元に戻した時には，成立の根拠を失い，茶の湯は忽ち茶の湯ではなくなってしまうという希薄な実体を持つといえる。

　このような茶の湯に求められる儀礼作法を「茶礼」と呼ぶならば，茶礼は茶の湯であるための最小限度の枠組みなのである。言い換えれば，茶の湯は日常性と虚構性の狭間に存在する文化形式で，村井（2011，p. 2）は岡倉覚三（岡

倉天心とも）『The Book of Tea』（『茶の本』）の次の一節を紹介する。「茶道とは，日常生活の俗事（ぞくじ）のなかに見出されたる美しきものを崇拝することに基づく一種の儀式である」と。

　茶の湯が持つこの構造や特質に示される文化を「生活文化」と呼び，日本人が日常生活を虚構化し楽しむこの傾向・習性が，茶の湯をつくりあげたともする。また同時にこの虚構性を重んじる茶の湯が，まさに我々の「生活文化」の典型と考えられるのである。

(2) 寄合性（よりあいせい）

　茶の湯の第2の特質は寄合性といえる。換言（かんげん）（言いかえること）すると茶の湯の成立要因には，複数の人間の存在が必要なのである。またこの寄合性にもさらに二つの意味がある。

　一つは複数の人間が集まるだけで成立する芸能などの要件としてあるものである。しかし鎌倉末期から南北朝・室町初期に掛けて「茶寄合（ちゃよりあい）」が流行し，さらに「連歌会（れんがかい）」と共に過差（かさ）（分に過ぎたこと・ぜいたく）の振舞（ふるまい）（もてなし・ごちそう）」であるとして，時に禁制の対象とされたのには，闘茶の復活を恐れるという時代的背景があったのかも知れぬ。

　また二つ目は，寄合性の重要度を計る（はかる）のに寄合の人数，いわゆる規模で推し（おし）測る（はかる）数量的価値観もある。しかし村井（2011, p.4）は別途の価値観である日本の文芸，連歌などに見られる特質を重要視した寄合性も重く見る必要があるとする。

　連歌（れんが）は発句（ほっく）から揚句（あげく）まで一定の約束のもとに歌を連ねる文芸で，それを連衆（れんじゅう）（寄り合った人々）で行う。現代の人々なら，このような詩藻（しそう）（美しい詩や文章）を考え出す作業は，書斎などプライベートな個室で行いたいものであるが，敢えて（あえて）複数の面前で個人の文芸的能力を確かめるように行われたのであった。

　その場の人数が増えるほどその苦吟（くぎん）（苦心して詩歌を作ること）ぶりは緊張感と完成時の達成感そして安堵感など，他の遊びでは体験しにくい遊芸であることが明確になり，まさに約束事の多い茶の湯と同質なのである。

また茶の湯の完成に至る途中の書院（室町時代以後は武家・公家邸の書斎兼居間）における茶立ては，そののち会所に移ってゆくが，我が国の書院はそもそも私事隠蔽（自分のことを覆い隠すこと）の場，プライベートな空間ではなく，情報交換の場，遊興の場としても使われていた。そのようなことから連歌会も広間の茶会も寄り合う人数が増すほど一定の約束事を外さず見事な出来を楽しもうとする特質を期待される場となって行くのであった。

(3)　一座建立・一期一会

　これまであった寄合，すなわち座は，個人の理解や納得で完結するのではなく，会衆各々が創作の部分で関わり合い，その過程を共有するところにその特質があったのである。そこでこうした特性をその座に求めて，その時だからこそ生まれる成果を持ち帰ることもできる。この当座性（その場限りの性格）は，主客同座（主人と客人が同じ席に居合わすこと）し，相互の関わりの中でもたれる茶の湯において，さらに顕著であったといえよう。

　ところで日本人の書斎が，中世書院造りの部屋として始まることは知られるとおりであるが，書院の部屋は思索（筋道を立てて深く考えること）の場というよりも，接客・遊宴の場，いわゆる「会所」の始まりであった。寄合の文学・芸能などの遊芸は，この場所，会所の文学・芸能として成立・洗練されていったのである。

　しかも寄合性や当座性は，人同士の関わりそのものであったから，寄合つまり座を成り立たせる為の心遣いや振舞といったものが重視され，より一層我が国らしい文学・芸能の特質を形成していったと考えられる。

　このような場が成り立つ，また成り立たせることを中世の人々は「一座建立」といったが，そのための心掛けとして自覚されたのが，『山上宗二記』に初見する「一期一会」，つまり一生に一度，今しか会えないと思って誠意をつくす，という観念でもあった。ここに至った時，美意識はさらに倫理に及び，そしてこれこそが，寄合性，殊に茶の湯の世界における倫理的帰結（人の道として守り行う結論にたどり着くこと）であった。

第1章　時代背景と茶湯の世界

　茶の湯が「遊興性」，「求道（真理の追究）性」の間に揺れ動きつつ展開したことの意味も，このように辿れば理解できるのではないだろうか。村井（2011,pp. 5〜6）は，このような一期一会の精神に寄合性と虚構性が備わった時，茶の湯が成立したとみるのである。

3　茶の湯の歴史

（1）　安土桃山以前

1）　平安・鎌倉初期の喫茶

貴族から広まった喫茶

　我が国で茶が登場するのは9世紀の初め平安初期のことで，唐から茶を持ち帰り伝えたのは，入唐帰朝僧たちであり，唐の地で面倒を見てくれたのも唐僧たちであった。古い記録での出帆は，延暦23年（804）7月，遣唐船団「四船」（四艘で旅立ちすることからきた呼称）が，九州肥前田浦（五島列島）を出航した例がある。

　船でしか中国へ渡れない当時の旅は命掛けで，この時も苦難の末，無事に渡海できたのは2艘だけであった。その乗員は，大使・藤原葛野麻呂以下，空海・橘逸勢ら23人が乗る第一船と，判官・菅原清公以下，最澄たち27人が乗る第二船であった。この年の12月24日，葛野麻呂らは時の皇帝徳宗に国書および貢ぎ物を献じ，翌日謁見している。

　最澄は別行動をとって長安にはいなかったが，一行を歓迎してくれたのは，西明寺の永忠であった。また村井（2011, pp. 11〜13）は，歴史上，それほど著名でないこの永忠こそ，我が国の茶の歴史の最初に登場する重要な人物と考えている。

　村井（2011, pp. 14〜15）はまた，永忠が葛野麻呂らの遣唐使船で帰国を果たし，その30年に及ぶ在唐生活者が見せる魅力的な唐風の振舞（行為・もてなし）こそが，京の宮廷貴族に喫茶という新しい風を吹き込んだのであろうとする。

　平安時代の貴族の為の仏教が，武士や一般の人々へ広がる中世には，室内芸

41

能となる茶・花・香と，いずれも仏教と深い関わりを持ちながら「道」（みち＝茶道・華道：香道）を意識するものが現れた。眠気を抑える茶の作法を初めとし，花は仏前の荘厳（飾り）となり，香はそれを焚くことによって，道場を特異な匂いに包むものである。これらはいずれも非日常の道と空間を充分に感じさせるものであったと考えられる。

団茶から点茶へ

季御読経〔平安期に始まり春と秋に国家安泰を祈願して宮中に50から100人の僧を招き，大般若経を転読（長い経文を読む時に，経題と経の一部のみを読んで全体を読むことに代えること）する法会〕においても，南殿の「設い」（装飾）のために，花と香が用意されていた。この花器と香炉とは，中世には燭台と組み合わされて「三具足」（香炉を中に，右に燭台，左に瓶花が置かれる）と呼ばれ，民間の部屋飾りの代表的なものとなる。

そうして延久4年（1072）4月19日，肥前の壁（加部）島を出帆し，6日後に蘇州七大山に着く。5月18日，天台山最高の華頂峯に登り感涙を催すが，そこに茶樹が林をなしていたのである。一方市場には人が溢れ，茶は団茶（型で固めた茶）に替わる点茶（蒸した茶葉を揉まずに風で吹き上げ冷まして乾燥させたものをかき混ぜて点てる）が流行するが，村井はこれが抹茶であろうと見ている。

それから約90年後の仁安3年（1168）と建久2年（1191）の2回，入宋した禅僧がいる。日本臨済宗の祖，栄西である。2度目の帰朝時には，平家が滅亡し，鎌倉幕府が誕生していた。ところで栄西が茶の種を将来（外国から持ち込む）したとされる通説の7月は，太陽暦では8月から9月に当たることから，茶の種が未発達で疑義（疑わしい事柄）もあるとか，若木ならば，将来（持ち込むこと）も有り得るなど，諸説あるという。

この茶種は筑前背振山の寺院（石上坊）にも植えられ，石上茶の名を得ている。また筑前博多に建てた「扶桑最初禅窟」こと聖福寺（臨済禅寺，栄西開山）にも植えられた。さらに栄西は禅寺以外の背振山（天台宗）を始め，山城栂尾高山寺（華厳宗）の明恵上人にも贈ったが，その種を入れたという

漢柿蔕茶壺が今も同寺に伝わるとされる。

　この栂尾の山中，深瀬の土壌が茶種によく合ったらしく，良茶「栂尾茶」として評判を得た。これらのことから抹茶を我が国へ伝えた人物は栄西であるとする説が多い。しかし村井（2011，pp.45〜48）によると当時茶は既に伝わっており，抹茶の先駆（さきがけ）らしきものは，多くの貿易取引に関わる人々から徐々に漏れ伝来したものであったとする。

2）　鎌倉末・南北朝期の喫茶

寺院による儲茶の振舞

　これまであった茶徳とは，茶の持つ効用であったが，鎌倉時代には人々に施す意味での茶の功徳が始まった。弘長2年（1262）2月，西大寺（奈良真言密教の総本山。高野寺・四王院とも）の長老叡尊が，北条実時の懇請を断れず，鎌倉に20日余りをかけて赴いた。

　これに同道した弟子，性海の記した道中記『関東往還記』によると，叡尊は「2月6日，森山宿において茶を儲く」とある。また「同七日，愛智河宿において，茶を儲け」と，儲茶（自らの為に飲む茶）を人々に振舞いながら進む様子が伺われる。新仏教の興隆が続く時代に刺激され，社会強化に力を入れた叡尊は，当時，行基菩薩（奈良時代の僧で民衆の為の土木工事など社会事業を行った）の再来とも言われていた。この「儲茶」とは，非人を含む庶民の教化（仏道へと教え導くこと），受戒（仏門に入る者が）（定められた戒律を守ること）の方便（真の教えを説くための便宜的手段）として，薬効（薬としての効果）のある茶を施したとされる。

　また叡尊は，延応元年（1239）正月，西大寺の大茶盛式に菩薩流（真言律宗の秘儀か）の年始修法を行い，その結願〔日を定めた法会や修法（密教の加持祈祷などの法）の最終〕の日，鎮守神の八幡宮に献じた茶（仏前に備えるのを供茶，神前を献茶という）の余服（余ったお茶）を，僧侶に喫せしめたのが，世にいう西大寺大茶盛の始まりであると伝えられている。

始まった抹茶の茶会

　文応元年（1260），北条実時は亡母のため，別荘内に称名寺を建立，7年後

43

には下総国の薬師寺から妙性房審海を迎えて開山した。三代長老の本如房湛睿の時には寺観（僧が仏に仕える所「寺」と道士（僧や修行者）が道を修める所「観」，すなわち堂塔）も整い，鎌倉末期には元亨3年（1323）の結界図（寺院及び内陣・外陣などを示した絵図）に見られる七堂伽藍を誇るまでになる。ここまで力を注いだのが，北条実時の孫，貞顕であった。

　貞顕は北条氏一族として鎌倉幕府の重臣として，一時期は執権ともなる実力者であった。寺の池には青嶋石を立て，白砂を敷き水鳥を遊ばせた。村井（2011，pp.60～65）は，貞顕のこうした風流と茶の趣味が，残された史料「貞顕書状」などから，祖父実時譲りで，しかも在京時代に培われたものと説明する。

　称名寺の茶は自らの茶園でつくられたもので，外にも出回り「丁寧につくられ品質が良い」という評判を得ていた。この称名寺の関係書状には，「茶を磨って欲しい」（抹茶をつくってほしい）とか，「茶筅（粉状に挽いた茶を混ぜる竹製の道具）・を借りたい」という件があり，抹茶の茶会が広まっていることが伺われる。

　このような抹茶の茶会が見られるようになった元徳2年（1330）6月，貞顕は六波羅探題となった息子，貞将が6年ぶりに京都から鎌倉に戻るということで，宛てた書状がある。

　　　「又から（唐）物茶のはや（流行）り候事なを（尚）いよいよまさ

　　　（勝）り候さやう（左様）のぐそく（具足＝道具）も御やうひ（用意）

　　　候べく候」

　貞顕は息子に，「また唐物の道具を使った茶会は，益々盛んとなっているから，唐物の調度品を買って帰るように」と注文している。当時茶は，京・鎌倉間の烈しい人的交流の元で，普及・流行していたのである。

3）室町期の喫茶

四ッ頭ノ茶礼（揖茶）と作法

　南北朝から室町初期にも佐々木道誉（バサラ大名の典型ともされる）のような主催者が全て準備するのではなく，持ち回りの闘茶（2011，pp.65～69）が

行われていた様子は『看聞御記』などに記されている。そして，その時代に始まっていたとされるのが，「四ツ頭ノ茶礼」（四主頭の茶会）で，略して揖茶（「いっちゃ」とも）と言われた。村井（2011, pp.74〜82）は古式の体が残る建仁寺（栄西の創建。臨済宗）茶会を詳述しているが，この建仁寺の茶会こそが，『太平記』およびこの時期に行われた闘茶と点茶の計画を記した往復書簡『喫茶往来』に見られる「四ツ頭」，「四主頭茶会」と同じ禅院茶礼の古態を持つ作法なのである。

会所から書院へ

　足利氏による京都の開府（幕府を開くこと）は，それまで公家の生活中心の京都地図の上に武士の暮らしを重ねるように，伝統的な公家文化の土壌の上に，武家文化の開花を促すことになった。室町期における武士たちが暮らす場の変遷は，同時に茶立所から茶室へ移行する場面を次々に我々に見せてくれる。

　村井（2011, pp.82〜83）は茶立所の変化について，この時期に生まれた「会所」の出現についても注視している。寝殿造から書院造へのこうした変化が，晴の建物に対応するかのように，寝殿などの建物とは別に営まれた庭間建物群，観音殿・小御所・泉殿（泉水の出た上に建てた邸宅）などをいう庭間建物の中に「会所」が登場したのである。

　会所とは人々の会合する所の意であり，遊興の場のことである。そして泉殿や小御所など既存の建物や部屋を利用すれば，即ちそれが会所なのであって，特定の建物を指すものではなく，建築様式という言葉でもなかった。

　ところで『太平記』に，佐々木道誉の「六間（12畳）の会所」のことが記されており，これが史料に初めて見える会所の様子であろう。道誉が日々，寄り合って催したという連歌会や茶寄合は，この会所でのことであったろうが，この場合，会所は眼蔵（寝所）や遠侍（警備当番武士の詰所）と連結していたと思われ，独立した建物ではなかった。

　義教は室町殿の建て替えが行われた永享3年（1431）から，同8年までの間に御会所を3棟建てている。この頃より年ごとに会所が増えているが，これらは和歌・連歌・松拍子（室町期に盛行した初春の祝福芸。声聞師など専門芸人

ほか村人・町衆・侍衆がそれぞれ組を作り、美しく装い歌舞と共に祝賀の芸を演じた)・田楽・猿楽・茶の湯といった文芸関係の会合が、恒例・臨時の殿中行事とされたことと表裏の関係にある。

このような会所が、義教の時代から徐々に書院へと姿を変えて行くのであるが、完全に書院となるのは15世紀後半期、室町幕府第8代将軍、足利義政の東山山荘会所からである。こうして完成された会所、つまり書院は武家社会で本格的に展開した武家文化の象徴であり、茶の湯もこの書院を茶立て所専用の場として最初の定型化を見るのである。

やがて書院座敷の発展に伴い、点茶所が整備されてくる。これを当時「茶湯之間」と呼ぶが、ここでも茶事・喫茶を行う場所ではなかった。義政の東山山荘にも、会所・常御所・西指庵にそれぞれ「茶湯之間」があったのである。そこで同朋衆の手によって用意された茶が、床の間や、書院、広縁から庭へ続く接待の部屋に運ばれ主・客に飲まれたのである。

4) 安土・桃山期の茶の湯

唐物から数寄へ

⑦ 唐物の荘厳

もともと抹茶法は中国の宋代に始まる。11世紀の半ば、蔡襄の著した『茶録』では、「金属製の茶杓で碗の中を掻き回した」とあり、宋風の抹茶法となっても、当初茶筅はなく、かなり経って考案されたようである。徽宗皇帝が大観(1107〜1110)期に著したという『大観茶論』に至って、「茶筅は節竹の枯れたもの、先はまばらで強いものが良い」とある。このようにして宋では抹茶法が広まるが、その後、廃れていった。

一方我が国では、団茶から抹茶そして煎茶という順で伝わり広まった。特に我が国では、抹茶法が、異様なほど発展し、独自の世界を作り上げられた。そして14から15世紀頃に書院座敷が出現したことが、茶礼における唐物と和物の初の分岐点になったと言えよう。

当時茶の湯は唐物荘厳の中にあると同時に倚子(椅子)による唐物茶礼から畳に坐る倭風茶礼への移行がはじまり、我が国独自の茶の湯を生み出していっ

たのであった。その茶の湯は，唐物荘厳から離れ，自国へ目を向けることになるのであるが，当時の茶数奇と呼ばれる人々には容易ではなかったであろう。村井（2011，pp. 122〜125）は「数寄」の理解に書院茶の湯が確立された15世紀半ば，将軍義教時代に禅僧で歌人の清巌正徹が著した歌論書『正徹物語』に記載された次の一文を紹介している。

> 哥（歌）の数奇については，数多（多く）ある。茶の数奇にも品々あり。先づ茶の数奇という者は，茶の具足（道具）をきれいにして，建盞（宋代に建窯で焼かれた天目茶碗）・天目（中国浙江省天目山の禅寺から伝わる茶碗の略称）・茶釜（茶湯または茶を煮出すための釜）・水差（他の器に注ぐため水を入れておく器）等，諸種の茶の具足を心の及ぶ程たしなみ持ちたる人は「茶数奇」也。
> 是を哥にていはゞ，硯・文台・短冊・懐帋（紙）などうつくしく，たしなみて，何時も一続など読み，会所などしかるべき人は「茶数奇の類」也。

㋺　数寄の萌芽

このように茶数奇には様々なパターンがあるが，茶数奇とは茶道具を綺麗にして高級唐物を満足がいくまで所持し嗜む人は「茶数奇」であるといい，さらにこれに続く文章では，茶数奇とは呼べぬ者として「茶呑み」（道具に執着はないが，茶の善悪は飲み分けられる者）と「茶喰い」（茶の善悪なしに馬鹿飲みする者）を取り上げている。

元来「数奇」（数寄とも書き始め，「好き」の当て字ともされる）とは，対象は何であれ，それに美意識を寄せ，強く執着することであるから，茶の湯の世界だけにあった言葉ではなかったのであるが，いつしか茶湯の世界に多く使用されるようになった。これは『正徹物語』にもあったように，会所・書院に集まる人々はお互い，時代に乗り遅れぬ茶数奇の道具を「心の及ぶ程たしなみ，持ちたる」人たちが茶数奇とされたのであった。

つまり高額で愛ずるべく数多くの唐物を偏狂（常識を超えて執着する）的に蒐集（収集）することから，これら数奇の概念とは逆の精神性の深化を求める

「小間」や「佗び」の美意識も15世紀後半から出てくるのである。このことで村井（2011，pp. 124〜129）は義政時代の茶人村田珠光（「じゅこう」でなく「しゅこう」が正しいとする説もある）が，奈良の土豪，古市播磨法師澄胤に与えた一紙のことを取り上げている。これは茶の湯を学ぶ上での心掛けを述べた，いわゆる「心の文」で，「珠光茶湯庭訓」というものであった。

㈥　根強い唐物志向

さらに村井（2011，pp. 129〜131）はその形成と分有（分けた考え）の一端が初見できるものとして，永正年間（1504〜1521）に書かれた『禅鳳雑談』を紹介している。これには，世阿弥の女婿（娘むこ），金春禅竹の孫にあたる禅鳳（1454〜1532）が，素人弟子たちに「能・謳（謡＝能・狂言の歌唱）・音曲（楽器演奏，歌曲）」を教えた時の雑談をその時の弟子の一人，藤右衛門が書き留めた内容を記したものである。

そこに「花が能に近く候」，又「兵法と鞠が能に近く候」など，異なるジャンルの芸能を引き合いに出し，その通性（共通の性質）や特質を比較し，精察（詳しく調べること）することで，新たな共通意識や発見を得たらしきものが記されている。これらに加えて珠光の耳には，恐らく他所（よそ）から聞いた話や，初めて聞く噂なども耳に入ったであろう。

このように国物の備前物・伊勢物でも面白く工夫すれば銅の道具や唐物に勝るというのである。さらにここでは数奇の語（ことば）も，その対象を唐物から国物に移し，むしろ「面白く工夫すること」，つまり「作意」（創作上の意向）をこらすことの意（心の動き）に代わっている。唐物から倭物への美意識転換の背景には，このように数奇な精神の昂揚（精神の高まり）があったのである。

しかしながら，倭物への転換が現れたといえども，この時期の倭物は花入・水覊（水をはり，花や盆石などで飾るための浅い器）に限られており，唐物志向はなお根強く存在していたのである。天正年間に記された，千利休の弟子『山上宗二記』には，茶人を「茶湯者」「佗び数奇」「名人」の三つに分けて定義付けをしている。この『禅鳳雑談』の中に現れる人物は，いずれも京や堺の

第1章　時代背景と茶湯の世界

町人ばかりであり，茶の湯がこれまでの将軍家や有力武将の世界から，豪商を始めとする町人層へ普及，書院茶礼を特徴としていた唐物数奇の道具熱は，町人たちの手によっても拡大された形で昂揚を続けたのであった。

㊁　名物持ちの堺衆と義政の小座敷

「冷え枯れる」（茶道具の良さを知り最後にたどり着く茶の楽しみの境地）ことを説いた村田珠光や，それをさらに進めた武野紹鴎も，実は多くの唐物を持ち，それ故に名人とされたと言っても過言ではないのである。古く「数奇」の「数」は運命，「奇」は食い違う意で，「思わぬ変化」の意味から始まった。これが16世紀には「数寄」（数を寄せる）とも書くようになり，茶の湯の数寄者（好者）とも呼ぶようになった。16世紀末の当時知られた全国の名物（古来いわれのある優れた器）約430点と，その所有者約190人の名人を書き上げた『仙茶集』「御茶道具目録」が，残されている。この目録によると，堺衆の数寄者が全国の37％弱，名物所有に至っては全国の44％強が堺衆という圧倒的な存在であった。

実はこのような倭物と唐物を共有できる美意識や床飾り環境など「倭漢の境」は，足利義政によって試みられていた。それは「東山御物」に見られる唐物数奇の反面，東山山荘内に東求堂同仁斎という四畳半の小書院を営み，これがやがて登場する草庵茶室小間の前例をなしているからである。この16世紀初頭には，小座敷も出現し，義政と関わりのあった公家の三条西実隆は文亀2年（1502）6月，連歌師玄清の斡旋で六畳の小屋を買った。これを上京の武者小路通の屋敷内へ移し，「丈間座敷」（四畳半）に造り変えている。しかし構造は書院造りであった。この建物は屋敷内の一隅（一角，片隅）に造られたことから，角屋と呼ばれ，古典の書写（書き写し）や，公家・連歌師・武士に対する講釈，連歌会を催した。

草庵茶室と市中の山居

㋑　草庵の創始　豊原統秋

武野紹鴎が茶の極意を悟ったのは，前記の三条西実隆から藤原定家の著した歌学入門書『詠歌大概』の講釈を受けている最中とされているが，それは前記

の角屋を指すと推察される。

『実隆公記』によれば，永正11年（1514）3月，武野新五郎の名で出て来る紹鴎は，その後も度々実隆を訪れている。当時，連歌師であった紹鴎は，実隆から多くのことを学んでいるが，雅楽の第一人者，豊原統秋もその一人である。村井（2011，pp.137～138）はこの統秋こそ草庵茶室の「生みの親」と考えている。豊原統秋は永正年間（1504～1521），邸内の庭奥にある松の大木の下に「山里庵」を営み，「山にても　憂からむときの隠家や　都のうちの　松の下庵」と，詠じた（『碩礫集』）。これは，「山に入っても心の憂さ（辛さ）を晴らせない時の隠れ家として，都の中につくった草庵がこれである」との意であるが，この歌が以後我が国の茶立所・書院座敷・茶数奇の小間から離れた深遠な精神性を持つ座敷での作法〔茶の湯の御手前（御点前）とも〕への道を開くことになる。

ロ　市中の山居

　我が国では古代末期から中世にかけて，西行・鴨長明など様々な遁世者（世俗との関係を絶つ隠居，または出家した者）がでてきた。通常彼らが非日常を求めた環境の多くは山里と言える。しかし豊原統秋はそれと異なり「山里庵」であり，人里離れているのではない。この「市中の山里」を当時は「市中の山居」と呼び，伴天連（ポルトガル人）宣教師兼通訳，ジョアン・ツズ・ロドリゲスの『日本教会史』に「Xichu no sankio」（㊟シチュウノサンキョ）と記されているのである。

　ロドリゲスは『日本教会史』の中で，「市中の山居」が堺で大流行した，としているが，16世紀の京都を始めとする我が国の都市においては，共通した現象であったと考えられる。村井（2011，pp.142～144）は，新しい数寄が都市住民を基盤として生み出された都市文化であったことを，この「市中の山居」をキーワードとして説いている。さらに市中の山居（山に住む）とは，「市中」と「山里」という対立概念を結合させたところに意味があり，そこから醸し出されるある種の雰囲気を楽しむという，虚構の美意識でもあるとする。

　先の豊原統秋が山里庵を営み，これを山（里）にあっても心の憂いを癒せな

第1章　時代背景と茶湯の世界

い時がある。その都でのやすらぎの場を求めた時，この思想の前提には山里に
入ることが憂き世を逃れるための「唯一の」手段であったとする伝統的概念が
あったといえる。しかし都の隠家（かくれが）は，もはや山里の代替物（だいたいぶつ）ではないのである。

㈥　日常と非日常の混成（ひにちじょう こんせい）

　堺の数奇者たちは，市中の山居の方が本来の隠退（すなわち山里）に勝るも
のと考えたであろうが，しかしそれは求道的（ぐどう）な意においてではなく，山里＝非
日常と市中＝俗塵（ぞくじん）（俗世の煩わしいことども（わずら））という対立概念を結び付けるこ
とによって，かえって際立つ両者の特性を享受（きょうじゅ）するという，一種の美的な意味
に転化している。もっともここにいう本来の隠退つまり山里入りは，もともと
人里＝都との対比において意識されるものであった。

　ところがその隠者の世界に関しては，鎌倉末・南北朝期の吉田兼好『徒然
草』に見られるように，山里すなわち隠遁（いんとん）（世間を逃れて隠れ住むこと）を美
的に享受する傾向が現れてくる。兼好にとって山里への隠遁は，俗世間やそこ
での生き方を熟考する最も確かで有効な手段であった。それだけ遁世（とんせい）（世間を
離れ仏門に入る）の山里がもつ宗教的・実践的な意味合いは薄れ，むしろ見て
楽しむ観賞的な美意識となりつつあったことを示している。

　この傾向の赴くところ（おもむ），山里が都や市中のなかに登場するのは時間の問題で
あったといえるし，いまや出現した隠家（かくれが）・山里は，都市の中の非日常，虚構の
空間に他ならなかった。このような意味を持つ虚構の世界を求め，対比の美意
識を抱いたのは，都市民であった。

　それは，応仁・文明の乱以後に顕著となる都市と農村の構造的分化のなかで，
都市民が自分の生活や体質に欠けるものを求めた結果である。市中の山里は生
活の中に非日常の世界を取り込むこと「混成（こんせい）」であり，それは生活の虚構化を
意味した。このことは，道具所有熱の昂揚（こうよう）（高まり）の中に「わび（侘茶）」
が意識されるようになるのと全く同じ精神構造であったといえるであろう。

（2）　草庵における美意識

　道具所有志向が唐物数寄から和物数寄をも受入れようとする頃，茶の湯を行

51

う場とし突然表面化した「市中之山里」, つまり喫茶を行うのに枯淡・幽寂な趣を持つこの茶立も, この出現時期がほぼ重なっており, その根底には同じ価値観と流れを持つ美意識の「草庵」,「侘」,「寂」が発生したのである。

それは有徳人（本来は富裕になる商人が目指す「徳のある人の姿」であったが, のちに富裕者をいうようになった）や富商層を中心として人気の出た美意識が侘茶なのである。特に山里草庵を市中に設けることは, 従来の書院座敷に代わる新しい茶の湯の場の誕生を意味し, これが武家社会を中心に発展した書院茶の湯に対比される草庵茶の湯成立の契機となった。

1) 大茶会の開催

このように書院茶の湯に続いて草庵茶の湯が起るが, 前者は武家が中心で, 後者は町衆である。そこには明確な断絶と移行があり, 決してすべての様式が連続しているとはいえない。「下京茶湯」（「市中の山里」）の主体は町の富裕者たちであった。数奇の対象が唐物から倭物へ移ることによって富裕な町衆たちの道具所有熱は限りなく上昇していったようである。

村井（2011, p.149）は当時の雰囲気を描写するために, 有徳者（富裕層）, 下京（庶民）の茶の湯者が登場する狂言「こぬすびと」を紹介する。「下の町」（下京）に「誰殿と申して大有徳の人が御座るが, 殊（のほかに）無い道具好で, 不断（絶え間なく）道具が取り散らい（居）て有ると申に依って……」, その有徳人の家へ忍び込んだ泥棒の目に映じたものは, 次のようであった。

「扨扨結構な普請かな。イヤ, 又有徳人の普請は違うた物ぢゃ。さればこそ, 是には色々道具が取散いて有る。是は何ぢゃ。ハハア, 茶の湯の道具ぢゃ。風炉・釜・茶入, 扨ても扨ても結構な道具ぢゃ。此釜は定て芦屋で有う。又此茶碗はうたがひもない高麗で有う。扨又此茶人の形のしほらしさ, 是は何を一色取ても一かどの元で（手）ぢゃ。」

〔さてもさても素晴らしい建物ではないか, いやあ, また富裕者の建物は（高級で）違ったものだ。だからこそ, ここにはさまざまな道具が散

財している。これは何だ。ははあー，茶の湯の道具だ。風炉・茶釜・茶
入・さてもさても立派な道具だ。この茶釜（の産地）は定めし芦屋（福
岡県遠賀郡）であろう。またこの茶碗（の種類）は，まちがいなく高麗
（朝鮮半島）であろう。さてまた，この茶碗の形状の優美さ，これは何
でも（良いから）1種類（を）取り出して（見て）も，それ相応の資金
である（が掛かっている）ことだ。〕

というものである。ここに登場する筑前芦屋の釜は，下野（栃木県）の天明釜
と並ぶ茶釜の名品で，茶の湯の普及が地方の産業に刺激を与えた様子も伺われ
る。またこの狂言に高麗茶碗の名が出て来ることも重要である。我が国の茶の
湯において茶碗を始めとする陶磁器の愛好は，唐物の愛好から始まり，高麗に
代表される朝鮮半島物，さらには国焼（国産）物へと移り行く第2段階へ入っ
ていることが知られるのである。

　有徳町人に見るこうした道具所有熱は，それを使用して行う茶の湯の場，茶
室の所有にまで，彼らを駆り立てた。16世紀前半期を通じて「市中の山居・山
里」が広範に出現したことが判明している。このようなことから茶の湯史に
とって重要な天文年間（1532～1555年，「てんもん」ともいう）の『天文
茶会記』が登場した。茶会記とは，当日の茶会がもたれた場所（茶室）・出席
者・用いられた茶道具の名などを書き上げた記録また日記のことである。

　この天文茶会記の出現は，町衆間における茶会の普及ぶり，換言すれば量的
な拡大を示すばかりでなく，質的にも茶会のルール，茶礼が確立したことを物
語るものであった。その意味でも天文年間は，茶の湯の歴史上最も大きな時代
の区切りであった。

　茶の湯における座敷飾の「立花」〔押板床（床の間の前身で，壁下に作り付
けた奥行きの浅い厚板）に置かれる三具足（香炉・燭台・瓶花＝投入れ用の細
長い花瓶）を中心に真・行・草の花の構成理論で進められた花飾り〕の分野は，
15世紀末から構成理論の面で大きく進化し，その指標としての「花伝書」が作
成された。

　花伝書とは「花の立て様を記したる書」（『日葡辞書』）で一般的に巻物の形

53

式をとり，花形を描く絵と説明文からなり，重要な部分については「口伝（口伝え）有り」として内容を記さない。そういった意味では口伝と公開の過渡期における「伝授の書」と言える。また『君台観左右帳記』における座敷飾りの「立花」（室町中期，華道初期の写実的様式の称。立花・砂物・胴束の３種あり）以後，数々の花伝書が現れたが，その基軸は未だ瓶花の花論の成立にあった。しかし16世紀に入った頃から，これらの瓶花はそれまでの規制を離れて自立化し始め，床の間の主役となってゆく。次第に床の上には，香炉・燭台は飾られず，瓶花だけになるのである。

　すると床の上の瓶花は大型化し，花の構成も中心の本木を「心」あるいは「身」または「真」と書き，その意も持った。さらに本木に添えられる下草の「そえ草」という形式に関心が高まり，花による飾りは大型化・多様化し豪華になっていった。諸種の花伝書はこの時代に次々と生まれ，これらが天文という新時代を益々感受し，昂揚させる原動力の一つになっていった。

　この時代の花伝書は「天文花伝書」とも称されている。このような花伝書の展開と茶会記の出現とは個別に見られた現象であり，両者の間に因果関係があったわけではない。であるからこそ，花と茶の世界に現れた共通する傾向，特に質的発展と量的拡大は，ここに至って都市民，すなわち町衆を基盤とする都市文化が成立したことを示す最も明白な徴証（証とも言えるしるし）であったといえる。

　これを家業とする池坊を始め，花の宗匠が現れたのと同様，茶の世界でも，「目利ニテ茶湯モ上手，数奇ノ師匠ヲシテ世ヲ渡ルハ茶湯者ト云う」（『山上宗二記』），といわれる宗匠が登場しはじめるのも，この頃である。この16世紀中葉における文化的昂揚現象を捉え，その時期の年号をもって天文文化（1532～1555）と称した。

2）　天文時代の近畿と領国文化

　村井（2011，pp. 155～160）に言わせれば，天文時代は，文化を名乗るには十分に熟していない概念も含めた呼称であるらしい。茶の湯・立花（立華ともいう）といった，新しい分野の生活文化に特徴付けられる本格的な都市文化の

成立期であるという。さらに天文文化のもう一つの特質として，京都・堺・奈良という都市を母胎として成立した都市文化と深い関わりをもって発展した「領国文化」が成長したことをあげられる。

　言い換えれば天文文化は，戦国大名がその領国支配を実現する過程に生み出した地方文化であり，この時期に顕著であった都鄙（都と田舎）の交流なくしては実現しなかったものでもある。連歌師や琵琶法師などをはじめとする芸能者や遊行者（時宗に多く諸国を遍歴し仏道修行をする僧侶）たちの旅渡（旅を続けて暮らす）はもとより，建武中興以来，大名武士たちの京都止住（居住）そのものが，公武の文化の混沌をもたらしたといえる。

　こうした行き来を通じて京都の公家文化や都市文化が地方へと伝達されていった，いわゆる「小京都」は，そうした地方武士たちの持つ中央向きの意識の中に実現した領国文化の象徴であり成果であった。都鄙の文化的落差の中に登場した小京都の地方大名は，さらに京都の賑わいを「洛中洛外図屏風」に描かせた。京都より地方へ持ち込まれる物品・芸能風俗，これら地方大名の文化的欲求と，それによる広域に及ぶ領国文化が形成されなければ，やがて全国を凌駕する豪華絢爛の世界，桃山文化もありえなかった。しかもこの豪華絢爛と対峙，呼応し，さらには共存するところに，草庵の侘び茶の湯の特質も見いだされるのである。

　　＊　その後における茶の湯のありようは，次の江戸時代を経て，現代の茶道へと受け
　　　継がれてゆくが，江戸時代におけるその実体や特性については本書のテーマである
　　　神屋宗湛の時代と乖離するので，ここではその記述を省略する。

4　珠光・利休・秀吉・宗湛の茶の湯

(1)　村田珠光と一休禅師

1)　茶の湯と仏教の関わり

一休から印可を受けた珠光

　村田珠光が室町中期の連歌師・画家，阿弥派の祖である能阿弥の推挙によって８代将軍足利義政の同仁斎〔京都左京区の慈照寺（銀閣寺）の東求堂にある

四畳半の書院名〕に呼び出され，茶の湯の宗匠になったというのは山上宗二が著した『山上宗二記』にある。

珠光が義政の同朋衆であった能阿弥との関わりがあったことは，能阿弥本『君台観左右帳記』大永３年（1523）２月吉日付，村田宗珠（珠光の養子）の奥書に，「右此の一冊は，能阿弥自ら珠光へ御相伝有り，是を珠光に従い我ら（宗珠）にまた御相伝なられ候 間云々」とあることからも伺われる。

『山上宗二記』には，珠光が目利稽古の能阿弥に問い窮め，これを『珠光一紙目録』一巻にまとめたとあり，単なる伝承とは言い切れない。珠光と義政の関係を示す史料はないが，珠光の唐物名物所持には能阿弥からかなりの影響を受けたと考えられる。珠光は書院茶の湯の世界で，名を成した茶人である。特に，珠光が大徳寺の一休宗（一休禅師のこと。禅宗特有の呼称で名宗純の最後純の名を略す）と接触，印信許可（師僧が弟子の悟りを証明すること）を受けたことは当時の茶の湯の世界では一大事であったろう。

『山上宗二記』の中には，一休禅師（禅師は智徳の高い禅僧に朝廷から賜る称号）に参禅した珠光が印可の証として与えられたものが，何あろう，北宋期の臨済禅僧，かの『碧巌録』を著した圜悟克勤の墨蹟（墨筆文字。日本では禅僧の筆跡をいう）という記述がある。珠光はこれを初めて茶掛（茶掛幅の略，茶席に掛ける掛物のこと）に用いたのである。

これが世にいう「墨蹟開山」（寺に倣って庵号を掲げ，印可証の墨蹟で新末寺の開山気分を味わうの意）であるが，珠光の参禅が機縁となって，これ以後一流の茶人は武野紹鴎にしても千利休にしても，大徳寺（あるいはその末寺。堺では主に南宗寺）に参禅することが当然の慣わしとなった。

「茶づら」の大徳寺とは

茶の湯が禪院茶礼を母胎として成立した以上，大徳寺との関係があっても不思議ではないが，「茶の湯の精神性に関わる禅林（禅宗の寺院）といえば大徳寺」という理解は，この時の珠光と，一休宗純（臨済宗大徳寺47世，後小松天皇の皇子）から始まったのである。当時一休に帰依する者は公家・武家をはじめ，町衆（ことに堺の）・連歌師・猿楽者などが少なくなく，村田珠光もその

56

一人であったのであろう。

前出しの村井（2011，pp.147〜148）は，新たな疑問を投げかける。当時大徳寺で特別茶の湯が盛んではなく，一休自身も格別茶の湯に関心を寄せていたとも思えない。にも拘わらず大徳寺が「茶面」〔茶方面の禅林（禅宗の寺院）〕であるのは，何故かということである。

やがて村井（2011，pp.201〜202）自身は次のような考えに至るのである。「珠光の参禅帰依（禅に参加し，高僧の教えを受け入れる）を契機として，茶の湯と禅との関係が改めて問われるようになったのではないか」，というものである。村井（2011，p.146）はこの頃の珠光が，一般によく言われるような「禅を茶の湯のあり方にどこまで生かそうとしたのか」ということについては，多少の疑問があるとみている。

さらに村井（2011，pp.125〜130）は，圜悟克勤の墨蹟を茶掛けに仕立てたことも，珠光の唐物趣味の延長とする。また珠光が「ひゑかれる」（冷え枯れる）境地を説き，「月も雲間のなきはいや」と「麁相（粗略なこと）の美」を強調したことはよく知られるところであるが，そこにあるのは連歌師心敬の歌論から受けた美意識であって，禅の精神に賛同することはなかったとする。

2）　織田信長と千利休の茶の湯

天正10年（1582）6月2日，宗湛に並ぶ博多豪商の嶋井宗室は信長の招請を受け上洛（京に上ること）。本能寺に宿したがその夜，家臣明智光秀の謀反による夜討に遭い辛うじて生き延びた。世にいう「本能寺の変」である。信長は中国（毛利氏）を征伐中の家臣，羽柴秀吉を援助するための出陣途中，本能寺に暫く宿泊することにしていた。

一方光秀は中国征伐の友軍として西下（都から西へ下ること。東の都へ上るのを東上という）の途中，信長を裏切り，丹波亀山城から引き返して本能寺の信長を襲ったのである。信長は少数の手勢（手下の兵卒）で防戦したが対抗できず，火を放って自刃（刃物による自殺）し，天下統一，中国大陸進出の目的は達成されなかった。

そもそも信長が逗留していたのは何故本能寺なのか，さらに比叡山延暦寺を

焼き，耶蘇教（キリスト教）宣教師を厚遇し，高価な茶道具を蒐集した織田信長とは如何なる人物であったのだろうか。信長とその時代や，茶の湯を知るには，この点を分析する必要がある。

本能寺と信長の関係

本能寺は当初，寺号を本応寺（ほんおうじ）とし，応永22年（1415）に日隆上人が，京都三大長者の一人，貿易商茶屋一族の援助を受けて京都の五条坊門に開山した（358号『月刊京都』白川書院）。その後，天文の乱（1536年）によって全焼し，天文14年（1545）四条の西洞院に再建した。

当時の本能寺は方（平方）四町（109メートル×109メートル＝11,881平方メートル。約3600坪）の寺域に30余坊を構える七堂伽藍（大寺院として備えるべき7つの建物，また備えた寺院）で，火災による前後7回の再建中最大の規模を誇った。これが天正10年（1582）の「本能寺の変」で焼失，再建の途中秀吉の区画整理により現在の中京区寺町に移す。時に天正17年（1589）であった。法華宗本門流（日蓮宗の一派，京都妙蓮寺が本山）の本山で境内には信長公本廟（供養の場），寺宝に国宝の花園天皇宸翰（天皇直筆の書き物），伝藤原行成筆「古詩残巻」がある。

では信長は何故，宿泊に本能寺を選んだのであろうか。実は昭和56年（1981）3月，渡辺守順（仏教史学者）は，本能寺執事長の赤田泰圓師，そして貫主（一宗一派の頭領。「かんす」ともいう）の青柳日勝師に面談し，その理由を詳しく聞いている（358号『月刊京都』）。師によると，まず信長は当時本能寺に繁く通い，多くは宿していたようである。その理由は二つ考えられるという。

一つは，本能寺と尼崎の本興寺が両寺一山と考えられた頃のことであるが，茶屋一族は本興寺で日隆上人の教義を学んだ日典上人が開教した種子島の末寺に貿易拠点を設けた。そのため信長は，種子島銃の導入を容易にする目的で本能寺に近づいたのである。

種子島には法華宗（法華経をよりどころとする宗派。古く天台宗の異称，日蓮の流派の総称）の，本源寺を始め日典寺，浄光寺など約20数ヶ所の末寺が

ある。このように信長は種子島の鉄砲を商人茶屋一族から買い求め，その拠点である本能寺を，頻繁に訪れていた。

　もう一つの理由は，天文14年（1545），四条西洞院に本能寺を再建，七堂伽藍〔寺院の主要な七つの建物（その種類は必ずしも確定されない）をいい，大規模な寺院をさす〕を建てた日承上人が同時に伏見宮法親王であり，後伏見天皇の皇孫だったのである。このように信長にとって本能寺は皇室に取り入る手がかりでもあったのである。

　信長は天下を統一し，さらに明国（中国）支配を果たすためにも，勤皇（天皇に忠義をつくすこと）の心を示し，御所の修理費まで積極的に寄進する舞台として，日承上人つまり伏見宮法親王が再建した本能寺が必要であったのだ。実は信長が本能寺との関係を深めるためでもあったと考えられるが，「本能寺の変」で自刃する12年前の元亀元年（1570）からこの本能寺を定宿としていたのである。

　また同時に，本能寺での信長の生活に支障が起らぬよう，その為の禁制を発して厳守させ，結果的に信長自らが本能寺の警護を行っていたのである。このように本能寺は，当時の信長にとって何よりも大切な居城でもあったのである。

堺の茶頭による信長時代の茶湯

　茶の湯の歴史の上で，天正年間（1573〜92）は，魚屋田中宗易（のちの千利休）をはじめ納屋今井宗久・天王寺屋津田宗及ら堺の町衆出身である茶人を輩出し，織田信長や豊臣秀吉が高禄の茶頭として取り立て，豪商として活躍した時代であった。彼らと信長との関係は，永禄11年（1568）9月，将軍足利義昭を擁して（主人としていただく）入京した信長が，翌年，摂津（現大阪府北西部と兵庫県南東部）・和泉（大阪府南部）に矢銭（戦国大名などの軍用金）を賦課（租税を負担させること）したのをきっかけとして生じた。

　この時，矢銭2万貫を課せられた堺の町衆はこれを承引（承知しさらに引き受けること）せず，能登屋・臙脂（艶やかな燕の喉の赤色＝化粧紅）屋を代表として36人の会合衆（納屋衆ともいった）が中心となって団結，溢れ者や浪人を集め，櫓を構え，堀を深くし，北の町口に菱（マキビシに用いた菱の実）を

撒き，防戦体制をとったとされる。

　しかし翌，永禄12年（1569）正月5日，三好長慶の家臣，三好政康・同長逸・岩成友通ら，いわゆる三好三人衆が堺で挙兵の準備を整えた上，将軍義昭を京都の本圀寺に攻めるという事件を起こしたのを機に，信長が「堺に使いを派遣し徹底的な攻撃を行う」と宣言した。すると一転して抗戦論は崩れて和平論が台頭し，信長の要求に従った。

　同年2月，佐久間信勝・柴田勝家ら信長の使者100人ばかりが押しかけ，堺の町を取り上げたが，2月11日，天王寺屋津田宗及は，これらの使者を自宅に招き，終日振舞った。「信長公記」（豊臣秀吉の祐筆太田牛一が著した信長の伝記）によれば，今井宗久も，すでに前年の10月2日，当時摂津芥川にいた信長に，岳父（妻の父）武野紹鴎〔今井宗久は紹鴎の娘の婿養子〕より伝来した「松島茶壺」と「紹鴎茄子」（茶入）とを献上しており，この年，永禄12年の7月から8月にかけて岐阜に下り，信長から大歓迎されている。こうして和平派であった宗及・宗久らは信長政権に加入することになった。

千宗易・政商を目指す

　また『天王寺屋会記』によると，その頃千宗易（幼名与四郎，のち居士号をもって利休を名乗る）は，逼塞（引き籠り）中であったとある。これは同じく堺の茶人，松江隆仙（隆専とも）が，宗易（利休）の買い求めた床飾り，その金額120貫もの蜜庵咸傑（南宋の臨済宗，唐の臨済義玄を開祖とする禅宗の一派）の「墨蹟」（禅僧の書いたもの。筆跡）を偽物と決めつけ貶したことから不和となったためである。

　この松江隆仙との不仲は1年以上続いたが，津田宗及らの執り成しで，永禄13年（1570）2月3日，朝の宗易会，同11日，朝の隆仙会と，それぞれ喧嘩相手を招いての茶会がもたれ，不仲に終止符を打った。実はこの間，宗易（千利休）が逼塞（門を閉ざしてひっそり暮らすこと。江戸時代には武士・僧侶の刑罰をいう）中とはいえ，矢銭問題（軍用金の供出）で堺の町が揺れ動いていた頃，宗及や宗久らが連日催していた茶会には招かれ，出席していたのである。

　京都や奈良にも茶人はいたが，信長の茶頭が堺の町人のみであったのは，彼

らの名物道具の所有状況と，つまり堺商人の持つ卓越（たくえつ）した経済力を織豊政権が必要としたに他ならない。つまり納屋（今井）宗久も天王寺屋（津田）宗及も，基本的には後の政商（せいしょう）（政府と特別な関係で利権を得ている商人）であり，茶の湯はそういった関係をつくる手段といえた。

　したがって彼らは時折参向（ときおりさんこう）（出向く）する程度で，常時信長に近侍（きんじ）（主君のそば近くに仕えること）した訳（わけ）ではない。しかし，利休の立場は彼らと違っていた。茶頭となった当初は政商としての働きを思わせる動きもあるが，他の豪商に比（ひ）し商人の規模に及ばず，むしろ側近としての立場をとるようになる。従って茶頭（さどう）として接する機会も多く，この立場は秀吉時代にも引き継がれていくのであった。

(2)　利休と豊臣秀吉の茶の湯

　信長の豪商と茶頭をそのまま起用（きよう）した秀吉は，いわば「市中の山里」（しちゅう　やまざと）の主（あるじ）が「天守」（てんしゅ）（俗称の天守閣（てんしゅかく）は不適切）の主（あるじ）に仕えるようにしたことを意味している。これは単なる言葉の綾（あや）（言いまわし）ではない。文字通り城郭建築（じょうかくけんちく）の中に「市中の山里」が取り込まれて行くのである。秀吉の時代になると，天守の聳（そび）える城の一角（いっかく）に「山里丸」（やまざとまる）を築き，そこに数奇（すき）（茶の湯は風雅に心を寄せる，またその表現のこと）の場を築き座敷，多数の草庵群が営（いとな）まれた。

1)　二つの疑問点

城館と山里

　我々はここで，二つの疑問を抱かざるを得ない。一つは「城館と山里」（じょうかん　やまざと）という対比の美学を発想したのは誰なのか。二つには，城館（城郭と住居を兼ねた大きな建物），特に城内の建物内部に描かれた金碧障壁画（きんぺきしょうへきが）〔金箔（きんぱく）を貼（は）った上に彩色（さいしき）を施した壁画（へきが）や障屏画（しょうへいが）（障子（しょうじ）と屏風（びょうぶ））のこと〕などの豪華絢爛（ごうかけんらん）な世界と，山里及び草庵の枯淡閑寂（こたんかんじゃく）といった，相対する美が併存（へいぞん）する桃山時代の美意識をどのように理解すればよいのか，である。

　村井（1983，pp. 27～28）はこれを次のようにみている。第一の問題は，千利休の影響を受けた秀吉の発想とする。秀吉は大坂城を始め，聚楽第・伏見城

さらに肥前名護屋城ほか，ほぼ全ての城に山里を設けている。信長は生存中，「茶湯御政道」（茶の湯の禁制）を敷いたにも拘わらず，秀吉には茶道具一式を与え，堺の茶頭たちと茶の湯を嗜むよう奨励した。以後，秀吉の茶の湯熱は上がるばかりで，天正15年（1587）10月1日に催した北野大茶の湯（京都北野天満宮の松原で開催）も，蒐集名物茶器の圧倒的な展覧誇示を行った。つまり秀吉の威勢を天下に知らしめることが眼目（重要な点）であったようである。

この大茶会は信長の死後，引き継いだ宗及・宗久および利休ら茶頭の影響が強くみられるが，ことに側近として政治にも関与した利休の存在は絶大なものがあった。のちに秀吉・利休の関係は悲劇で終わるが，秀吉ほど利休を理解した者は，いなかったといえる。

ゆえに秀吉は豪華に飾られた城内に自然の枯淡を肌で感じる山里の丸（城郭における内郭・外郭の外周をいう）を築き「市中（都市内部）の山里」，そして「山居の体（山に居るが如き体裁）」という「侘びの草庵」（草葺きの庵，粗末な家）を構えたのである。

二つの美意識

第二の問題は極端に異質なものが同時代に併存，さらに日本美術史上の二つの流れを追うという理解ではなく，矛盾するかに見える二つの美意識に共通するものを問うことが必要とされているかのようである。そうであれば，「市中の山里」にある城館と山里を結び付ける美意識が生まれ，その共通美意識に基づく異なる表現形態であったことも理解される。秀吉に利休的な山里の感性があり，利休に秀吉的城館の感性が無かったとはいえない。

村井（2011，pp. 125〜128）は特に，第二問の「相対する美が併存する桃山時代の美意識をどのように理解すればよいのか」という問いに対し次のように回答する。「真・行・草」という我が国の美意識を「真（唐物）・行（高麗物）・草（倭物・国焼）」の茶碗に置き換え，続いてこれまでの茶碗を除く茶道具の時好（その時代の人々の好み，すなわちトレンド）を時代順，「真（唐物）→草（倭物・国焼）→行（高麗前期物）」と並び換えた。

次に宗易（利休）が「行」（高麗後期物）の役割付け「草庵向き侘び茶器へ

の変化」を明確にし，さらに「草」（倭物・国焼）における宗易形（利休好み）という新しい美意識の創造と，褻晴すなわち日常・非日常に代表される表裏の隙間を行き来する価値を秀吉に見える形で表現したのである。

2）茶の湯と利休・宗及

直心で交わる非日常空間

村井（2011，pp. 188〜192）は「茶の湯が利休によって大成された，とはいかなることか」について次のように述べている。茶の湯は，寄合性と儀礼性を最低限度の成立要件とする。

事実に即しても儀礼性即ち茶礼は，茶寄合の展開過程に形成された。その寄合性が茶室における主客の振舞い，つまり，一座建立（亭主と客が心を通い合わせて茶席を作り上げること）のための一期一会（生涯に一度限りの出会い）の観念にあるとするなら，小空間における直心（まじりけがなく無雑で素直な心）の交わりこそ，寄合性の徹底であり，純粋化であるに違いない。小間（四畳半以下）の茶室は一期一会という寄合の論理の造型的帰結（落ち着く所）に他ならなかった。利休の茶の湯がしばしば「求道的」（真理を求めること）といわれるゆえんである。

それにしても一畳半ないし二畳といった寄合い目的の茶室は，日常生活には存在しない空間，つまり非日常における虚構の空間と言わざるを得ない。いわゆる「躙り口」（草庵茶室における小さな出入口）を利休の創案とする確証はないが，利休によって意識的に用いられ，茶室の構成上，不可欠の要素とされたことはまず間違いない。この「躙り口」もまた，露地からの入口というだけでなく，日常性としての外界と茶室の内部，つまり虚構（真実らしく仕組むこと）の空間とを断ち切る結界として考え出されたものであった。

茶の湯は日常性の芸能であるがゆえに，その日常性，つまり無原則な点茶，喫茶行為をする側面を，ある限度において断ち切らねばならない宿命を持っている。その為に案出されたのが茶礼であり，その場としての茶室，ことに小間（四畳半以下の狭小な間）の茶室であった。利休が追求したものも，それであろう。

同一空間における日常と非日常

　『長闇堂記』（近世初期，奈良春日神社の神職長闇堂が遺した茶の湯回想録）にもあるように利休が，わび茶を説くのにしばしば狂歌を以ってしたが，最もよく引き合いに出されるものに，「茶の湯とは，ただ湯を沸かして茶を点てて，飲むばかりなることと知るべし」というのがある。あらためて説明するまでもないが，ここで利休が述べているのは，茶の湯とて特別のことではない，ごく日常的な喫茶行為の中に茶の湯の本質があるということであろう。いわば茶の湯の日常性である。利休は身辺の生活雑具を種々茶の湯に用いている。

　ところが村井（2011, p.193）はここでも利休ほど，茶の湯の日常性を否定し，虚構性を追求したものもいないとする。しかしそれは，生活文化としての茶の湯が「生活」＝日常性と，「芸術」＝虚構性という背反する二要素というより，矛盾した二要素を同時に持つがゆえに存在しうる芸術形式である，ということを誰よりもよく知っていたからに他ならないとする。村井はこのように茶の湯が利休により大成されたという意味はここにあるという。

秀吉に引き合わせた宗及とは

　ところで上洛した宗湛の事細かい面倒まで見てくれた天王寺屋津田宗及と，やはり豪商で茶人の代表ともされる納屋今井宗久，そして魚屋千宗易の３人が秀吉の茶頭であり，当時「天下の三宗匠」と呼ばれた。

　津田宗及の生年は不明で，没年は天正19年（1591）４月20日で，時に70歳前後とする。宗及は信長・秀吉の政商として，また利休の友人であると共に様々な分野の競争相手でもあった。この天王寺屋は名だたる富商で，その歴史は祖父宗伯（宗柏とも）から宗及の子宗凡までしか明確でなく，応仁の乱の頃に台頭してきた天王寺屋との関係も，また貿易業においても不明である。

　しかしながら宗及を中心に父宗達から子の宗凡に至る堺の代表的会合衆，天王寺屋が残した『宗及茶湯日記』（『天王寺屋茶会記』ともいう）は，当時の富商たちの暮らしを知る上で，こんにちなお極めて貴重な史料として評価されている。この宗及が天王寺屋を継いだのは45歳位，永禄７年（1564）頃とされ，２年後には父の津田宗達を失うが，天王寺屋主人としての力量は充分であった。

第1章　時代背景と茶湯の世界

『堺市史』によれば宗及の祖父宗伯は茶の湯を村田珠光に，連歌を牡丹花肖柏〔連歌作者。堺の住人。1527年85歳で没。中院通淳の息（子息）〕に学ぶとある。さらに父宗達は武野紹鷗から学んだとある。また『山上宗二記』によれば天王寺屋内に，30点以上の名物を所蔵しているとある。この天王寺屋は早くから九州と繋がり，博多商人や武将の大友宗麟とも深交（深い交際）があったのである。特に宗達の時代に入ると宗達の弟，道叱が九州方面の代表責任者で大名の大友宗麟，宗湛，宗室に親交があった。

3）　信長から引き継いだ秀吉の茶頭たち

三大政商の茶頭

また宗及は地元畿内においては小笠原の流れを組む三好一族と，石山本願寺の僧兵（寺院の私兵）統率者である下間一族との縁が深かったようである。この一族は織田信長の「矢銭問題」で，信長の軍勢が堺に進駐した時に防ぎきれず，宗及が大茶会を開いた縁で逆に信長に近くなった。この後宗及は，信長との親交を深め，三好・下間両一族とは疎遠になった。こうして宗及の天王寺屋は，資本力・商勢圏ともに会合衆の最上位に就いた。

さらに新興の納屋今井宗久も信長の台頭により堺商人の頂点に届く政商，会合衆となった。また同時に千宗易（利休）が信長の第3の政商として成長すると共に，信長の政治・軍事情報の頼もしい相談役となりつつあった。この当時の秀吉は利休より下位であり，居並ぶ信長の単なる臣下の1人でしかなかった。のちに天下人となる秀吉にとってこの頃の利休は別格の存在であり，利休の近くに寄れぬことに劣等感を抱いていたとも思われる。そうして信長亡きあとは，利休を独占し，さらに建築・設い（室内を調度で飾ること）・服装の創意（新しい思い付き）など，数多くの経験から利休に対する美意識の対抗心を持ったことも利休を死に追いやった要因に繋がるのかも知れない。

秀吉が天下人となった時には，この宗及・宗久・利休の3人の富商兼茶匠が秀吉の茶頭となったのである。この茶頭というものは，単に茶の湯の宗匠というだけでなく，一つの職務制度にあり，情報・外交や宣撫（敵対武将が領地の政策・方針を知らせ人心を安定させること）などを知る役割をも担っていた。

65

政商の地位争い

　宗及が茶頭になったものの信長は浅井・朝倉の連合軍と闘っており，宗及も道叱（津田宗伯の４男。宗及の叔父。津田宗達の弟。堺の豪商天王寺屋の一族）と共に九州・琉球貿易に勢力を注いでいた。このような縁で信長と宗及が初めて出会ったのは天正元年（1573）11月23日のことであった。

　また納屋今井宗久は大型物流を得意として宗及や宗易（利休）の協力の元，信長の第１政商として信長へ武器弾薬・食料他の物資を調達し続け勢力を拡大していった。そういった中，宗易は家業が安定したことにも起因し，益々茶湯へ傾倒（熱中すること）していったのである。また信長は自らが天下の名器を集めるほど，名声は高くなると豪語した。信長は目利きの才も持ち合わせていたようであるが，どうやら茶の湯の名器を収集することは，それらを愛でるよりも，己の力を誇示する手段としての名物狩り，押し買い（売らないという品を無理やり買うこと）であったようである。

　先に述べた宗及が信長と初めて対面できたのは，京都名覚寺（日蓮衆。不受布施派）での茶会に招かれた日であった。その夜信長へ礼に上がるが，帰路信長より名馬，及び大鳥（大型の鳥）が贈られ，以後急速に二人の親交が深まり宗久を凌いだ。これは堺一の豪商となった宗及に迅速に大量の軍需物資を調達させるためであり，宗及も承知していた。

　やがてこのことで，紹介者宗久との間には亀裂が生ずることになる。宗及，宗久，そして宗易の３人が政商でありながら，信長から禄高三千石を受けるという奇妙な関係でもあったが，信長が安土城を完成させた後の天正４年，ついに宿敵，大坂の石山本願寺を攻めた。宗及はここにきて祖父から続いた本願寺と袂を分かつことになったのである。さらに４年後の天正８年（1580）朝廷による「勅命講和」が実現し石山合戦は終結した。しかしその２年後「本能寺の変」で信長は横死（不慮の死）するのである。

4）　千宗易，利休となる

　しかし，その半年ほど前，秀吉は信長の茶頭三人をそのまま自分の茶頭としていた。そうして天正11年（1583）閏正月５日，京都山崎に茶頭３人を呼び茶

第1章　時代背景と茶湯の世界

会を開いている。ここには3人の他に，のち堺衆茶頭8人衆の5人も呼ばれていて，秀吉は信長亡き後の己の位置を茶の湯の領域でも明確に示したのである。

また広く宗易（のちの利休）の高い地位を知らしめたのが天正13年（1585）9月の宮中茶会であった。秀吉は前例のない宮中の茶会を計画し，宗易をその後見役にして実行しようとした。ところが宗易は無位無冠である。僧形であれば信長や秀吉と咫尺（貴人の前に近く出てお目にかかること）できるが，それは別格の貴人天皇には当てはまらなかった。

そこで一時しのぎの策がとられた。「宗易ヲ利休居士（仏門に入った時に授けられる敬称の号）ニナサレ，禁中小御所ニテ御茶ヲタツルナリ」とあるように，天皇が秀吉の後見人宗易に利休居士（学徳は高いが仕官しない人）の号を授けたのである。こうして利休の名が誕生すると共に，宗易は茶会が開かれる小御所に入ることが可能となったのである。また世人（世間の人）も宗易を千利休と呼ぶようになり，ここまで茶匠として並び称された宗及も，利休という特別の名称に対して，一歩も二歩も下がらざるを得なかった。

こうして利休となった宗易は次第に政商的立場から秀吉の政治に関わる側近として活動し始める。一方宗及はこれまで通り，茶頭の地位を守りながら取り返した秀吉の第一の政商としての地位を保っていた。さらに宗久も凋落（落ちぶれ衰えること）してはいなかった。この頃宗久は既に隠居し，子の宗薫（34〜35歳）が少壮気鋭（元気で若々しく意気盛んな様子）の堺商人として名を上げ始めていた。なお宗及の子，宗凡は成人したばかりで，茶を利休に師事した。このように時代は宗及・宗久からその子らに移り始めていた。

5）　山上宗二の処刑と利休の賜死

人気絶頂の利休

宗易の名が利休と称され6年，世間の人気も高く絶頂期を迎えていた。そのような中，京都大徳寺山門楼上に置かれた利休の木像問題が表出（心の中が表へ出ること）した。秀吉に命乞いをしない利休を心配した前田利家ら多くの大名らの嘆願もむなしく，天正19年（1591）2月28日，秀吉の命で利休は賜死（死を賜う。頂く），自刃（刃物による自殺）した。

67

利休切腹の次第（経過）は概ね次の様である。千宗易（のちの利休）は天正
10年6月（1582）本能寺で信長の横死後は秀吉に仕えるが，それまでの主君信
長時代においての木下藤吉郎は羽柴秀吉になったものの，豪商兼茶頭の千宗易
（のちの利休）にとっては数多い信長に仕える武士の1人でしかなかった。そ
れゆえ津田宗及・今井宗久と共に秀吉の茶頭として仕えたが，宗易（のちの利
休）だけは当初より藤吉郎（のちの秀吉）に対し，一介の茶頭の立場を越える
言動があったとされる。

　それから3年後の天正13年（1585）10月，秀吉が関白になった記念に禁中茶
会で授かった利休の居士号を用いた。さらに翌年の天正14年（1586）4月，
上坂した豊後の大友宗麟が国元へ送った手紙に「千宗易（利休）でなければ関
白様（秀吉）に何一つ申し上げることができない様子を自分の眼で見た」と書
いて送っている。

　そしてついに事件の発端となったのがその3年後の天正17年（1589），利休
は亡父50年忌で大徳寺の大旦那として山門の上層を増築，完成はその歳の暮れ
であったが，その時，寺側は高額な御礼の利休木像を楼上に安置したが，この
時は何の問題にもならなかった。

再会した宗二の処刑

　その翌年の天正18年（1590），利休は6年ぶりにして，ようやく第一の弟子
で茶頭でもある山上宗二と再会した。というのもこの時利休は秀吉の小田原征
伐に従い，その本陣に山上宗二を呼び秀吉に引き合わせたのである。実は秀吉
が太閤になる前の天正12年（1584）秀吉の言葉に誰も反論できぬ場で，宗二が
秀吉の意見を指して「正しくない，悪いことは悪い」と主張した。この宗二の
言葉が秀吉を激怒させたため，高野山に逃げ込み流浪の身になった。ところが
秀吉と敵対する北条氏がこれを知り茶頭に迎えていたのである。

　利休は6年ぶりに秀吉が「これまでのことは許すから」と機嫌よく迎える段
取りを進め，ようやくにして山上宗二が利休を訪ねて来た。さらに利休は充分
な反省をした宗二を直々に秀吉と引き合わせた。秀吉は彼を北条氏よりも好条
件で迎えるつもりで話を進めたところ，宗二は，現在仕えている北条玄庵を裏

第1章　時代背景と茶湯の世界

切ることはできないとしてそれを断ったのである。この言葉に秀吉は再び激昂。宗二は鼻と耳を削がれ，さらには首が落とされ，当時よくあった斬首の目に遭ったのである。時は天正18年（1590）5月19日のことであった。

利休の賜死

　利休は一番弟子の山上宗二を秀吉に合わせ，今までの宗二を許してもらい，京坂・堺を自由に往来し，利休を最も理解する弟子宗二との親交を深めるつもりでいたのであろう。

　利休はこの時現場にいたのであろうか，離れた場所での処刑だったのであろうか，利休はこの日から精神的に不安定な様子が垣間見られるようになったともされている。見方を変えれば宗二の死は，近年人気と財力を高め秀長（秀吉の異父弟）と共に，武将や豪商の信頼を拡大してきている利休に対する警告とも考えられる。

　さらにこの後，利休にとって大きな落胆が続く，というのも翌年の天正19年（1591）正月，近年利休が最も信頼・尊敬してきた秀長が病死したのである。利休・秀長を好ましく思わずこれまでの両人の権力に反対だった一派は，太閤秀吉様が大徳寺を上山するたびに利休像から見下され，太閤の頭上を土足で踏む姿勢を拝見せざるを得ないとして，このような無礼を計画した者どもと利休に対する処罰の動きを活発化させた。

　2月13日利休は堺へ下向，蟄居（公家・武士に科した刑。外出を禁じ1室に謹慎させるもの）が命じられた。数日後再び上洛。聚楽の利休屋敷で自刃した。享年70歳。死罪の表向きな発表は，大徳寺の利休木像事件で，木像の罪も重く罰せられた（木像は階段を引きずり降ろされ，人々の脚で踏んだり蹴ったりされた後，縄で縛られ晒された）。さらに重い罪として，茶湯関連品の買入れ原価が安いのに不当な利益を乗せて商売をした罪があるが，実のところは秀吉に対する利休の側近としての政治的言動が下剋上に繋がるとされ，秀吉の武将間の対立が起ったことが問題視されたのであった。

6）　津田宗及の死

　利休の死から2ヶ月も経たないうちに，天王寺屋津田宗及は一人静かに逝っ

たとされる。宗及の没後，息（子息・生んだこども）の天王寺屋宗凡は堺随一の大店を守り，秀吉の御伽衆となった。御伽衆とは室町末期から江戸初期に掛けてあった役職で初期は主君の咄相手であり，秀吉は大小名を始め30名以上の御伽衆を抱えていた。

のち御伽の話題がそれまでの余聞（あまり知られてない話）ではなく，軍事・政治・産業など多方面となり，博学多才な古老がその役に就いた。

宗凡はのちの関ケ原の役で筑紫の神屋宗湛と共に東軍の徳川派でなく，西軍の石田三成についたが西軍の三成派は敗れ，敵方徳川の幕政下，晩年は不遇になったとされる。また三成に賛成して仲間になったのは父宗及の意志ではなく，自分の判断，神屋宗湛との関係とも見られている。

父宗及が最後に傾けた人物，神屋宗湛に賭けたのであった。宗及は巨大な大店を遺すと同時に茶の湯の頂点である茶頭も見事に勤めた。宗及が利休とほぼ同時に逝ったことは秀吉・宗湛にとって大きな哀しみであったと思える。

侘茶を祖とする茶の湯が始まったのが15世紀半ばの村田珠光からで，その140年後，秀吉の豪華美に対し枯淡閑寂な精神的・美的・非日常的という美意識など，様々な要素を織込み秀吉に指導したのが，侘茶世界を完成させた利休である。こういった茶の湯の魅力と革新的な変容は，秀吉との間にわずか9年間の内に起こった。しかし利休の謝罪を待つ秀吉の本音に沿わず，利休は自ら死を選んで幕を閉じたのである。

(3)　神屋宗湛時代以前の茶の湯

1)　守護大名の弱体化と奔放な賭博茶会

鎌倉期におかれた幕府将軍の譜代（代々仕える臣下）の武士（御家人）や，それまで荘園領主との契約で現地の管理を行ってきた地頭が，租税を徴収した。また，裁判権を持ち領家（荘園領主）を治め，非常時には軍役（主君に対し負う軍事上の負担）をも担った。これら平安の荘官であった地頭や国司（地方官）への干渉が禁じられていたことが，武士の台頭，武家による全国各地の政治支配を妨げていたのである。

第1章　時代背景と茶湯の世界

これを覆したのが文治元年（1185），源頼朝が天皇の許可を得て国々に設置した守護である。この守護は次第に権力を拡大して任命地を領国とし，室町時代に1国ないし数国を領土とする守護大名を生んだ。

中世史学者の久保田（1984）『日本大百科全書』は守護大名を評して「幕府・将軍に規制されながらも，幕府からの独立性を強める志向を持つという矛盾する要素こそが守護大名および守護領国性の特徴」とも説明する。

また鎌倉時代における守護は，領国内の武士との間に封建関係（天子などが直轄領以外の土地を諸侯に与え，領有・統治させること）を持たなかったが，室町時代に入ると半済（軍費調達のため，荘園の年貢を半分地頭が取り上げたり，土地を折半すること）や，守護請（荘園年貢を半分でなく一定額とすること）等の手段で荘園を侵略していった。

このようにして得た土地や収益を地方の下級武士に分け与え，所領の支配を保障したため，地方武士は競って守護のもとに集まった。こうして守護と地方武士の間には封建関係が結ばれ，守護大名が生まれた。この中には十数か国を領国化した者も現れた。

しかし室町幕府は，このような守護大名の連合政権の上に成立し，その勢力も拡大を巡って，争いや反乱が頻発した。これにより，守護大名は次々に没落し，やがて戦国大名にとって代わられることになった。

この戦国時代の終焉は織田信長の天下統一の動きから始まるが，それは同時に信長によって，茶の湯が日々戦乱に身を置く武士にとって重要な役割を果たす儀礼と嗜みへと変えられる切っ掛けとなった。

室町時代中期になり，将軍足利義教は酒屋土倉（酒屋の多くが土蔵を構えて，金品また質物を預かった金融業）の制を定め，また中国に遣明使を送り日明国交を回復，硫黄の海外輸出を禁止しながらも勘合貿易を再開させた。これら貿易や産業振興で経済力が強まる一方，国内では守護の反乱が多発し，明日の我が身の安全が分からない日々が続いた。

前述の通り古く飲茶の儀礼は鎌倉末期に，財物を賭ける飲茶競技「闘茶」として中国の宋から伝わっていた。

このような中，大名や武家・公家・僧侶間で，貴重な財物を惜しみなく賭ける，飲茶競技「闘茶」が爆発的に流行したのである。一方，民間では，「一味同心」（心を一つにして力を合わすこと）を目的として粗茶を飲む「雲脚茶会」（点茶の時に泡沫が浮雲のように早く消えるような質の悪い茶を飲む茶会）と呼ばれる茶会も流行った。

2) 戦国大名の国づくりと豪商の茶会

　守護大名に代わって領主となった戦国大名らは分国法（戦国大名による領国支配の法律）を制定し，土豪・名主層を家臣団として編成，城下町を造った。また周辺の地は郷村制（村落共同体を基盤とし，経済・産業の振興・拡大，商品流通の整備，地方の生活・文化の向上を意識すると同時に，従来の農民兵（平時は農民であるが戦時には武装して兵にされる）から雑兵（身分の最も低い兵士）を増して，鉄砲隊を組み富国強兵を図った。

　古く平安時代から室町時代に至る400年以上の間において，貴族や寺社が荘園支配によって全国を治めていた。さらに政治・経済・商業に関しては，応仁・文明の乱が終り秀吉の天下統一までのわずか，120年間に全国各地の戦国大名たちが，海外までを視野に入れた目まぐるしい領国づくりを始めていた。

　このような戦国大名の登場こそが，都中心の経済・商業を大きく変貌させ，地方産業振興の時代へと導いたともいえよう。戦国大名の領地は，これまでの農産物・水産物の豊作・豊漁以外に商品の加工技術や商圏拡大などを始めとする国内の経済・商業振興のほか，一部の商人たちは海外へ目を向け，東アジアの貿易に加わった。また別に北部九州・瀬戸内海沿岸の漁民・土豪達は私貿易を始めた。

　しかし彼らの中にはやがて暴徒化した海賊集団「倭寇」（倭寇は日本人とは限らず，中国人や，ポルトガル人を含む場合もあった）となる者もいた。我が国の貿易に使用された正使や副使が乗る船には，幕府所有と，大名所有の2種類があった。このような大きな時代の流れの中で，石見銀山を発見し，巨財を手中にした豪商神屋氏の存在は，我が国はもとより，国際通貨として銀を求める海外にもよく知られていたようである。

第1章　時代背景と茶湯の世界

　さらに国内においては幕府や天下統一を狙う戦国武将たち，そして闘茶の席に加わる僧侶たちが，茶会や和歌会，連歌会で新しい人間関係をつくり歴史を変えて行った。まさにこの時期，貿易を重視した大名と富商たちが互いを求めて接近したのである。

　南北朝・室町初期の禅院茶礼「四つ頭の茶礼」で形作られた形式に起因するともいえる茶の湯は，「茶の湯の開山」とまでいわれた村田珠光以後，武野紹鴎・千利休（旧名：田中与四郎，魚屋千宗易）などにより，新しい茶の湯を茶人たちによって付加・変容され，それまでとは異なる茶の道，「茶道」（茶の湯によって精神を修養し交際礼法を極める道）を作り上げた。

　このようなことから宗湛時代の堺や京の富商には茶の湯を嗜む者が多く存在した。中でも小間と呼ばれる極小の茶室空間は少人数での密会の体をなすようになってくる。以上にみる時代・社会背景から豪商宗湛は元より新しい目的や意義を盛り込んだ茶の湯生活を創りだしたと考えられる。それは，以下の新しい生き方の表現と言えるものと考えられる。

3）　階級を離れた茶の湯

　平安貴族の死生観に大きな影響を与え続けたものが，非道の恨みとする「怨霊」の恐怖と，仏教の六道信仰にある現世に悪業をなした者がその報いとして死後に苦果（悪業の報いとしての苦しみ）を受ける地獄信仰があった。さらに平安末期からは誰しもが逃れられない仏教の「末法思想」が深刻化した。

　その延長にあるかのような，戦国の時代に生きる日常の在り方そのものが禅である，とする教えのもとに，日々の生存を確認して生き抜く武将，それを支える僧侶と富商たち，仏教でいう無常を刹那滅（一瞬で生滅を繰り返すこと）と捉える者たちも出ていた。そのような暮らしの中で，全く予想もできない異空間，それは小さな茶立て空間を持つ閑寂な庵で，自然に囲まれた山中に居るがごとき喫茶体験が流行し始めたのである。

　守護大名が戦国大名に移る時代は，領地拡大に意欲をみせる各国領主の支配における均衡で成り立つと共に，それは武将同士の戦のみならず，農民による土一揆も頻発するという危険な土壌の上に建つものでもあった。身分の低い農

73

民も時に武器を持ち，実りがあれば商売にも勤しみ，高位の者，裕福な隠居や老婆は，死後に浄土へ生まれ変われるよう仏道へ帰依し，法体となった。

　仏道へ身を任すということは，現世の苦悩から離れることを達成する「解脱」（現世の苦悩からの解放）をめざす人間になったことを意味する。すなわち人間界のあらゆる束縛から離れようとする修行者なのである。ここに初めて表向きではあるが，階級を離れた自由な修行者たちが誕生した。戦国時代に武将も富商も法体であることは，己の自由な生き方を表明した本意であると同時に，擬装であったとも言えよう。

(4) 宗湛時代からの茶の湯
1) 江戸で流行った2畳台目

　私ごとであるが，2002年55歳の時，借家でよいからその一部屋に，昔の草庵茶室を再現し，楽しみたいと考えたことがあった。それから5年後の2007年60歳の時，江戸初期の寛永3年（1626）前後，江戸で最も人気を得た間取り・意匠などで知られる「利休好二畳台目」の建築設計詳細図が載る千宗室他監修（1968）の書籍を入手した。

　それからさらに5年が過ぎた2012年，65歳の時，義弟を家主とする新築借家計画が突然現れた。希望を受け入れてもらい，前述の「利休好二畳台目茶室」をLDKに繋がる一角に再現した。この茶室に最も似て現存するのは，京都堀内家の長生庵で，それは床の間の壁に下地窓があるだけの違いである。さらに大徳寺高桐院の松向軒，同じく真珠庵の庭玉軒も，躙口の位置が異なる程度に過ぎないことから，同系と見られている。

　この時造った茶室内の寸法は，一部を除いて江戸時代の利休好の茶室と全く同じである。一部異なるのは，建築基準法による制限で，天井高を江戸初期と同寸法に低く造ることができなかったことである。実際に坐ってみると驚くべきことが体感される。それは天井高がこれよりも低いと，いきなり個室感・圧迫感が高まりそうで，現状と全く異なる印象の茶室になりそうである。さらにこの2畳と1畳の4分の3，いわゆる台目畳の内，1畳には釜を据える1尺4

寸（42.4cm）四方の炉が切ってあることから，果たして何人座れるのかということで，もうこれ以上入ると不自由が過ぎるという限界を知る実験を行った。

　その結果，僅か畳2枚と4分の3枚という狭さの中で，茶を点てる亭主を含む6人が坐り，和やかに過ごせたことは意外であった。しかし，天井高を建築基準法に準拠したことで天井高が210cmとしたが，これの一部に24cm下がった江戸初期当時の186cmの天井位置（桂）に目印を貼り，当時の天井高を想って，坐ってみると，その部屋はさらに心地よい全く別室の観を成した。

　神屋宗湛もこのような小間の茶室を，茶の湯の知識と処世の学舎として訪ね，また自庵に招待して，心からの友好関係を深め，時に商売の頼み事も相談したであろうか。また茶会には名物・四季の振舞（食事と酒）が付き物で，最新の話題・情報も広く深かく語られたことであろう。このようなことから宗湛の最も大切な仕事の場，生きる意欲を高める場が，自他所有の小間の草庵であったと偲ばれるのである。

　実際に二畳台目茶室の小窓や躙り口から見える小さな茶庭の様子を眺め，季節の花の息吹を実感，心待ちにするようになった。晩秋に見事な花を咲かせた侘助（椿の一種で一重の白い花を半開する）の花の終わりが近づくと，来年の出来はどうかと思わず口ずさんで周りから笑われ，「来年の事ばかり言う」らしいので，茶室名を「鬼笑庵」とした。

おわりに

　博多は古来より港町として栄えた地であったが，織豊期半ば迄の戦国時代は，無常迅速（世の移り変わりや人の死が早いこと）とか，刹那滅（瞬間の生滅を繰り返す）なる用語に代表されるように，各地で無常な戦乱が勃発する有様であった。折りしも豊臣秀吉が天下人となり，全国がほぼ平定されたが，秀吉は権勢の勢いを借りて朝鮮出兵を意図し，博多の町を兵站基地にしようと目論んでいた。ちょうどその時代に宗湛が秀吉の専属的特権商人で，のちに現れるまさに御用商人として大活躍することになった。

　当時博多の町は，戦乱で焦土と化していた。しかしながら，神屋宗湛や嶋井

宗室の依頼ともされるが，秀吉が博多の町割りを行い，博多の町の商都としての礎が出来たのである。

　この時代に，極めて大きな文化的背景として存在したのが「茶の湯」である。「茶の湯」は，「茶面」などの歴史が語るように禅宗と深く結びついた文化であったため，明日の命が保証されない戦国武将たちの精神的依り処として，もてはやされた。「茶の湯」には，茶会に招く側と，受ける側との間で心と心の交流がなされ，お互いの信頼感の醸成と心の癒しの効果，さらには腹を割った情報交換の場として機能するものでもあった。

　当時の文化的背景としてもう一つ忘れてならないのが「法体」である。いかに羽振りの良い豪商でさえ所詮は町人であり，当時の身分制度の下では，町人が戦国大名と取引面で渡り合うことは許されない時代であった。法体は町人としての身分を消し去る格好の手段であった。

　宗湛は，若い頃から「茶の湯」の素養を身に付けており，しかもタイミングよく各界最高位の人々の手によって法体になることで，戦国時代の豪商として，また秀吉の政商として活躍する基盤整備が出来ていたのである。

76

第2章
神屋宗湛の人物像

はじめに

　続いて第2章では，以上のような時代を背景に生活し，豪商としてのビジネスを展開した神屋氏，中でも宗湛とは，いったいどのような人物であったのであろうか。豊臣秀吉を筆頭に深く関わった人々との人間関係や，『宗湛日記』ほか，当時の社会背景の中から，その人物との関わりを求めてゆくことにする。

第1節　宗湛の人間関係

1　大友宗麟と神屋氏・嶋井氏

（1）　宗麟と4代目 神屋宗浙

1）　耶蘇（キリスト）教宣教師の書簡

　天文20年（1551）9月，大内義隆が家臣の陶隆房（1521〜55）に襲われて自殺。大内氏の筑前・豊前支配は消滅した。それから2年後の天文22年（1553）神屋宗湛が生まれた。さらにそれから6年，永禄2年（1559）6月，大友義鎮（宗麟・1530〜87）は，筑前・豊前の守護となり，同年12月には九州探題に任ぜられる。博多地下中（土着の人たち）は東分・西分に分かれ，各々の代表として月役がいた。こうして大友氏から戸次氏へ，戸次から東・西役職へという大友氏の支配が始まった（神屋は4代目，神屋宗浙の時代である）。宗麟時代

の博多の状況は，耶蘇会派（キリスト教）宣教師たち（1560年頃多数来航）が本国や東アジアの教団へ送った書簡から見て取れる。武野（2000，p.79）は偏りや誇張があるとしながらも，興味深い宣教師たちの書簡を次の様に記述している。

博多は商人の町で九州で最も高級かつ裕福であり，万事堺の市を模倣したものであった。　　　　　　　　　　　　　　（ルイス・フロイス）

有力商人たちは戦いによって町が破壊されないよう，予め進物を贈って対処した。　　　　　　　　　　　　　　　　（ガスパル・ヴィレラ）

いったん博多が暴徒の襲撃を受ければ，博多市民は受けて立つ。町には門が設けてあった。　　　　　　　　　（ジョアン・フェルナンデス）

博多は裕福で贅沢な町なので，博多町人は容易にキリスト教を受け入れず，日本一布教のやりにくい土地であった。　　（ルイス・アルメイダ）

大友義鎮（宗麟）は，博多の中央海岸に広大な教会建設用地を宣教師に与えた。周囲に80の居住人がいて，教会の維持費として毎年800目を納めた。　　　　　　　　　　　　　　　　　（ルイス・アルメイダ）

博多市民は頗る活力に富み，戦争で20軒しか残らなかった家が，わずか2ヶ月で3500軒にふえ，それから10年も経たないうちに，2倍の7000軒を超える復旧ぶりである。　　　　　　　　　（ルイス・アルメイダ）

博多の戦乱と復興を見た宣教師たちの書簡からは，博多の裕福さと，町人たちの復興を成す力に驚く様子が見て取れる。その力の源は彼らが結集して自治を守り，財を蓄積してきたことによる活力と気概（困難にくじけない強い意気），さらに国際貿易都市としての伝統の自負（自分の才能や仕事に自身や誇りをもつこと）にあったのであろう。神屋4代目，神屋宗湛も，そういった時代に生きた博多町人であった。

2) 博多復帰を促す宗麟

天文24年（1555），大内義隆が自殺し，彼の時代は終わった。すると神屋亀菊（カメアキか）なる人物が，大友宗麟から左衛門尉に命じられた。亀菊は神屋一族の一人と考えられる。亀菊の登場した時代は神屋宗湛に近い。ことによ

78

ると同一人物かとも言われる。左衛門尉を与えられることからも，神屋が貿易という事業の性格からして，武士・大名らと深く関わっていたことが理解できるのである。

　さらにこの頃，神屋宗湛は大友宗麟から博多が安穏（あんのん）（事件がなく穏やかなこと）な状況に向いているので，一刻も早く戻るよう復帰を促される。ところが永禄2年（1559），国衆（くにしゅう）（土着の武士）の筑紫惟門（つくしこれかど）が大友氏に反旗を翻し，2千人の兵を博多へ派遣した。

　これに対して博多町人たちは防戦したが，博多の一部の僧侶たちが筑紫方と通じて町を明け渡したため，代官は近くの城へ逃（のが）れた。この戦いでついに博多は全焼したのであった。このような状況下，宗湛が大友宗麟の命に従ったかどうかは不明である。しかし宗湛が戦火を避け，近郊（唐津とされる）に退避していたらしいことは，博多への復帰を促す手紙から事実とみられている。当然のことながら，神屋宗湛は父子伝来の名物茶器「博多文琳（ぶんりん）」を携え，家族を引き連れて唐津へ身を寄せていたのであろう。

(2)　宗麟と嶋井宗室

　大内氏は，神屋氏ほか博多商人と交流があったが，大内氏の滅亡以後は大友氏の支配になった。時の博多商人代表は嶋井宗室であった。実は宗室の出自（しゅつじ）（系譜上の帰属，生まれ）や資産を産んだ基盤は不明である。宗室の幼少年期は決して裕福ではなく，徹底した節約が身に付き，それらを養子の徳左衛門に書き記して踏襲させたとみられている。

1)　嶋井宗室の生業（なりわい）

　宗室は，永禄10年（1568）9月（20歳）の時には，既に対州（たいしゅう）（対馬（つしま））問屋博多屋と，貿易を始めており，翌年2月には栄寿丸で朝鮮へ商品を買い付けに行き，6月には大坂でこれらを売り巨利を得ている。またその翌年の元亀元年9月には，近畿地方の商人たちへ近国の武士向けの品を船で届け，同時に販売の促進法を記した書簡を付けている。

　天正7年（1579）6月（31歳）には，亜鉛鉱と推測される鉱業で巨万の財を

79

なし，これ以後，関西に多くの人脈が開けたのである。

　また宗室の日記によれば，永禄8年（1565），嶋井家は，大友宗麟へ緞子1反と高麗焼の鉢を見舞いとして贈っている。翌年，年頭の礼として宗麟の城へ赴いた時には，博多唐織10反の注文を受けており，この頃から宗室と宗麟の取引関係が始まったとされている。

　その結果，嶋井宗室は大友宗麟から，所領6か国に互る分国における津々浦々の往来と，通商の自由を与えられ，さらに博多津の諸役を免除されたのである。このように嶋井宗室は大友宗麟にとって，なくてはならない存在になっていくのである。

2)　大友氏に移った領有

　そもそも大友氏と博多の縁というのは，蒙古襲来を期に急速に深まったことによる。そして異国警固番役となり，香椎の警固（非常時に備えた守り）を行い守護領を設けた。また蒙古襲来時の戦功で，怡土庄に恩賞地を与えられる。さらに元寇3年（1333），鎮西探題追悼の功として，博多奥の浜の領有も認可された。こうして大友氏は，対外交通の要地「奥の浜」を中軸とし，東は香椎，西は怡土庄までの一帯を手中にしたのであった。

　しかし大友氏の要地，怡土庄の領有が確定した訳ではなく，支配の獲得を巡って大内氏・少弐氏と激しい戦いを繰り返すことになる。この戦いの中，天文7年（1538），大友義鎮は大内義隆と和睦し，大内は大友の怡土庄の領有を確認した。その後の大友氏は，香椎と共にこの地の管理を続けた。ところが1551年，義隆の文事（武事に対する語で，文学・芸術派）と奢侈（おごり，ぜいたく）は，武断派家臣達や，領民の反感から起こった謀反に会い，長門大寧寺で切腹して果てた。これにより，大友氏の領有は決定的なものとなったのである。

　大友義鎮はその後も勢力を伸ばし，肥前守護職，九州探題職に任命され，ついに九州6か国（肥前・肥後・豊前・豊後・筑前・筑後）を平定した。この間，神屋家の一族と思われる亀菊という人物が義鎮に仕官を許されている。亀菊が大内氏の死後，素早く大友氏に移ったことから，大友氏の九州支配がいかに急

激に行われたかがわかる。

　大友宗麟は20歳の頃から異国趣味や異国崇拝が強く，ザビエルを豊後に呼んだのも宗麟若干20歳の時であった。ポルトガル船の自領誘致と軍需品の輸入を促進し，のちには受洗（キリスト教で洗礼を受けること）してフランシスコの名を受けた。さらに大村・有馬ともども天正遣欧使節を送った。しかし宗麟は，自ら貿易に従事することはせず，博多の宗室や，毎年朝鮮へ渡航する対馬の貿易商人，梅岩を介して朝鮮貿易品を入手していたようである。

　宗麟の居城，豊後へは堺商人の天王寺屋道叱が通い，朝鮮貿易品を上方へ流したと考えられる。

3）宗室の茶の湯

　『天王寺屋会記』によれば，津田道叱（堺豪商天王寺屋の一族。津田宗及の叔父，紹鴎流の茶道を学び宗湛・宗室と親交を結ぶ。慶長４年宗湛を招き茶会を開く）が初めて大友宗麟の城下を訪ねたのは，永禄９〜10年（1566〜1567）頃で，これが嶋井宗室に関する史料の初出で，それまでの出自は一切不明である。その後，宗麟の城下町を頻繁に行き来している。

　その理由は道叱の商売上の利益もあるが，茶の湯を通じての宗麟との結びつきが重要であったのである。宗室は商人としての成功に茶の湯を身に付け，茶器・軸物など名物の蒐集（特定の目的でわざわざ求めて行き集める）で知名度をあげていった。特に茶人の間で，「初花」・「新田」と共に，「天下三肩衝」茶入とうたわれた「楢柴」の肩衝（茶入の形象の一つで，肩の部分が水平に張って見えるものをいう）を秘蔵していたことから，宗麟，道叱と結びついたのであろう。

　宗室が，初めて上方の茶会に顔を出したのは，天正８年（1580）８月25日の天王寺屋津田宗及の茶会である。ここで道叱が昵懇（親しいこと）の宗室を甥の宗及に紹介したと思われる。また同年６月，宗室は信長から宗及と共に茶道具拝見のために上洛せよとの命を受けている。この時の上洛実現に関しては諸説があるが，このことから宗室が，既に上方のみならず，信長と直接膝を交える繋がりも作り上げ，博多商人の代表的存在として，注目されていたと理解で

きる。

2 豊臣秀吉と神屋宗湛

　ここで宗湛が秀吉と出会ってからその死別まで，およそ11年に亘る大きな節
目を少し詳しく振り返って見る。

(1) 筑紫の坊主・神屋宗湛
1) 避難地に唐津を選んだ理由

　神屋家が，唐津に避難したことに関する史料も明確ではない。しかしながら，
岡田（1998，pp. 93～95）は，神屋氏が唐津を疎開地として選んだ理由を次の
3つとしている。

　第1は，松浦之庄が，神屋家の出自と関係がありそうな京の東寺（教王
護国寺）の所領であること。

　第2に，神屋主計が，総船頭を務めた天文8年（1539）の勘合船の正使であ
り，博多聖福寺に住んだ湖心碩鼎を開祖とする，臨済宗南禅寺派に属する端
鳳山近松寺（天正2年焼失）が唐津にあること。

　第3に，唐津は名にし負う倭寇の根拠地で，一方，正式の朝鮮貿易の権利を
持つ中小土豪（その土地の豪族）も多く，対馬が朝鮮との直接貿易の権利をほ
ぼ独占した後も，唐津地方の朝鮮貿易は対馬商人を通して続けられ，貿易港と
しての伝統を保っているから，と説明している。

　また岡田（1998，pp. 95～96）は，宗湛の母方についても言及しており，宗
湛の叔父に博多聖福寺の住職，景轍玄蘇がいて対馬に身を寄せ，朝鮮・明への
通信文を記した人がいた。また玄蘇が，対馬の宗義調の正使として天正16年
（1588），朝鮮へ赴き，同18年（1590）には朝鮮通信使一行を伴って，京都大
徳寺に入ったことを指摘している。

　このようなことから，神屋家が対馬の宗家から玄蘇に至る縁で，明との貿易
のみならず，朝鮮貿易と深く繋がったと説き，神屋家が代表的な博多商人の地
位を確保し続けたことも，海外貿易と内国取引，上方との流通があった故と説

明している。

2) 天正14年とはいかなる時代か

天正14年は『宗湛日記』が始まった年で，宗湛が秀吉と目通りを願う好機と考えたその時といえる。ではその時は宗湛・秀吉の両者にとっていかなる時期であったのか，その概略を追ってみる。『宗湛日記』の出だしにある宗湛の上洛は天正（陰暦）14年（1586）10月28日唐津を出発，京都下京四条の森田浄因宅に着いたのが同年11月18日。宗湛は到着の5日後，堺の天王寺屋津田宗及の元に，上方商人の宗伝と一緒に訪れ，急遽もてなしを受けた。実は，宗伝は博多屋の屋号を名乗る博多の商人で，島井宗室や聖福寺玄蘇，対馬の梅岩とも親しい人物であるが，この頃は堺に滞在していたようである。

この天正14年（1586）が，どのような時代であったかというと，信長が本能寺の変で亡くなった4年後で，秀吉が家康と和解し，天下人として地位確立の急転換を進め始めた時であった。前年秀吉は四国を平定して関白となり，この年，秀吉は大友宗麟の頼みを受けて島津征伐と自らの出陣を約束した。また朝鮮侵略の計画については，既に公表しており，準備も始まっていた。秀吉はこの天正14年9月に豊臣性を賜り，同年12月，太政大臣（太閤）となり，秀頼の時代に問題となる梵鐘を吊った方広寺を同年4月に建立していた。そして翌年には，のちに桃山期建築を代表するといわれる聚楽第が完成する。聚楽第については秀吉の京都の豪華な別邸というイメージが多いらしいので，少し補説をする。

聚楽第は，その名の通り「聚楽」は長生不老の楽しみを集める，と「第」は邸宅のことで，もと平安京の大内裏の故地（かつて縁故のあった地）に築かれた豪華絢爛な建物である。しかしその実，外観・意匠とは異なり攻防戦に堪えうる，完璧な軍事施設，聚楽城であり，「じゅらくてい」は時に「じゅらくじょう」とも言われた。

城郭内は天守を始め，本丸や二の丸・西の丸・北の丸を設け，曲輪外周2キロメートルに及ぶ完全なる要塞であった。この聚楽城もかつて信長が安土城で築いたように城の外に大名や富商の屋敷を配置した。また茶頭や一部の大大名

には曲輪の内に屋敷を構えさせた。聚楽第が完成する半年前の天正14年10月末に唐津から出てきた宗湛は，およそ２ヶ月の間に京坂の数多くの茶会に顔を出している。のちに宗湛は，当時の茶頭たち同様に，聚楽第内に屋敷を与えられた。

3）　大坂城大茶の湯の様子

　天正15年（1587）正月３日（午前４時），完成したばかりの大坂城での大茶の湯に招かれる。まず石田三成に招かれた堺商人達と茶の湯飾を見る（「」内は『宗湛日記』のママ）。

　その時，「筑紫ノ坊主ドレゾ」，「ノコリ（残）ノ者共ハノケ（除け）テ，筑紫ノ坊主一人ニ能ミセヨ」と秀吉直々の言葉を頂戴し，食事時にも「ツクシノ坊主ニメシ（飯）ヲク（食）ワセヨ」と声を掛け，今井宗久と宗湛が，背中合わせに座って，大名たちと食事を賜った。さらに多くの給仕人に交じって，石田三成が宗湛の前に出て給仕をしてくれた，ともある。

　秀吉の宗湛に対する歓待は，それだけに留まらず，宗湛以外の大名・町人たちは１服の茶を３人ずつで飲んだのであるが，秀吉は宗湛にだけは「ソノ，ツクシ（筑紫）ノ坊主ニハ，四十石ノ茶ヲ，一服，トックリト，ノ（飲）マセヨヤ」と声を掛け続いて，宗湛一人が利休のお点前（茶の湯で茶をたてたり，炉に炭をついだりする所作・作法）で，葉茶壺（葉茶を入れる壺）の名物四十石は現在の価値で１石が約７万５千円前後ということで，１壺で約300万円の茶を回し飲みでなく，独り占めで頂くことができた。さらに宗湛一人が名物の三大茶入の一つ「新田肩衝」も手に取って拝見することができたのである。

　今回，一面識もない秀吉との橋渡しをしたのは津田宗及である。宗及による細やかな口添えで，秀吉好みの進物を届けていたにせよ，今回のこの殊遇（特別の良い待遇）は，唐津出立の時に宗湛が期待していた以上の成果を確認できたに違いない。

4）　秀吉による博多復興

　天正15年（1587）４月，唐津に戻った宗湛は６月８日，再び津田宗及の斡旋で，九州（島津）征伐から凱旋した秀吉に再会できた。

84

第2章　神屋宗湛の人物像

実は島津軍に付いていた秋月種実（かつて毛利によって再興した武将）は，九州征伐で秀吉と戦うが，秀吉得意の一夜城（益富城）を見て戦意喪失，降伏した。その時秋月種実は，かつて博多豪商の嶋井宗室から強奪したとされる名物「楢柴肩衝茶入」（1998，p.167）を秀吉に献上，命乞いをしたことで助かったとされる。この「楢柴」を取られたのち宗室は，鬱憤の余り種実の使者を応接した数寄屋（茶屋）に火を着けて全焼させている。宗室同様に天下の名物を所有している宗湛の思いは果たして如何ばかりであっただろうか。

秀吉が九州征伐から博多へ入った天正15年6月10日，長期の戦で廃墟と化した博多の検分（立合い検査）で，秀吉の供をした宗湛は，2人のポハテル（Padre＝バテレン）や小姓（貴人のそば近くに仕え雑用を務める。）らと，「フスタ」という名の船に筥崎から乗り込み，博多津へ入っている。

翌11日，博多の町図が画かれ，12日から，4人の町割奉行らによって，町割りが始まり，宗湛や町の古老たちの意見も参考とされたようである。この時，宗湛ら博多の指導的立場にある町人は，屋敷が与えられ，町役（町内の住人としての義務）が免じられた。なお宗湛と宗室には特別に，表口13間半（約25.8m），入30間（約57.3m），面積約1478.3㎡（約447.6坪）の屋敷地が与えられた〔1間＝6尺3寸（太閤検地尺）として〕。宗湛の屋敷は現在の福岡市博多区奈良屋町に，宗室は同市同区の中呉服町にあった。戦災で山のように積まれた瓦礫を見た宗湛は，それを練り込めた「練塀」を思いついたとされる。

また宗室はこの練塀で屋敷の周囲に巡らせていたとされる。この発想は，宗湛の早期復興を目指すゆえの緊急策であったのだろう。また秀吉にとっても，博多津を朝鮮侵攻の兵站基地として利用するためにも，活気ある博多の復興が急がれた。

また天正15年6月，秀吉が博多に発した「定」に，中世からの問丸や座の廃止，地子諸役（諸々の雑税）など租税，徳政（この時代仁政の逆の意）の免除や，武士の居住禁止など，町人の町づくりを促進するのに格好の特権が与えられた。さらに中央権力に邪魔されない不入権も得たことにより，博多らしい自治都市を取り戻すことになるのである。

85

しかしながらそのような復興も，兵站基地としての性格を強めていく過程で，これらの特権が不履行となり，博多町人による秀吉の家来たちに対する批判・不満も高まり，ついに激しい憤りを以って博多商人特権の再確認・再構築を求め，詰め寄ることが起こった。博多の兵站基地における商人の取りまとめ役は宗湛と宗室であるが，武野（2000, pp.108〜110）は，これら批判運動の代表的立場にあったのが嶋井宗室と見ている。

5） 小早川隆景の名島城下町

　秀吉と宗湛・宗室，３者の関係をみると，宗湛の上洛（上京）まで宗室は秀吉に近侍（主居のそば近くに仕えること）し，秀吉政権の内密な事柄の多くを一手に引き受けていた。まさに当時の宗室は，博多を代表して秀吉政権を支える関係にあったと思われる。

　しかし，宗湛が秀吉の投げかける言葉を積極的に受け止めるのに対し，宗室は幾分かの自己主張があったようである。この宗室の性格と異なり，秀吉に従順ともいえる宗湛には，誰憚ることなく「筑紫の坊主」と呼ぶことができたのであろう。

　秀吉・宗湛・宗室の間柄が明確に見え始めたのは，名島と博多の町家の普請（建築），さらに秀吉の朝鮮侵攻における博多の町の兵站基地化に向かう協力姿勢など，各人の思惑の違いが表面化し始めた頃である。毛利元就の第３子，小早川隆景は，天正15年（1587）６月，両筑（筑前・筑後）の領主兼博多代官に任命され，翌16年２月末，立花城に代えて名島城の普請に取り掛かった。宗湛は早速，普請見舞いに駆けつけている。

　さらに宗湛ら復興指導者側は，この時の博多の町家づくりについて「裕福な町人は瓦屋根，それ以下は板葺屋根か竹葺屋根とし，九月末迄に完成させること」とする注文を付けている。加えて翌天正16年（1588）11月末には，名島城下の町家の普請までをも命じられたのである。しかし，城主隆景が再三の催促を出すけれども，名島の城下町には一向に家が建たず，文禄４年（1595）12月になって，ようやく体裁を整えることができた。

　このように博多・名島の城下町建設が，思うように進まなかったことにより，

第2章　神屋宗湛の人物像

秀吉のご機嫌は「大いに斜め」であったという。また隆景は文禄元年（1592）
3月，宗湛と宗室に対して博多津内の蔵を全て開けさせ，「米を貯めるように」,
とする秀吉の命を伝えた。秀吉は，これから始まる朝鮮への大規模な出兵のた
め，九州一円の米を名護屋へ集め，相場よりも高く買い取った。さらに渡航す
る大名らに米を貸与するという周到な準備も行った。

　これらの米が大名たちに分配される場所は多くの場合，博多であった。米蔵
と積出港を兼ねたのは箱崎・津屋崎・鐘崎・江口などの港であった。これらに
尽力・指揮したのは，宗湛であり，宗室であった。また朝鮮への侵攻中，宗室
は石田三成に幾度となく自らの屋敷を宿舎として提供しており，宗湛もまた毛
利秀元（毛利元就の孫。正室は豊臣秀長の娘，継室は徳川家康の養女で，家康
の異父兄にあたる松平康元の娘）を自邸に泊めている。この時期には，博多商
人たちも出征軍の宿所として屋敷を提供していたのである。

(2)　秀吉の朝鮮侵攻と宗湛・宗室

1)　秀吉の朝鮮出兵

　嶋井宗室は本業の朝鮮貿易において，対馬の領主，宗義智と特別深い関係に
あった。それは天正15年（1587）6月，秀吉が宗義智に「朝鮮侵攻を遅らせて
も良いけれども，朝鮮が辞を下げて（詫状を持って）来日すれば考えるが，で
なければ出兵する」という交渉を一任したものであった。朝鮮国が日本を快く
思っていないその時期に，難題を投げかけられた宗義智は，朝鮮本土の事情に
通じて貿易上重要な関係を持ち，しかも信頼して打ち明けることのできる宗室
に相談したのである。

　その結果，宗氏は義父にあたる小西行長と宗室に頼み，秀吉の国内統一事業
成功を祝う通信使と，内容を替えて派遣を要求することにした。難航した話も，
天正17年（1589）11月，ようやくにして朝鮮側も承諾した。こうして翌年11月,
通信使たちは京都の秀吉に謁見（貴人や目上の人に面会すること）できたので
ある。

　しかし義智や宗室の思惑（思うところ，意図）を知らぬ秀吉は，遠征軍の先

導を要求，文禄元年（1592）正月には朝鮮遠征の動員令を発した。さらには，義智・宗室の苦しい対朝交渉の結果を待たず，4月，軍隊を朝鮮に送ったのである。ちなみに宗湛の日記はこの正月から7月の間，一切記述はない。日々余りの多忙ゆえの空白だったのだろうか。

2) 秀吉と宗室の乖離

　秀吉と宗室の関係が，出会い当初と比して大きく変わり秀吉への批判者になっていったと考えられる。朝鮮との貿易で数多くの恩恵を受けてきた博多商人にとっても，朝鮮出兵の回避は心に秘めた強い願望であったと考えられる。

　文禄元年（1592）から，2年間に及ぶ宗室の動きは『宗湛日記』に全く見られず，秀吉のいる名護屋にも現れていない。それに比べて宗湛は秀吉との関係を益々深め，秀吉を自宅へ招き，秀吉から名護屋の茶室に招かれるなど親密度合を増していた。驚くことに文禄4年（1595），宗湛はその精励（力を尽くして努めること）ぶりが認められ，筑後竹野郡田主丸（現・福岡県久留米市），吉田，吉瀬村に100石の地まで与えられている。

　兵農分離と共に商農分離を行った秀吉政権で，商人による土地の兼営（本業のほかに別業を兼ね行うこと）は認められていなかった時代，宗室に与えられなかった土地を宗湛には与えたのである。このようなことから宗室と秀吉の関係は，次第に宗室対秀吉政権の反目（睨み合い）に変わっていった。

　戦乱後の博多が戦前の活気を取り戻した時に，秀吉による博多の兵站基地強化は，戦後の「定」（法令・規則）に見られる約束を無視し，反故（不要になったもの）にすることとなり，延いては博多津の自治権までも脅かすことになっていったのである。このような事態に反発した博多商人たちの先導者ともいえるのが宗室だった。

　このような宗室の行動や，秀吉との乖離（背を向け離れること）が気になった石田三成は，宗室に慰撫（なだめ労わること）の手紙を出し，さらに農民の田畑所有に拘る宗室に対し，筑前・筑後の代官と農民との間に起こっている紛争調停の役を与えた。こうして晩年の宗室は，土地問題調停役を兼ねるようになったとされている。

第2章　神屋宗湛の人物像

3　秀吉の死と黒田父子の支配

(1)　近づく秀吉時代の終焉

1)　秀吉の甥が小早川隆景の養子へ

　この頃の宗湛の様子については，やはり岡田（1998, pp. 149〜151）が詳しい。秀吉は関白となった天正13年（1585），朝鮮侵略を宣言し，その7年後の文禄元年（1592）に朝鮮に出兵した。それから2年後の文禄3年（1594）は，秀吉の伏見城が完成した年であるが，9月25日の昼，宗湛は筑前藩主，小早川隆景の名島城で振舞を受けている。

　同席は毛利秀包・二保隆安ら5人であるが，七五三（本膳七菜，二の膳五菜，三の膳三菜を供えた盛大な宴。七五三が初回・二回・三回に出て来る膳の数とする説もある）の御膳と囃子まで行われた祝の宴であった。これは木下家定（秀吉の正室，北政所の兄）の子，羽柴秀俊（秀吉の養子。のち小早川秀秋。通称＝金吾中納言）が同年隆景の養子となる祝宴であったと考えられる。

　隆景の養子となり羽柴秀俊から小早川秀秋に改名した秀俊は，同年11月，毛利輝元の養女との結婚が整い，輝元らの参会の元，備後三原で大祝宴が催された。翌年宗湛は秀秋の筑前入部に奔走した。

　秀秋の養父隆景からの書簡で，8月には宗湛と嶋井宗室に急遽羽柴秀俊（秀秋）が博多に10日間の予定でくる。「石田三成らが松原茶屋が必要と申すゆえ，準備を頼む」ということである。この茶室は宗湛が中心となって造り，「吸風軒」と名付けられた。同年9月20日，秀吉の養子羽柴秀俊が，新領主小早川秀秋公となって入部，吸風軒で茶会が開かれ両領主に関わる歴々が出席，茶頭は宗湛であった。

2)　金十郎の名と宗湛がかばった秀秋

　同月25日，突然，小早川秀秋が宗湛の家に現れた。そして宗湛の孫に秀秋の別名「金吾中納言」の「金」の1字を与えて金十郎と名付けた。女子3人に給仕をさせると縮羅織（織物で縦横どちらかの糸を縮ませ表面に凹凸を表したもの）を1反ずつ賜った。翌日金十郎は秀秋の元を訪れ，金貝（金・銀・銅など

89

の薄片をはめ込み模様としたもの）の脇刀一振り，道服（袖が広く裾にひだのある羽織的なもの）一重，小袖（白絹の下着）一重を頂戴した。

　小早川秀秋は慶長2年（1597），第2回朝鮮侵攻「慶長の役」に大将として出陣。その時の行動が軽率ということで秀吉の怒りに触れ，減封（領地を削ること）となる。この頃巷では筑前領主としての秀秋の力量を問題視する風聞も出ていた。秀秋の補佐役山口玄蕃頭正弘は，この慶長2年正月24日，宗湛が秀吉の伏見城松丸茶会に呼ばれていることを憂慮（悪い結果になるのではと心配すること）し，その前日に伏見で宗湛に会っていた。

　というのも，もし秀吉に小早川秀秋のことをあれこれ聞かれた場合に，どう応えて欲しいのかを伝えるためであった。宗湛の答一つで筑前がどう姿を変えてしまうのか，山口玄蕃は夜明けまで語ったのであった。宗湛は石田三成から預かった書状を携えて伏見城へ参り，数寄屋で秀吉のお点前で茶を頂いた。

　茶席には宗湛のほか柴田宗仁，原道哲ら博多衆と青木法印の4人が座していた。その時，秀吉の好意で宗湛ら3人の博多衆は，青木法印の案内により伏見城を見て回っている。山口玄蕃から依頼された秀吉と宗湛の応対はいかがであったのか，知りたいところであるが，当然のことながら『宗湛日記』にも他にもその内容は残されていない。

　翌慶長3年（1598）5月5日，岡田（1998, p.172）によると宗湛は小早川隆景の命を受け，朝鮮再出兵のため，博多に来た諸大名を生の松原で接待，茶頭は宗湛であった。また御膳部は博多の町衆が仰せつかった。宗湛は金屏風1双を運び，釜を松の枝に吊り，砂浜で炭をおこした。毛利輝元は3人の咄（ことの筋道が含まれる話，また話すこと。元来は「トツ」と読み奇声を表すが，戦国期から話す意となる）の衆を交えて満足気であったという。

　釜を松に下げる別話『実山茶湯覚書』がある。立花実山（1655〜1708）の覚書である岡田（1998, p.142）。天正15年6月18日，箱崎の松原で秀吉の命で利休が茶を点て，のちに実山が記念碑を建てた。この月，秀吉は博多津に「定」を出し，利休が博多灯籠堂で茶会を開いているが，残念ながら箱崎松原の茶会に出ていないのか，宗湛日記には記されていない。

3) 秀吉の死去と家臣たち

　同じ慶長3年（1598）8月18日，伏見城にて豊臣秀吉が死去（病没とも）した。豊臣秀吉は外には中国・朝鮮の侵攻を進めて，内には公家・寺社を統制，大名領主による天下統合を成立させようと考え，その本拠統合のため伏見城拡大，城下に大名屋敷を集め，五奉行勤番，参勤体制を創ろうとしたが完成に至らなかったのである。

　秀吉の死によって朝鮮とは停戦協定が結ばれ，文禄・慶長の役は終結する。しかし同年10月以降，次々に対馬を経由して博多に帰還する大名たちの慰労として，11月1日から27日まで宗湛主催の茶会が行われていた。石田三成と浅野長政は帰還の諸侯に秀吉の遺言を伝えると共に形見分けをも行った。

　宗湛の数寄屋では毛利輝元，石田三成が会合し，時同じく書院では雑賀孫一（鈴木重朝）や輝元の家臣ら7人が集まる状態で，神屋家を挙げて帰還武将たちの応接で繁忙この上ない状況であったと思われる。23日の昼から始まった三成主催の茶会は，輝元，杉森下野，宗湛の4人であった。

　この茶会は三成自身のお点前で茶を点て，夜咄に至ったとある。慶長4年（1599）2月は，伏見城で石田三成，増田長盛，浅野長政，前田玄以，長束正家の五奉行が交代で勤番する予定の年である。この年の春，五奉行揃って徳川家康を疑い，伏見の屋敷を攻める密儀を凝らしたなどの虚聞も流れた。このようなことから政情は一変，伏見の住民の避難など混乱を招きながらも秀吉の遺言にある子，豊臣秀頼を頂点とする国政の推進が始まった。

　慶長5年（1600）年元旦から，全国の大名達は大坂城の秀頼の元に御礼を言上し，ついで西の丸の大広間で徳川家康にも謁見した。その中に直接挨拶することを拒み，使者を寄こした上杉景勝がいた。家康はこれを討つことを決める。黒田長政は，福島正則，池田輝政，細川忠興，さらに家康の直臣本多正信，井伊直弼らと共に家康に従った。実は長政は10日前に家康の養女を後妻に迎え，家康との関係を深めていたのである。

第2節　秀吉と宗湛

1　秀吉の生涯と宗湛

　宗湛が数多くの武将達と，本来の商人という身分差を越えて対面・親交できたのは，豪商，法体という以外に，やはり天下人豊臣秀吉による格別な引立てが背後にあるのは間違いないであろう。簡単には上り詰めることが困難な太閤という太政大臣の敬称は，秀吉自身が好んで用いたというが，そもそも秀吉は周知の通り武将の家系ではない。生まれは尾張国愛智郡中村の百姓の子，宮元（2000，p.12）など他説あるが，著者は宮元（2000，pp.14〜18）の論じる出自「ワタリ」論に強い興味を抱いている。

　宮元は，小和田哲男（『豊臣秀吉』中央公論社）にある，秀吉の出自「ワタリ」説〔秀吉の母の系統がワタリ（定住地を持たぬ各種専門技術者集団）の鍛冶職人であったことから，秀吉も物心が付いた頃には各地で様々な土木建設を経験してきた〕を宮元自らの研究で例証している。

　秀吉が後に膨大な数の建築や，かつてない短期間での造営法などは，自らが土木建設に関わって育ったことが，背景にあると実例を引いて子細に説明している。宮元によるこれらの内容は，少なくとも建築に関する分野では，小和田「ワタリ」説，そしてそれを支える宮元論も安易に否定できないと考えている。

　また現在我が国における秀吉の出自・生い立ちは，概ね次のように説明されている。

(1)　秀吉の生涯

1)　その生い立ち

　天下人（全国の政権を掌握した者）となった豊臣秀吉の生まれは，同じ全国統一を目指す者であっても，先の織田信長や，後の徳川家康と異なり，為政（政治を行うこと）・支配（国や人民をすべて治めること）には縁のない家柄に生まれた。尾張国愛智郡中村（現・名古屋市中村区）の百姓の子であり，母

も同国御器村（現・名古屋市昭和区）の生まれ，父弥右衛門は，織田信秀の足軽になったが，負傷して村に帰り，百姓になったと伝えられている。

しかし秀吉のもう一つの生地，清須（現・愛知県清須市）の説もある。幼少期は悲惨な時期を過ごし，餓死寸前のストリート・チルドレンであった可能性も，近年の服部（2012, pp.560～597）の研究でも詳細に解説されている。

母の名，なか（後の大政所）も諸説あり，土屋知貞の『太閤素性記』などには，天文5年申歳（1537）正月元旦生まれとあるが，秀吉が右筆（貴人に対し文章を書く職務の武士のこと）の大村由己に命じて作らせた『関白任官記』には，翌天文6年酉歳の2月6日生まれとし，判然としないが幼名に日吉丸が説かれている。さらに日吉大権現の申し子説までも跳び出しているが，その容貌からであろう，幼時には渾名を小猿，長じてからは猿や，禿鼠とも称されている。

15歳で今川氏の下臣，遠江久能の城主松下之綱（加兵衛）に仕えた。永禄元年（1558）には織田信長へ仕え，初めは木下藤吉郎と名乗っていた。百姓の子で小猿と呼ばれた秀吉の生い立ちは，後に創作された物語も多く，中村の光明寺の小僧に出されたともいう。

商い奉公，鍛冶屋の弟子，再び商家の子守り，さらには『絵本太閤記』に『夢の浮橋の虹』にも似た物語，つまり「矢作の橋」の上で，野盗時代の蜂須賀小六（正勝）と日吉丸（豊臣秀吉の幼名）の出会い話など，奇天烈（非常に奇妙なこと）な物語まで作られた。

2) 木下藤吉郎時代

木下藤吉郎が織田信長に仕えた当初は，京都の民政（人民の生活に関する政務）に当るが，信長の下での度重なる戦功により，次第に重用され，天正元年（1573）9月，北近江を与えられて，長浜城主となり（時に秀吉36歳，宗湛20歳），この頃から羽柴姓を名乗った。天正5年（1577）10月からは中国攻に従事した。天正9年（1581）年吉川経家（毛利輝元の家臣，石見吉川氏の当主）の籠る鳥取城を落として伯耆（今の鳥取県）に進出し，転じて淡路（今の兵庫県淡路島）をも支配下に治めた。

そして翌天正10年（1582）3月，秀吉軍は備中に向かい，高松城に清水宗治を囲んだ。この戦いは清水氏を表に置いたが，実質は背後に陣取る毛利氏と，それに相対する織田氏の将来の運命を掛けた戦であった。秀吉による高松城水攻めの最中，明智光秀率いる本能寺の変が勃発したのである。

3) 羽柴秀吉時代

織田信長の憤死

　急転ともいえる「本能寺の変」が起った頃，秀吉（当時は羽柴姓）は備中国の高松城を水攻めにしながら，高松城の後詰（応援のため後方に控えている軍勢）の毛利軍と向き合っていた。この最中，毛利軍にとって予期せぬ不運な事故が起った。本能寺の変の直後，明智光秀が備中高松の毛利軍に送った密書は，信長自刃（自ら刃で生命を絶つこと）の翌日，天正10年（1582）6月3日の夕刻に備中高松へ着いた。ところがこの明智光秀の密書を持つ使者は，羽柴秀吉方の番兵に捕らわれたのであった。

　織田信長の横死（思いがけぬ災難での死）を知らせるこの密書が毛利軍に届くと，全勢力を結集し，万難を排してでも攻勢に転ずることは必定であったに違いない。密書により信長の頓死（突然の死）を知った秀吉は，大いに驚いたであろうが，この真相を味方の武将たちにも隠し，直ちに毛利方に和議を申し入れた。備中高松城主・清水宗治の切腹でもって，城を囲む堤防を切り，城兵を助けるというものであった。急な軍議にも拘らず，信長の死を知らぬ毛利軍は信長軍の来襲を恐れ，小舟に乗った。城主宗治に対しては切腹でもって決着を付け，両軍は備中から即時撤退した。

　秀吉は宗治の首級（討ち取った敵の首）を受け取ると，直ちに24里（94.3km）の道程を昼夜兼行（昼夜の別なく道を急ぐこと）で東進し，6月7日の夕刻，播磨国姫路城に到着。兵を2日間，十分に休ませたのち，信長の「弔合戦という大義名分を掲げ，6月13日京都山崎の戦で逆賊明智光秀を2時間で打ち負かす。惨敗した光秀は夜陰（夜の暗闇）に紛れて遁走したが，近江国に向かう途中の小栗栖（現・京都市伏見東部）の竹藪で土民の手にかかって刺し殺された。秀吉は京に上り凱歌をあげ，百姓が拾ったという光秀の首を本

能寺の門前に晒した。

　山崎決戦の翌月，尾張の清洲城で織田家の重臣会議が開かれ，信長の家督相続と遺領分配が検討された「清洲会議」である。信長の嫡男（正式に結婚した夫婦の間に生まれた長男）信忠が，本能寺の変の同日，二条城で戦死したため，信長の次男信雄と三男信孝が，家督争いを始めた。柴田勝家と滝川一益は，気の弱い次男信雄よりも，明智光秀討伐の後見役を勤めた三男信孝を跡目に押した。

　しかし羽柴秀吉は，信雄，信孝を押しのけ，幼い秀信（戦死した嫡男の遺児・三法師と呼ばれた）が，信長の嫡孫（嫡子から生まれた嫡子）に当たるのを理由として，織田氏を継がせるよう主張し，直系の血統こそ順当であると主張した。この赤子を織田家二世とし，後見役を欲する羽柴秀吉の姿が見え隠れすると感じた柴田と滝川は反対したが，結果「弔合戦」の手柄を立てた秀吉の人気を揺るがすことはなく，秀吉の押す秀信となった。

信長の葬礼

　織田信長の死から４ヶ月，天正10年10月，秀吉は京都紫野の大徳寺で，亡君信長の葬礼を盛大に行った。その時，喪主に選んだのは16歳だった信長の四男御次丸（秀勝）であった。実は実子に恵まれない秀吉は，御次丸を猶子〔養嗣（後継ぎとしての養子）の候補者〕として貰い受けていたのである。

　つまり羽柴秀吉は，信長の子（秀勝）を喪主として，羽柴家で，誠に壮大な織田信長の葬儀を執り行ったことを天下に知らしたものであった。この葬礼は，「信長公が他界後，数ヶ月を経ている現在，葬儀をするものがいないので，仕方なく秀吉が自ら行う」と，縁者に断って次男信雄，三男信孝に不満のない盛大な葬礼を行ったのである。

4) 秀吉の太閤（太政大臣）時代

　京都を支配下に治めた秀吉に対して，信孝・勝家などは不満を抱いていた。関東の上野国から逃げ帰った滝川一族は，伊勢国・亀山を与えられたが不満であった。その様なことから，遂に羽柴秀吉方と柴田勝家方の両派に分かれ，激しい暗闘（裏での闘い）が起るようになった。やがて美濃・伊勢などで羽柴秀

吉と，柴田勝家・佐久間盛政らとの戦いが始まり，翌天正11年（1583）4月21日，近江国賤ヶ岳の戦いで秀吉は大勝，勝家を居城の越前北庄に追い払い，自刃させた。これにより秀吉は織田信長の後継者の地位を確立したのである。

(2) 秀吉に随行の宗湛

　宗湛の人生が輝いている時代は太閤秀吉と出会い，太閤が生きている間の10年8ヶ月だけだったといっても過言ではない。この間宗湛が秀吉の政策展開の局面に，ある時は足繁く通い，またある時は無沙汰の期間を保ちながらも，時折つながりを強化して商業取引は勿論，個人としての信頼関係をも深めていった感が見受けられる。しかしそうした状況を人生の随行（人の供となって従い行くこと）という言葉で一括りにまとめてよいものか，いささか歯切れの悪さもありながら論を進める。

　前述の通り宗湛が秀吉と初めて会えたのは，天正15年（1587）正月3日の大坂城大茶会の席である。その時，宗湛34歳，秀吉は天下統一を実現しようとする最中で半百の50歳であった。秀吉は信長の意志を継いで，遠く明（中国），さらにそれ以上の遠国（遠い国＝東南アジアやインド）の覇権（天下を納める権力），西進（西へ進むこと）を目指すという壮大な計画に相応しい拠点をつくろうとしていた。それ故に長期戦に対応できる巨大な「軍事基地」（肥前名護屋）と「貿易基地」（筑前博多）を必要としたのである。

　そこで秀吉に必要になるのが，世界の情勢，新しい技術，世界各国の国力などに関する情報とそれら活動を支える膨大な資金である。そこで目を付けたのが，博多の豪商，とりわけ博多豪商の双璧，嶋井宗室と神屋宗湛であった。しかし宗室は，秀吉の朝鮮侵攻に否定的であり，博多商人の不満をも集め，天下人へも歯に衣を着せぬところがあり，次第に秀吉との溝は広がっていったのである。

　こうして秀吉の伴走者宗湛が時代の表舞台で注視・括目されることになるのである。しかしながら，常にじっと静かには留まっておらず，いくつもの計画を同時進行する秀吉の商業部門，茶の湯・美意識の分野のみを宗湛が受け持つ

ことになり，秀吉の動きに付いて廻るのは，かなりの体力・知力を要し，神経をすり減らした伴走であったといえよう。

　宗湛が一緒に走った秀吉との記録，史料はほぼ皆無であるが，秀吉に可愛がられ，富商・茶人として共に走ってこれた宗湛とは，どのような人物であったのだろうか。次の項でこれまでみて来た神屋宗湛が生きていた時代特性と，宗湛の関わった人物，宗湛のとった行動などから宗湛の人間性，人物像の解明に踏込（ふみこ）んでみる。

第3節　神屋宗湛の人となり

1　宗湛の日記から見えるもの

（1）　小間の茶室を巧みに使う

　宗湛の日常を直接知るには，何といっても彼が書き残した茶会記（ちゃかいき）『宗湛日記』が第1級の史料といえよう。日記は極めて私的な記録であり，しかも茶会記となると，ともすれば酔狂者（すいきょうもの）（物好き）が書いた慰（なぐさ）みという観もあろうが，実はこれまで触れたように，茶会が様々な役割を果たすことにより，茶会記も趣味・道楽を超えた重要な詳録記（しょうろくき）となっているのである。

　宗湛は自身の日記に感情を出さず，会話もほとんど記されていない。その日に見た茶会に関する建物・設い（しつら）（飾り付け，「室礼（しつらい）」は当て字），物品を中心にできるだけ詳しく淡々（たんたん）と記している。そこには前記のとおり，茶会時における振舞の茶器などについても別途，日記に詳しく書き遺している。この日記から次のような宗湛像が浮びあがってくる。

　宗湛の生きた時代は，これまでの近古（きんこ）（鎌倉期・室町期）の時代と比べて，大きく変化する環境にあった。全国各領地を治める戦国大名の進出により，日ごとに日本の支配地図が描き変えられるという時代でもあった。そのような状況下で領地の繁栄を予見し，大名に従属して利を得ようとするのが富商である。中でも商いを通じて世界情勢を見聞し，如何（いか）なる急変の時代にあるかを察するのが，神屋宗湛ら貿易商人であった。

このように戦国大名の多くは，領主間から聞こえる世界情勢とは別に，世界を相手に奔走（物事がうまく運ぶように彼方此方と駆け廻って努力すること）する商人たちが握る経済・商業・貿易面での新しい情報が欲しかったと思われる。

　また宗湛ら地方の富商・豪商たちは，止むことのない戦乱の時代にある今，さらに明日をいかに安定・安全に生き残るかを探る術，重要な情報で，実現の手段を探っていたのである。天正14年11月，唐津を出立（遠い旅立ち）した頃の宗湛は秀吉による天下統一の日は近く，それにより我が国が大きく変わるという胎動の予感を強くしていたに違いない。

　ある意味，最も大切な人間関係を広め，直に接する茶会の記録は，京から遠い博多の商人宗湛にとって情報の命綱でもあったと思われる。故に宗湛は，当時勢威のある西国大名を始めとする武将，僧侶など高位の人々と人間関係を築こうとしたのであろう。それゆえ事業の継続に極めて重要な手段であった茶席に数多く参会，茶の湯に関する記録に真剣に取り組んでいたと考えられる。

　喫茶のための「茶立所」も書院・会所から離れ，茶の湯専用の茶室・茶屋が出現したことは，出会いの目的のために造られた施設ともいえよう。特に時代と共に小さくなる茶室〔4畳半・4畳・3畳・2畳台目（2畳と畳1枚の3／4に当たる長さの台目畳）・2畳半・2畳〕の小間は信長・秀吉は元より，当時上位の公家・大名や富商も，新しい時代に取り残されないため，当の人物と膝を寄せて直接話し合う機会，場を造ることに大きな役割を果たしたといえる。

　これら小間，草庵の茶室という狭小空間では密室で行われる贈答や進上，人物紹介・情報交換・意志確認などが，膝を突き合わせて語ることが容易になる。さらには，また逆に秘密裡（秘密の状態）でないことの承認を交えて誤解を解く，などという入り組んだ話の公開・説得など二面性を持つためには，極めて便利・重要な場所であった。このような場所に茶頭となった宗湛は四季を感じる土産を持参，又凝った設いと振舞で客を迎えた筈である。

第2章　神屋宗湛の人物像

（2）　細かな観察と正確な判断

　宗湛が記した日記は，自身が関わった茶会記録であり，同時に日々様子を変える人間関係の記録・確認資料でもあり，宗湛自身の茶湯に関する理解・知識・技術を高める学習本ともいえた。また14世紀頃から公家世界における女性の消息文の乱れ書きが，色紙の散らし書きとなる頃の書の美意識は大きく変化していった。文面に書かれる仮名や漢字は，その使い方による興（面白味）の添付ともいうべき精神性を重視することが始まった。

　具体的には一紙に書かれる文に，同じ発音の仮名文字や漢字を繰り返し書くのではなく，読み手が楽しめるように重複を避けて同音の異なる文字を使用するという配慮である。

　このような精神は「消息」（安否など様子を伺う手紙）のみならず，茶会にも発揮されているのである。毎回の茶席に同じ茶器，料理，食器，茶席飾りを用いて客を招くのでなく，その変化を楽しんでもらうことも「持て成し」であり，「心配り」なのである。さらにこれら亭主（主催者）側の茶会構成・計画を考える美意識・感覚も，客人たちに期待されることから，主人はさらなる驚きのための小さな仕掛けを，用意した。

　宗湛が『宗湛茶湯日記』・『神屋宗湛日記献立』・『慶長年中元和日記並献立』（劉家本）に克明な記録を残すことも，自身の茶会へ招いた客に，大きな満足を提供するため，細心の配慮を確認するためなのであろう。

　これは富商という立場，つまり武家のお客様を相手とする商人としての「立ち居振る舞い」（作法）と子細な配慮をもって，喜んで貰える御付合いを続けようとする宗湛自身の信条からも必須の行為であり，またそのための重要資料としての日記なのである。

　さらにいえば宗湛の日記は，時代と共に大きな変容を強いられる武家など，触れ合う人物との人間関係，各人の考え方の変化や好事（風流・珍奇な物への好みや趣味）など，その部分を注意深く理解するための重要な記録簿でもあったと考えられる。

　最後にこの日記は，天下の豪商を目指したであろう宗湛が，神屋家に遺すこ

とも意として克明に書き綴ったとも考えられる。それは天正14年（1586）11月24日，天王寺屋津田宗及の朝会において，宗湛が書き写した下記の茶道具と掛け軸の様子に見てとれる。

　　　一　宗及老　御会　　　　　宗湛　宗伝

　　　四畳半　囲炉裏　御釜フトン，自在ツリフシ八

　　　床二始ヨリ船子一軸懸ケテ，手水ノ間二，水指芋頭，眞蓋　棗，袋二入，

　　　天目二道具仕入テ，水下バウノサキ　蓋置，五トク　炭斗カゴ　筋クワ

　　　エ　釜置トウ

　上記の記述は，およそ次のような内容である。

　　　一つ　宗及老（津田宗及）御会（主催の会）（客は）神屋宗湛・博多屋宗伝。（茶室は）四畳半，囲炉裏には蒲団釜（と呼ばれる胴の膨らんだ平丸釜），自在吊りは（竹製で節は８ヶ所）。

　　　床（の間の壁）に始めから〔普通は特別貴重な掛軸は最初から飾らず手水（手洗い・便所）の休憩時に掛けられることが多いが〕「船子和尚」の軸を一つ掛けて，手水の間に，芋頭（芋に似るの一形式）水指（他のに注ぐための水を入れておく器），と（黒漆を塗った）眞（塗りの鉄釜の）蓋，棗（棗の実に似た形の抹茶を入れる器が）袋に入って飾ってある。

　　　天目（天目茶碗）に（御手前で使う）道具を仕入れて（仕込んで），水下〔茶碗を漱いだ水を捨てる（こぼす）器，建水ともいう〕は「ボウノサキ」（長建水の一種），蓋置（釜の蓋を置く小型の台），五徳（炭火の上に置き釜や鉄瓶をかける３脚または４脚の輪形の器具），炭斗篭（炭を小出しに入れておく器），筋（棒の持ち手の一種，筋模様）桑（の）柄，（筋棒は火入れの灰型を作るのに使用する小さな棒），釜置（は釜を置く籐で作られた敷物）。

（3）　末法を歩む豪商宗湛

　前記，宗及の茶会を記録した宗湛の日記は，このように始まり，次に「一

薄茶の時は…」と道具の説明を記し，次に「一　布団釜は…」，「一　手水鉢は
…」，「一　芋頭は…」，「一　船子表具の事…」と最後に軸物の説明になる。そ
こで漸く「絵は牧谿，賛は虚堂…」と掛軸の内容つまり「船子和尚」の説明に
及ぶのである。

　ここにおいては，宗湛が模写した絵柄の隙間に説明を入れたため，文言の説
明はいかにも簡略である。宗湛の模写した様子はおよそ以下のようである。

　掛け軸の画面，外周線は細く引かれ，中央辺りに「船子和尚」が穏やかな雰
囲気を持つ人物として描かれている。この和尚は楕円形の何やらふっくらとし
た小舟に一人乗る姿が，やはり細線で描かれている。その人物は天を仰ぎ眼は
閉じているように見える。

　また頭部は頭髪が垂れているように見えるが，帽子らしき被り物を頂くよう
でもある。ゆったりと胡坐をかき，両肘を直角に曲げ，その手は足元に置かれ
た物を触っているようである。これらの墨の濃淡と手早い筆致がとても魅力的
である。ここに至っては，宗湛の直筆と，のちに縮写されているこの『神屋宗
湛日記』（劉家本）の図は酷似していなくとも，どれだけ似通っているのか，
大いに気にかかるところである。

　ところで筆者の文章力の問題もあるが，このように図柄を文章で伝えること
は中々困難である。しかし刀剣の身（鞘やを除いた刀の鉄製の部分をいう）の
出来具合は細密な箇所に至っても，その伝達表現は決められた文章だけで十分
に伝わると聞くから驚きである。

　また今回，筆者が参考としている宗湛日記の写本復刻版『宗湛茶湯日記（劉
家本）』（西日本文化協会発行）に登場する宗湛の記述の中，特に人名を書いた
部分に多く見られるが，朱墨でもって一本の棒線を引いている箇所がある。
所謂「見消」（何が書かれていたのかがわかるように，黒色の墨跡の上から朱
墨などで線を引いたもの）と呼ばれるものである。

　この見消を宗湛以外の人物が引いたとは考えにくい。おそらく宗湛が引いた
ものであろうが，では何故宗湛は人物名を黒い墨で文字が見えなくなるまで塗
りつぶさず，朱墨の見消としたのであろうか。

101

勝手な推測であるが，この人名を記録として残す必要を感じながらも，書き記すことが憚れる（遠慮する）べきこととして明確にする必要があった，と思えるのである。であれば，ここにおいて，この宗湛日記は宗湛自身の記録書ではなく，子孫に残す日記の模範とした狙い，心配りも見えてくるのである。

2　浮かび上がる宗湛のイメージ

(1)　苦界の逢着に生きる宗湛

　宗湛の人間像には様々なイメージがある。それは次のようなものから成り立っている。

　　　①豪商，②名家（名高く人望のある家柄），③博多貿易商人，④銀鉱業成功者の家系，⑤法体，⑥秀吉に添う，⑦商人同士の角逐（競り合い）と共栄，⑧茶会好き，⑨名器所蔵，⑩広い人脈，⑪名護屋の兵站，⑫関ヶ原合戦の西軍寄り，⑬苦界の逢着（末法ならではの出会い）に生きる。

　宗湛は商業上やむなく，身分が高く権力の強い武士と付き合う。その上で，宗湛自身が寛恕（広い心でゆるす）の思いを一層強く持つ必要があることを，誰よりも悟っていたであろう。当時，下剋上のある戦いも起り，やがて天下統一を目指そうとする織豊時代が見えて来る。また南蛮貿易の影響下，豪華絢爛な美意識が高まると同時に，敵味方が複雑に変容し，昨日の友が一夜明けると，その一族全てが虐殺されることも珍しくなかった。美しいものを見た後にあって，無常を肌で感じる毎日は，次第に血を見ることも死体の山を見ることも，避けて通れないものと悟ったであろう。それは将に，苦界（苦しみの絶えない人間界）における逢着（ある条件ゆえの出会い）を観る想いであったと思われる。このようにして人々は，今現在，末法（仏教3時期の1つ）に生きることを自覚するようになるのである。

　　　＊　「仏教の3時期」

　　　正法期：正しい教えが伝わり証果がある時期。釈尊滅後の500年間をいう。

　　　像法期：教法は存在するが，真実の修行が行われず，証果を得るものが無

いとされる時期。正法終了からの1000年間。永承6年（1051）に
終わる。

末法期：像法終了後の1万年間をいう。末法の期間は教法（書物）のみは
存在するが，修行者も悟りを開く者（人物）もいない時期。末法
の時期は永承7年（1052）に始まった世を，苦と悪に満ちたもの
と考え，悲しさばかりが観え何ら希望も持てない「悲観」の日々
に生きることになった。

「悲観」（この世は苦と悪に満ちているとする考え方）は，やがて苦の無い彼
の（遠くの）「彼岸」に辿り着きたいという実践的修行を強調する「波羅蜜」
的理想を見いだす。これらの理解者のみが，河のこちら「此岸」から向う岸
「彼岸」まで，生死の河（修行の世界）を渡って到達する終局・涅槃（悟りの
境地）を実現する地にたどり着いたのである。

　このように唯でさえ生き延びることが困難な戦乱時代に，農民たちは田畑を
守りながら戦場にも送り出された，いわゆる雑兵候補者である。また当時繰り
返し襲ってくる自然災害で不作が続き，年貢の減免や徳政（ここでは本来の意
味の仁政）を求め，最後の手段といえる土一揆が頻発した。一揆は権力に対す
る抵抗であるが，その多くは勝利を得ることが出来なかった。しかし法華一揆
や一向一揆など，信仰に守られた人々は命を投げ出し，彼岸からつながる浄土
の未来を信じて戦った。井上（1972, p.621）は16世紀，鉱山の露天掘りが限
界に近づくと，その仕事の従事者「金児」や，戦に敗れ落ち延びてきた武士
「タイシ」（退却の士か）達も数多くいたとする。ということで，農民たちの
一揆に彼らの存在があったとする見方もある。

(2)　法体で世界と競う

　技術者である職人は，商人たちが取り扱う商品の生産者であり，「成せる
業」（新たに作り上げる技術・仕事）の提供者であった。特に職種・職人の数
が急激に増すのも宗湛が活躍する時代16世紀であった。この時期に創意工夫が
なされた手短かな消耗品製造から始まり，村を上げて名産品を生産する領地ま

でもあった。

　また商人においては日々天秤棒を担いで，振売りをする者から，神屋氏のごとく大規模な船団を組む貿易商人までがいた。言わば日々急激に変化する社会情勢の中で戦や災害で身の保証も無く，各自の暮らしがいつどうなるか分からぬ世界を，破天荒ともいえる考えと実行力で動かした一人が秀吉であり，そのような人物を支えようとしたのが宗湛といえる。江戸時代に戦が終息し，徳川政権が成されたのも，織豊時代に強化された諸大小名の時間的・経済的負担を強いたことにも成因（成り立った原因のこと）している。例えば参勤交代による人質の確保計画や，贅を尽くした上屋敷造営と農兵の刀狩り，全国民を管理した人別調の実行，これら織豊政権の進めた成果が徳川幕政の基礎の一つといえる。

　実は人別調は鎌倉時代以後，計画は荒いが実行されたものの，戦時に中断または消滅している。参勤交代の様子は丸山（2007，pp.9〜12）の研究に詳しい。

　では世界を相手とする貿易や情報交換はいかなるものであったかというと，13世紀後半に起こった元寇は，敵国々王の突然死もあって終結した。その後14世紀初期，高麗（朝鮮）と元（中国）との公的貿易は閉ざされたが，北部九州の倭寇や私的貿易商が，これらの国との間を航行した。また商人に負けず我が国の数多くの禅僧が行き来し，活発な文化交流も成されていた。ところが14世紀後期の倭寇は高麗や明国の沿岸で，激しい攻撃と略奪を繰り返したため交易が下火になった。そこで3国の間で倭寇撃退と交易再会が検討され，15世紀初頭に制限付きの交易が再開されることになった。

　15世紀の半ばには，それまで南海貿易など，私的交易のみであった琉球王国との国交を足利義教が開く。それから100年後，16世紀半ば，我が国に到来したのが，西欧の大航海時代の主役ともいえるキリスト教の宣教師たちで，1543年にはポルトガル人が種子島へ鉄砲を伝えた。1549年ザビエルが鹿児島に来航。また1560年頃の南蛮貿易の隆盛期には，耶蘇会（イエズス会，ザビエルやフロイスが良く知られる）の宣教師が多数来航し，1563年，ルイス・フロイスが将軍足利義輝に謁見した。

第2章　神屋宗湛の人物像

　このように世界への窓口は，九州と博多を中心に開かれ続けたことがみてとれるのである。まさに博多が日本を代表する国際都市にならんとするその時代の1553年，神屋宗湛が博多の貿易商人の子として生まれたのである（1551年誕生説もある）。当時入港して来た津（港町）には宣教師兼通訳，あるいは宣教師兼商人は，我が国がこれまで見聞きしたことのない，西欧文明・文化など未知の暮らしと信仰「唯一神キリスト」を持ち込んだのである。

　一方我が国では常に戦は止まず，農民の一揆もあり，自然災害や流行り病もあった。その上，仏教思想では前記の如く末法思想の恐怖の中にいた。末法時代の苦界からも逃れたいとする武将は「波羅蜜」（此岸から彼岸に渡る意味で，仏になる為の菩薩たちの修行）等と同様の苦行，いやそれ以上の生死をかける戦いの毎日，地獄を味わっているのである。仏道教義にある「急ぎ帰依・実践する」意味と価値を知り，法体を望む者たちの心の深層に共有する尊者的存在も感じたのか，代を子達に譲る老将たちの帰依・法体が生まれていった。

　しかし武家でもない身分の商人，とりわけ豪商の行動力や財力を持ち，さらにその手腕が知られると，豪商たちも自ら進んで法体となり，益々大名の貿易に手を貸す機会も増えたのである。換言すれば法体になることが自らの人生を大きく変える好機であった。

　この時代に生きた博多の商人たちも，新しい時代を創る先駆者であった。中でも宗湛が我々に見せる大きな魅力は，武将の派閥の間を潜り命がけで生きる姿であり，貿易世界から国際情勢を知る社会を築き，屈強な国造りを支援し，自身にも不断の努力があったことは見落とせない。そこには宗湛を始めとするその時代の多くの人々が，現在では信じられない規模と速度で人生の目標に向かう姿が見える。

(3)　永遠の象徴，博多っ子翁 宗湛

1)　新しい時代に泰然と生きる

　秀吉死去から5年，徳川氏による江戸開府がなされ新しい幕藩体制が調えられてゆくと，当然のことであろうがこれまでの豊臣派は謀反の可能性も疑われ，

105

活躍する場を取り上げられて日本地図は次々と塗り替えられていった。それは武士だけでなく，公家や町人にもこれまでにない法度（禁令）が布かれたのである。小早川秀秋が関ケ原の戦いの最後に，東軍へ寝返ったことが西軍敗戦の引きがねとなり，自由都市博多が支配されることになった。東の大将家康は秀秋の戦功に対し備前・備中・美作を授け，同じく戦功により黒田如水の息，長政が博多に入部（大名が初めて自分の領国に入ること）登城したのである。

　実は宗湛は，新城主の黒田長政の父である如水に，この度の小早川に替わる新城主の入城祝賀を申し出たのであるが，その時の如水の返書が『福岡市史』「神屋文庫」にある。その書簡は「町人が羽目を外すと容赦しない点は忘れないこと。貴老（老いた貴方＝宗湛）は旧知の間だから嫌うことはないが，（その件は）次に会った時に話そう」と，思いがけず堅ぐるしいものであった。この後の宗湛がどのような心境で日々を過ごしたかは推し測れない。

　しかし武野（1980，pp. 93～94）は宗湛がこの返書を見て少し戸惑ったにせよ，深く傷つくことは無かったであろうと見ている。その理由はこの書簡が如水自ら宗湛を博多町人の代表と認めた証明となり，博多町人たちの動揺があっても，その摩擦を軽減するのに本音で語れる心友に本意を託した返書であったと見て取れるからというである。何故なら新領地の国づくりには莫大な費用を要し，それには宗湛の支援が不可欠であったからである。

　武野（1992，p. 100）は，宗湛を以って節度を守る人物と評している。それは秀吉の死から5ヶ月後の慶長4年（1599）正月，宗湛は伏見，大坂で連日石田三成ら反徳川側の茶会に招かれ数寄を楽しみ，秀吉取立人としての節度を守ったというものである。

　宗湛は，太閤秀吉との約束どおり，朝鮮の戦場及び名護屋城下から国元に戻る大小名全ての世話を博多で引き受けた。それらが漸く落ち着いた頃，徳川家康が反秀吉側の代表として天下一の座を狙うのでは，という風聞もしきりであったという。

　かつて家康は，信長・秀吉との戦に，苦戦しながらも引き分けて和平を結んできたが，幼い頃から人質に出されるという辛苦を舐め，常に天下人に上り詰

第2章 神屋宗湛の人物像

めてもおかしくない苦労人とされてきた人物であった。家康はまず6歳の時，人質として今川氏へ送られるが，途中織田方に捕えられ，その地で育ち，後に再び今川氏と織田氏の人質交換に出され，今川氏の人質となる生活を送ったのである。

家康にとってみれば反徳川側の豪商代表で，秀吉の信頼が最も厚く三国国割をも支えてきた天下一の豪商宗湛の活動力と対応力は，まさに神屋氏先祖の余光，親の功績をはるかに超えていた。宗湛は家康の九州攻めにも陣中見舞いに現地へ行っている。しかしながら幕政が徳川に移ると共に，宗湛が差し出した家康への書簡は，何人もの手続きを経るありさまで，宗湛自身への回答が直接には届かないほど疎遠になっていたのである。

2) 世界を見詰めてきた宗湛

宗湛のこれまでの人生を振り返ると，生まれ育った幼少年期の博多は常に戦場と化し，重なって横たわる死体の臭いや焦土の余臭もあり，凄絶な光景（その場所に具体的に見えるありさま）に包まれていた。

宗湛は博多における戦況の激化で博多から肥前唐津に移り，合法・非合法の貿易，さらには倭寇の生々しい姿を垣間見る日々を体験したと考えられる。いわば若き「風雲児」（社会の変動に乗じて活躍する人）の宗湛は唐津と博多を行き来し，東南アジアはもとより西欧など世界各国の貿易船が立ち寄る琉球王国からの情報を得ていたと考えられる。なぜなら宗湛が生まれる前から博多は，すでに貿易十字路の中心であったからである。

武野（1980，p.17）は沖縄から朝鮮半島まで，南北を結ぶ国際航路と，朝鮮から南下し博多から瀬戸内を東進して近畿に向かう国内航路。この2本（十字路）を極めて重要な交易路と指摘する。

つまり宗湛は世界の情報・物産の集積・移出路である「琉球から 薩摩 － 博多 － 対馬 － 朝鮮」の国際ラインと中華の大陸，「朝鮮 － 対馬 － 博多 － 赤間関（下関）－ 大輪田泊（のちの兵庫）－ 日本各地」の国内ラインが交わる中心地に生まれ育ったのである。

また宗湛が生まれる約80年前の文明3年（1471），申叔舟によって記された

107

『海東諸国記』によれば，博多の戸数1万戸の内，東北の6千戸は大内氏，西南の4千戸は少弐氏と異なる支配が隣接するという状況で，複雑で，緊張感に満ちた町だったのである。

武野（1980, p.14）はこのように博多貿易商人らは，琉球などを接点に西欧諸国との交易（相互に品を交換して商いをすること）や貿易を行っていた可能性もあるとみている。

またこのような環境に生まれ育った宗湛は，冷静沈着でありながら，いざという好機には素早く動くことを自然に身に付けたのであろう。この「機に乗じる」ことにとりわけ優れていた神屋氏，特に宗湛も，秀吉没後の江戸期には，貿易などの大事業に取り組めなかった，いや「自らの好機は，今まで充分に捕らえた」と臨まなかったのかも知れない。

さらに第2代藩主黒田忠之は，父黒田長政の果たせぬ夢・遺言として神屋氏の家宝，肩衝茶入「博多文琳」を所望し，2千両と500石の領地所有を条件に，ついに宗湛から押買い（売らないという物を無理やりに買い取ること）を敢行したのである。時に慶長9年（1604）のことであった。

3) 新しい日本を創った神屋宗湛

桃山期は「賑やかで豪華な美しさ」に輝く一方，日本が生んだ独自の美意識といえる枯淡な「侘び，寂びの静寂な美」という二種類の美も，名刹（名高い寺），禅院（禅宗の寺院）を背景に，人々の心に浸透していったことであろう。

宗湛は非常な冷静さをもつ一方，厳しい社会変動にも力強く動き回り対処するという二面性を持っていた。かくして宗湛は勇ましく決断力のある豪商というだけでなく，筑前博多の多嶋城主，小早川隆景の茶頭をも務め，太閤秀吉に近似の博多商人，さらに大規模新興要塞都市である名護屋の商業を任される博多商人という立場においても，その名を轟かせることになった。また博多での宗湛は，秀吉の来博時における家臣500人を連れた大規模な茶会と，あえて質素な侘びの茶の湯，武将らの茶会，という二種類の茶会を催したことでも知られた。

博多津からは古く倭の五王の1人「讃」（応仁・仁徳・履中いずれかの説が

ある）がAD 420年代に２度も宋に朝貢（貢ぎ物を差し出すこと）したが，中国による朝貢の姿勢は秀吉・宗湛時代の直前まで続いており，二人はそれを初めて武力で取り止めようとした。これは天下人が秀吉であり，兵站を任され支えたのが宗湛だからこそあり得たことで，このことが次の徳川時代の極めて限定的慎重な交易の通信使（朝鮮国・琉球王国）を迎え，縮小された長崎築島（出島）の貿易を実現させていったともいえるのではないだろうか。

　戦国期の終結という難しい時代，公家でも武家でもない宗湛が，いくら背景に銀山を持つとはいえ，僅か11年で天下一の豪商に上り詰めたのである。文禄２年（1593），いくら秀吉の命とはいえ，急ぎ５千俵積みの船を準備できる人物は宗湛を除くと考えられなかったと思える（岡田，1998，p. 206）。

おわりに

　朝鮮出兵を支える兵站基地になるなど，他に類を見ない歴史を持つ博多は，その土地に似合う快男児を出現させた。宗湛が齢八十を超えてもなお，元気な博多っ子の頭として笑顔で見守ったと勝手な想像も湧いてくる。宗湛は天上にありながら，今でも人々に勇気と恩恵を施し，博多と我が国を見守ってくれていると思えてくる。

　無用の多弁は控えて思慮深く，控えめな印象を受ける茶会記を綴ってはいるがその実，想いと行動は熱かった。彼の生き方をみると，そこには桃山という美しい文化だけでなく，様々な生き方や規制があるなかで，博多町人の自由都市を実現し，世界を動かそうとする情熱と活躍の姿，幸福感に満たされる暮らしづくりの姿が目に浮かぶ。この辛抱強く逞しい宗湛翁こそ，頼もしく元気な博多の永遠のシンボルであると言えよう。

〔参考文献（第１・２章）〕
井上鋭夫（1972）『蓮如　一向一揆』岩波書店。
今谷　明（1990）『室町の王権』中央公論社。
岡田武彦監修武野要子著（1998）『神屋宗湛』西日本新聞社。
久保権大輔（近世初期・Intarnet）『長闇堂記』。

久保田昌希（1984）『日本大百科全書』小学館。

熊倉功夫（2006）『山上宗二記　付茶話指月集』岩波書店。

桑田忠親（1947）『宗湛日記―神谷宗湛の茶生活―』高桐書院。

桑田忠親（1965）『豊臣秀吉』角川書店。

桑田忠親（1967）『名物茶道具の話』徳間書店。

桑田忠親（1969）『大名と御伽衆』有精堂出版。

五味文彦（1992）『中世を考える　都市の中世』吉川弘文館。

申叔舟　　（1471）『海東諸国記』。

千宗室他（1968）『茶室設計詳図とその実際』淡交社。

武野要子（1980）『博多の豪商』葦書房。

武野要子（1990）『博多商人とその時代』葦書房。

武野要子（1992）『博多町人栄華と経営手腕』中央経済社。

武野要子（2000）『博多－町人が育てた国際都市』岩波書店。

田代和生（2002）『倭館―鎖国時代の日本人町』文芸春秋。

通巻第358号『月刊京都』白川書院新書。

寺崎宗俊（1972）『肥前名護屋城の人々』佐賀新聞社。

永島福太郎校注（1984）『宗湛茶湯日記』（「神屋宗湛日記　乾」「神屋宗湛日記　坤」）
　　　西日本文化協会。

中村利則（1981）『町屋の茶室』淡交社。

日本歴史教育研究会・韓国歴史教科書研究会共編（1955）『日韓歴史共通教材日韓交流
　　　の歴史』明石書店。

服部英雄（2012）『河原ノ者・非人・秀吉』山川出版社。

林　洋海（2015）『シリーズ藩物語　福岡藩』現代書館。

原口泱泰（1999）『名護屋城の謎－豊臣秀吉と神屋宗湛』光陽出版社。

松田毅一・川崎桃太編訳（1974）『フロイス日本史より秀吉と文禄の役』中央公論社。

丸山雍成（2007）『参勤交代』吉川弘文館。

宮元健次（2000）『建築家秀吉』人文書院。

村井康彦（1983）『茶人の系譜』岩波書店。

村井康彦（1984）『日本大百科全書』小学館。

村井康彦（2011）『茶の文化史』大阪書籍。

脇田　修（1995）『織田信長』中央公論社。

脇田晴子（1991）『室町時代』中央公論社。

第3章
商業史の観点からみた
博多の豪商・神屋宗湛

はじめに

　博多の豪商・神屋宗湛の研究は，この新しい時代の価値観に対応したアプローチが必要とされる過渡的な時期に至っているようである。優れた先行研究は多々存在するが，商業と文化の観点や，情報社会の価値観と照らし合わせた研究は少ないようである。本章では，そういった新しい価値観を取り入れながら，宗湛に関する印象的なキーワードの数々にアプローチしてみた。基本的には勿論商業史学ということになってくるが，現代の商業学や経済学の考え方もいくつか適用した。価値観の移行による混乱を呈するこの時代，こういった神屋宗湛（以下，宗湛），および博多商人に関する研究が，様々な局面において何らかの示唆を与えてくれるようになれば，と願うところである。

　研究を進めるに当たり，第1章と第2章の執筆者である北村新比古氏にはいくつかの文献や資料を提供して頂き，議論を構築する上で大いに参考になった。また編著者である山本久義氏には学会や勉強会の場を設けて指導して頂き，約3年に及んだ研究を継続し，成果をみていく上で極めて大きな力を貸して頂いた。あらためて両氏には心より感謝申し上げたい。

第1節　初期豪商としての博多商人

1　初期豪商とは

(1)　初期豪商の概念

　戦国末期から近世初頭にかけて，信長・秀吉・家康の統一構想を枢軸とする大名領主制の形成が次第に進んでくると，大名領主の生活必需物資や軍事物資などの重要な物資を供給し，それらを市場において一手に独占した商人が出現した。彼らは，大名領主から特別な保護を受けており，大名領主の領内における権力維持にも一役買った。

　このような商人を一般に初期豪商と呼び，しばしば代官的豪商，初期特権商人，あるいは初期御用商人などとも呼ばれる。本書のテーマである宗湛もこの初期豪商のカテゴリーに入る商人である。ここではまず，伝統的な商業史の研究における，この初期豪商の歴史的概念について説明したい。

　本来的に，初期豪商というのは，上に述べたように，大名領主の特別な保護を受けて活躍した存在であることが知られている。宗湛なども博多や大阪などで黒田氏や秀吉の保護のもとに商業活動を展開した。その様子は『宗湛日記』などにも明らかである。『宗湛日記』は，神屋宗湛が博多での戦火を逃れて唐津に疎開し，さらに大坂に上って秀吉と交流しながら，商人として時代を生きた姿が浮き彫りにされている。しかし，実際は秀吉をはじめ諸大名との茶会などを介した交流の様子を記している内容が多く，商取引の実際を詳細に映したものではない。それは神屋宗湛研究の史料としては第1級であるが，商業史的には少し物足りないかもしれない。どちらかというと，戦国〜近世前期の茶道などの文化史の史料としては重宝されるかもしれない。とはいっても第2節で取り上げる商業と文化を介した信頼関係を代表するものとして茶道がこの時代に存在した点では秀吉と宗湛の信頼関係を知るうえでほぼ実証的な史料であると言ってよい。

　初期豪商が大名領主の特別な保護の中で活躍した存在であること，それを実

際的に表した史料として領主の豪商に対する特許状がある。この史料から，大名領主が豪商を保護すると同時に領内における権力維持のために利用したこと，反面それは商人と領主の信頼関係を表すものであり，商業と文化を関連付けるものとは別の意味で実証的な史料であることもわかる。それについては次の第2項で「初期豪商の実態」として取り上げる。その前に宗湛をはじめとする初期豪商の歴史的な位置づけについて触れる。

(2) 初期豪商の歴史的位置づけ

　豪商の存在は当時の都市の発展とともにあったといわれている。都市といっても農村に囲まれた市場集落に過ぎないような共同体であったが，農民や商工業者などが入り混じっていた。またその形態は勿論城下町であり，その人口の大半は大名領主の家臣団が占めていた。港町の場合は，周辺に廻船業者や問屋商人が圧倒的に多く，手工業者や商人，特に商人が多くを占め，都市の実権を掌握するようになっていた。なかでも金貸しや，小売業者に卸売りをする問屋商人が勢力を伸ばし，都市の上層階級を占めていく。

　この時代，商業史的には市場（いちば）の商業から都市の商業への移行期といわれるが，商業史の研究では，社寺の市場を中心とした門前都市か，津（港）を中心とした港湾都市かという2類型がある。以下は宮本（1971，pp. 122-137）の港湾都市に関する説明・解釈である。

> 「・・・港湾都市であるが，律令制時代，国衙への交通路に駅家なる沿道集落ができたが，中世になると，わけても京・鎌倉の連絡によって，駅家は宿と改められ，ここからも，都市的なものが出来たであろうが，河海の岸にあった津・水門には荘園年貢物の保管・輸送によって津屋（蔵）ができ，中世になると，津は港である小都市の異称とさえなった。山城の木津，筑前の博多津，近江の大津，紀伊の新宮町，伊勢の安濃津，備後の尾道，長門の赤間関，山城の淀，伊勢の大湊・桑名，和泉の堺，越後の柏崎，肥前の平戸・長崎，摂津の兵庫，越前の三国湊，能登の輪島などはその代表例である。

また博多津は，古代の那の大津で那珂川の河口であり，今日の海岸から三里余も奥にある三宅村付近にあったが，奈良朝になって西に移り，博多津と称えられたものである。大宰府の外港として鴻臚館が置かれ，津厨が設けられていた。当時の貿易は朝貢貿易であったから，日唐貿易は大宰府の管理下にあり，実権は京都の朝廷，すなわち大蔵省と内蔵寮にあった。ようやくにして律令制の弛緩により，官司の私的化（私有化）傾向があり，実権は内蔵寮の握るところとなって，内蔵寮博多荘の成立となったが，観世音寺・大山寺・筥崎宮も博多津（博多の港町）に荘園を経営し，これによって貿易に参加しようとしたことは，観世音寺に蕃客所があることから分るであろう。観世音寺は東大寺を本寺としているが，本寺に対し，公益異国品を負担したものである。中世になり，宋船が来るようになったが，大宰府は衰え，鎮西奉行が大宰府に駐在，元寇の乱後の九州探題の居館は，博多櫛田社の近くにあったと伝える。室町時代になると，中央にある袖湊なる入海を境とし，大水道内を守護大友氏領，沖浜を少弐領とした。文明ころ，少弐が西南四千余戸，大友が東北六千余戸を領していた。蓮池町の一端から，那珂川岸の川端が大水道の痕跡である。沖ノ浜は上市小路町・上浜口町上須崎町の地であろう。文明3年（1471），大内氏は大友氏とこの地を争い，遂にこれを攻めるに至る。

　博多には聖福寺の寺領に属する中小路・魚町があったが，この地の住民は年二度山口へ夫役をつとめている。日明貿易ははじめ寺社船・大名船で行われたが，第四回以後は大名船のみとなり，兵庫・博多を領有していた大内氏と，堺の守護であった細川氏の独占となる。しかも，実質は博多と堺の商人の参加したものだったのである。大内氏は周防の防府から起こり，山口の主となり，防府から博多を経て対明貿易を行ったものであるが，博多は貿易港として商人の町となり，中世末には，堺と同様，12人の年行司によって市政を執ったようである。このように中世〜戦国時代の人口の都市的集中は，主として港湾か社寺であったこと，す

第3章　商業史の観点からみた博多の豪商・神屋宗湛

なわち港湾都市か門前都市かであったことが判る。この2類型の都市を中心として，新しい商業が発展していったのである。」

(3)　都市商業の発展

　都市商業の下で商人たちは対明貿易に出資して，巨利をおさめ，特に問屋商人は資本を蓄積して著しい発展を見せて，来往する他国商人を統制するとともに，小売業者に対しても統制力を多少持つようになり，年貢の徴収も請け負って，都市の行政にも参加するようになるのである。

　このようなことから商人は都市に自治組織を形成し，ここに商人の自治都市が生まれてゆく。堺などはその最たる例である。しかし信長・秀吉は，商業政策に関しても楽市・楽座令による関所の廃止など，自由化を目指しはしたが，結局のところその統一構想から商人や商業に対しても中央集権的に統制を強め，これら自治都市も彼らの直轄による都市に変貌を遂げてゆくのである。堺は商人の自治組織が存在した都市として，歴史でも著名であるが，彼らが信長と争ったのは，このような動向が背景にあるのであり，自治都市・堺も結局，時代の波に押し流されていくと考えることができる。

　このように商人も封建的支配を受けるのであるが，これら豪商たちの中にも，権力者たちの統一事業を積極的に援助し，御用商人化したものがいたことを忘れてはならない。博多商人神屋宗湛はその一人であるが，彼らは大名たちの戦争の規模が拡大していくにつれて，武器や弾薬・兵糧などの規模や流通のあり方が大きく戦局を左右するこの時代，その流通を担当する兵站業務に一つの道を見出していくのである。こうした神屋などのような御用商人化した豪商の登場には，上に述べた戦国〜江戸初期の3人の権力者たちの意図，つまり国内の商業に関しても中央集権化を図るという思惑がその裏にあったことは忘れてはならない。神屋らが卸売業（軍事物資の流通）に特化したのにはそのような理由があったのである。特化したその形態は，国内商業の中央集権化の産物だったのである。以上が初期豪商の登場した背景であり，権力者とのかかわりによって歴史上際だった存在となった宗湛など，豪商の概要である。

115

2 初期豪商の実態

(1) 初期豪商の存在形態

　初期豪商の存在形態は，大名領主の保護の下に領内で商業活動を展開した，という認識が通説であるが，それを実証するものとして，前節でふれた領主の豪商に対する特許状というものがある。これは神屋宗湛と直接的に関係した史料ではないが，同時代のそれを表した史料として一度見ておく必要があるだろう。この史料を見ることによって，大名領主にとってどのような商人が保護の対象になりえたのか，初期豪商の存在の特質を見るうえで，それは是非とも必要な作業である。

　以下の史料は山口（1991，pp. 85 - 88）の近世商業史に関する著作から表示したもので，その見解と共に，初期豪商の実態の認識に関して参考になるものである。時期的には天正から寛永期にかけてのもので，内容は勿論大名領主が豪商に与えた特許状である。

其方手前諸役之事

一，九百九拾文　　　　庄町之内地口六間奥ヘ拾一間之地子
一，壱貫五拾九文　　　右同所之内地口七間奥ヘ拾壱間之地子
一，拾四貫九百廿八文　西町地口五間半奥ヘ廿五間壱尺地子
一，四貫四百四十六文　同所地口三間奥ヘ拾九貫但小二郎分地子
一，四貫百七拾文　　　浜一番地口五間弐尺奥ヘ拾三間壱尺地子
〆弐拾五貫五百九十三文
船弐艘分役之事
伝馬壱疋分役之事
町次小役之事
右何茂所令免許如件
　慶長四年八月十五日　　　　　　　　　　　　　刑部（印章）
　　　　高嶋屋伝右衛門かたへ

　　　　　　　　　『小宮山文書』
　　　　　　　　　：山口徹『近世日本商業史の研究』（1991. p. 87）

第3章　商業史の観点からみた博多の豪商・神屋宗湛

　「右何茂所令免許如件」は，この証文の箇条が領内の豪商に対しての許可条項であることを示している。いわゆる大名領主の領内において商業活動を行っている豪商に対する特許状である。大谷刑部吉継から高嶋屋に与えられたものであるが，25貫593文の屋敷地子と，船2艘・伝馬1疋分の役ならびに町次小役を免除されたものである。領内の商人としての務め役の大半を免除されており，商業活動に専心することを保証されたものであろう。

　それぞれの異なった大名領内において，おおむね同様の免許を行ったこれらの史料は，領内の豪商の商業上の権限が，全国的な動向で画一化されていたことを示す。

（2）　豪商の特許状が示すもの

　これら諸役免許が示す事実は，「屋敷地子免除」等からわかるように，豪商が倉庫としての蔵を保有し，「船二艘分役之事」「伝馬壱疋分役之事」から船・伝馬等の輸送手段を同時に所有する存在であること，つまり彼らは倉庫などの保管業務と，船・伝馬を使用した輸送業務を同時に兼ねた商業活動を行う存在であることを示す。このことは，前述した博多商人神屋宗湛らを代表的存在とする，御用商人化した豪商の商業の形態の原型を指し示しているように思える。彼らは，都市における自治組織が信長・秀吉による中央集権化によって潰されると，大名権力者の戦時の兵站業務に特化した商売を行い御用商人化した。

　当然ながら豪商の存在とその商業の形態は，領内の権力維持基盤の大きな部分を占めており，大名領主はそれ故に豪商と結びつく必要があったのである。領内の市場における保管業務と輸送業務は，経済の重要部分をなしており，彼らを国の運営に関わらせることは，大名領主にとって権力の根幹をなすものであったのである。豪商に対して特許状が出された理由もこれで分かる。

　豪商の商業活動の実態は，保管業務と輸送業務であったわけであるが，当然商品の売買行為が基本にあることは確かである。それゆえに彼らの利潤の確保手段は，売買価格の差額によってきまる利潤部分と，商品の輸送及び保管により得られる利潤によって成り立っていた。豪商が商業活動を拡大していくため

117

には，商品の売買は勿論であるが，それよりもそのための基盤である物流手段としての船と倉庫に莫大な資本を投下しなければならない。それは売買価格の差額を利潤として得るための大前提であり，豪商の商業活動の物的基礎であった。こういった物流手段のない商人は豪商とは言えず，この時代における主要な商業の担い手とはなりえなかったであろう。

　豪商の商業活動の物的基礎である船と倉庫（以下，蔵）は，どういうものであったろうか。そのあたりを少し検討し，この節の終わりとしたい。上に述べたように，船や蔵に資本を投下するのも，豪商の商業活動の拡大の内容の一つとしたが，これらの物的基盤づくりに投じた資本が莫大な額であったことは，船によって輸送される物資の量や規模，蔵に保管される量等を鑑みれば想像に難くない。宗湛も，朝鮮出兵の際に秀吉から武器や兵糧の流通を託されたとき，九州の博多とその周辺に蔵を持っていて，それらを九州各地の諸大名に流通させるために一時そこに保管したとされる。この事実から考えても，朝鮮出兵というのは国挙げての戦争であるから，流通される武器や兵糧の量は我々の想像をはるかに超えるものであったろう。そのあたりからも船や蔵が極めて大規模であったことが分かる。

　船と蔵というのは，宗湛などの御用商人化し，兵站業務に特化した豪商の軍需物資流通の基本を形成したものであり，それは単に自治組織的な都市における豪商の物的基盤の発展した形態であった。初期豪商の実態は基本的には商品売買の際の流通機能のための船や蔵という資本を使った通常型の商業活動，そして宗湛をはじめとする秀吉など大名権力者の御用商人化した，超特権的な豪商は，通常型が巨大化した型であったことが，ここからも確認できるのである。

3　初期豪商の成立の条件

（1）　初期豪商を特徴付けるもの

　戦国時代からの都市の豪商は，商業史学では初期豪商として位置づけられ，博多商人神屋宗湛などは初期豪商の類型ではあるが，御用商人化したという要素において都市の豪商の特殊な型であることが分かった。彼らは大名領主の権

力の維持に，その商業活動を以て貢献したというが，宗湛などの場合は，その点についても九州ではない大阪での活動，そして焦点である九州征伐や朝鮮出兵における御用商人の役割も，本来的な都市の豪商の大名領内での権力維持の補佐とは相違しているかのようである。

しかし，前項までに触れた商品の売買からくる船や蔵などの輸送・保管という物流機能も担った卸売業務を請け負っていたことは，宗湛の場合も変わらない。前節で神屋の場合はその応用型であったとしたが，むしろ，秀吉は宗湛らの豪商としての役割，つまり卸売業的な活動内容を利用したと考えれば納得いくかもしれない。つまり領内の権力維持という要素は薄れたが，軍需における豪商らの卸売業者としての機能を秀吉は重視したと考えてよい。

その原型として都市の豪商には成立条件があることを確認しておく必要がある。しかしそれは宗湛の商人類型（しょうにんるいけい）を完全に説明するものではないということも認識しておく必要がある。この節では，そういった初期豪商の基盤をなす成立条件を見ることによって，その応用型としての宗湛ら御用商人化した豪商の存在を展望する入口を提示したい。また第２節におけるキーポイントになってくる豪商の商取引上の信頼関係も，この成立条件の中に解く鍵が隠れているように思われる。

（2） ４つの成立条件

初期豪商の成立条件というのは，山口（1991，pp. 98 - 100）によれば，次のようなものである。山口は，豪商が富の蓄積を可能にした条件という観点から４つの成立条件を挙げている。

第１の条件は，商品流通の未発達，市場の不安定性である。それは，商人資本より，一つの使用部面である輸送及び保管に投下される部分が機能的に分化されていない社会的分業の状況を意味する。これは，第２節でふれる取引主体同士の信頼関係の要因としての社会的分業の未発達を示す。この時代は，市場自体が未発達で，行われる取引も未熟かつ不安定であった。

第２の条件は，前述したように，大名領主の権力維持基盤との関係性である。

119

大名領主は領内の蔵米の裁許や，必需品の調達を豪商を通して行っていたようである。こういった事実は，大名領主が豪商と結束しないことには，領内における権力を維持することができない側面があったことを意味している。そして，こういった大名領主と豪商の関係性が，中央権力によって認められ，全国的にも画一化されていたことも想像できる。前節でみたように，それを象徴するものとして，各国領主の豪商に対する特許状の史料を見たが，完全に把握できないものの，おおむね地子や船や蔵に対する裁許がその内容であって，この関係性は統一的であったことをうかがわせるのである。

　第3の条件は，これは応用型初期豪商として御用商人化した宗湛らが特化した形に関係するが，大名領主の兵員や兵糧米の輸送のための船・蔵を利用する直接軍事的要求である。当時，戦国～近世初期は権力者同士の問題が戦争形態に発展し，その戦闘も，物理的にかなり距離のある，他の大名領主の領内で行われることが多かった。大名領主は鍛錬蓄積した軍事力を生かすために，軍需物資の輸送を効率化し，その流通機能を掌握する必要があった。そのため大名領主は，船や蔵という顕著な大規模物流機能を有する豪商に，船の運航と兵糧の輸送を依頼したのである。

　第4の条件は，豪商自身が船を運航する際の船仲間の頭であり，船の所有者であり，さらに各地の市場の相場に明るく，商品取引の方法を良く知っていたことである。彼らは各地の市場間の相場の格差を利用して物資を換金化する方法などに長けていたといわれる。

　以上が初期豪商の存在，あるいは彼らの富の蓄積を可能にした条件であるとともに，その性格を規定し，彼らの存立を可能にした条件である。豪商が富を蓄積することは，大名領主の経済的利害，つまり国の運営において弊害の可能性をはらんでいるにもかかわらず，大名領主が豪商に積極的保護を与えていたことは，この段階における大名領主の権力の維持拡大にとって，上に述べた4つの条件において豪商が決定的役割を果たしていたことを意味する。

第2節　宗湛と秀吉の関係
　　—商業と文化，信頼関係の理論

1　大名と商人の文化形成—茶の湯

(1)　神屋宗湛の一局面である茶の湯

　第1節でふれたような本来的な意味での初期豪商と，その応用型である宗湛などの博多商人については，2つの局面から見ることができる。ひとつは朝鮮出兵の際に軍需物資などの流通を秀吉から請負い，九州においてその仕事を行ったという局面である。彼らはその意味で業務用物資の流通担当，つまり卸売業に特化した傾向があり，その点が本来的な初期豪商とは異なる性質を持つ。時代的な要請ではあるが，大名領主から特許を得て，その領内で大名領主との関わりを持ちながら商業活動を行った最初の形態から，少し乖離しているのが宗湛らの豪商の形である。一言するならば，最初の形態から進化した応用型といえよう。

　神屋宗湛らが秀吉をはじめとする権力者達から軍需物資流通の仕事を請け負う上で重要な要因となったのが，彼らの間にあった文化的交流，つまり茶の湯を介した関係性であり，これが2つめの宗湛ら博多商人にみられる特性である。

(2)　茶の湯文化を介した宗湛と秀吉の関係

　秀吉と宗湛の関係を茶の湯とその文化の観点からみるならば，次のようになる。以下は泉（1976，pp. 142-148）の見解の要約である。

　「神屋家と宗湛は，博多の戦火を逃れて，幼少の頃，唐津に疎開した。そして青年期に到ると，上坂し秀吉と会うのである。次の史料は『宗湛日記』のその部分を述べたものである。

　　　天正十四年丙戌小春廿八日，上松浦唐津村ヲ出行シテ，同ミツ島ヨリ舟ニ乗リ，筑前国カブリノ村に着，ソレヨリ陸地ヲ上リ，下関ヨリ舟ニ乗リ，兵庫ニツク也，陸地ヲ上リ，同霜月十八日ニ下京四条ノ森田淨因所

ニツキ宿仕ナリ

　これは『宗湛日記』の冒頭の一部分である。上坂する局面であるが，秀吉は
この時，九州征伐を控えており，その過程をうまく運ぶために，秀吉は博多の
商人らとも接触したといわれる。出陣布告の前より，軍需物資調達について堺
商人と博多商人を動かしたがっていた。宗湛の上坂も九州征伐とこのことが無
関係であるとは考えられない。この局面について，ここでは彼らの間で行われ
た茶会を中心にみてみよう。

　上坂した宗湛は，まず森田淨因宅を宿所にした。彼の使命は島井宗室に代っ
て博多商人を中心とする博多衆を代表して，秀吉と接触することであった。宗
湛は4ヶ月ほど滞在するのであるが，その間，京・大阪・堺・奈良とまわり，
多くの商人や茶人，また秀吉以下の武将たちと交際している。それが日記に反
映され，『宗湛日記』の中でも，その部分に精彩ある記事が集中している。そ
の内容をみれば，これ以上に要人と交渉していることはないと思われ，上に述
べた宗湛上坂の目的からしても，こういった茶会が最も重要な交際の場であっ
たようである。

　『宗湛日記』によれば，茶会などで交わった回数からみるとその数は，天王
寺屋宗及が断然多い。続いて天王寺屋道叱がくる。宗湛はこの4ヶ月あまり，
天王寺屋一族と行動を共にしていたようである。かつて宗室がそうしたように
宗湛も同様の行動をとったのであり，博多の二大豪商は天王寺屋とのタイアッ
プで中央に乗り出した。

　京に着いた宗湛は23日，はじめて宗及と対面し，同伴の宗伝とともに振る舞
いにあずかっている。宗伝は博多商人で，堺に長く居住し，秀吉の側近的存在
にまでなった商人である。次の『宗湛日記』の一節はその時のことを述べてい
る。

　　　廿四日朝
　　一，宗及老　同宿，上京ニテ，不時御振舞有リ，両人トモニ朝ヨリ昼マ
　　　テ，ウラザキニシテ咄居也
天王寺屋宗及の年齢は定かではないが，このころ60歳半ばであったであろう。

第3章　商業史の観点からみた博多の豪商・神屋宗湛

信長・秀吉に近侍し，堺の代表的商人であった宗及との会話の内容は何であったのか。

　秀吉との最初の会見は，天正15年（1587）のことであった。天王寺屋道叱の茶会に招かれていた宗湛のもとへ，大阪の天王寺屋宗及より書状が届いた。秀吉の謁見が明朝の茶会の席で行われるので，早く来坂するようにとのことであった。宗湛は『虎皮二枚・大豹皮一枚・照布二端・沈香一斤』の進物を持ち，急いで堺を立った。そして石田三成の世話を受けて正月3日に大坂城（大阪城）に出仕し，秀吉と面会する。」

(3)　茶の湯と信頼関係

　以上は泉（1976，pp. 142 - 148）の記述の内容であるが，秀吉と宗湛の茶会を介した関係性はここから始まり，当初から政治的な意味合いが強かった。最初も秀吉の統一事業の最終段階である九州征伐に際しての茶会であり，宗湛との初会見の場でもあった。この両者に茶の湯とその文化を介しての信頼関係が醸成され，宗湛をはじめとする豪商らとの取引もそれを基盤として成立したことは想像に難くない。泉も述べるように，ここで行われた茶会というものが，これ以上にない要人たちの交流であり，豪商である権力的な商人たちもそれに参じ，そこで天下を画策した事業に関係する商取引を請け負っていたことは，この章で述べる大名と商人の文化を介した信頼関係が，商取引上，重要な要素となってくるのである。ただ，当時としては大名（秀吉）・商人（博多商人ら）は，上層階級であることは間違いなく，その商取引も次元的には権力的要素が強いものであったことを忘れてはならない。反面，それは通常の経済の次元からみると特殊化したものであったともいえるのである。

2　文化と商取引における信頼関係

　現代の商業学では，文化を介した企業取引における信頼関係の考え方がある。企業間の信頼関係がまだ社会的に定着していない状況において，取引相手との信頼関係を構築しようとする企業は，産業全体で信頼関係を受容する文化や社

123

会風土が形成されていることによって，個別の信頼関係が形成しやすくなるという考え方である。当時，秀吉が茶の湯というファクターを通じて，商人たちとの間にこれを形成していたことは想像に難くない。茶の湯が当時の商取引を行う上での信頼関係を醸成する大きな要素となった。

　従来商業学では，信頼関係を含んだ取引には次のような経済的なメリットがあると考えられている。高嶋（2002, pp. 105-106）などはそれに詳しい。端的に述べると，信頼関係を形成することは，取引費用の節約，商品開発や生産の効率化，投資の促進を可能にさせる。現代の商業学ではこのような捉え方をする。こうした企業同士の信頼関係の理論が，文化を介した戦国～近世初期の大名領主と豪商の関係性に当てはめることができるかどうかが気になるところである。文化＝茶の湯を介した関係性を持つことで，取引主体同士（この場合は大名領主と豪商）の信頼関係が醸成され，彼らの取引のあり方に効率性がもたらされたのかどうか，平たく言えば取引が円滑に行われたかどうかである。

　そして，気になるのがそれによって取引コストが節約されたかどうかである。卸売業＝物流業に特化した神屋らの豪商の形において，取引相手である大名領主との間の取引に関わる費用が，そういった信頼関係の醸成によって少しでも減少したというならば，それはそこに現代の商業学でいう信頼関係の醸成による取引コストの削減が存在したといえるであろう。

　ここでの議論は試論に過ぎないが，次節では，その信頼関係の醸成がかえって取引に非効率性をもたらすことがある，という現代の商業における実際の考え方をみて，そこに日本人の国民性を反映したある文化的要素を介すことによって，当時の商取引における信頼関係が，現代のコスト削減や取引の円滑化を可能にするという理論と同じ座標に置くことができるかどうかを検討する。

3　信頼関係の理論の考え方

（1）　信頼関係と不確実性

　現代の産業界では取引主体同士の信頼関係が，前節で述べたように，取引の効率性をもたらすことは多くの事例で確認されるが，その信頼関係がかえって

第3章　商業史の観点からみた博多の豪商・神屋宗湛

非効率性，つまり取引の流れに障碍をもたらすという考え方もある。ここで非効率性を生むというのは，取引主体同士の信頼関係が，商業的な利害の対立を解消することにはならず，取引を非効率にさせるからである。

　しかし取引相手との長期的な関係や，社会的な結びつきを目的に信頼関係が結ばれるならば，その関係性から取引相手が裏切らないという期待が生まれ，取引における「不確実性」が事前の情報収集だけでなく，この信頼関係によって軽減できることも真実である。

（2）　茶の湯を介した信頼関係と不確実性の回避

　秀吉と宗湛の時代における市場の不安定性，取引の未熟さは指摘できるところである。そしてその要因は市場における「不確実性」にあると捉えることができる。不確実性に関する現代の商業学の具体的な理論の事例として，尾崎（1998，p. 112）はブキャナンの「環境の不確実性の理論」を提示する。それは「現代では，環境の不確実性が高い場合，企業同士の関係性が高いと購買の成果が向上する。不確実性が低い場合は，購買の成果は企業同士の関係性に影響されることはない」とするものである。この場合の「不確実性」とは本節のテーマに関する限り市場の不安定さ，取引の未熟さと捉えることができ，それは取引相手の信頼性の程度につながる。つまり「関係性」とは取引主体同士の信頼関係と考えることができるが，この理論を大名と豪商間の，文化を介した信頼関係と重ね合わせると，次のように捉えることができる。

　戦国〜近世初期の市場と取引は不安定であり，未熟であった。それゆえに茶の湯などの文化を介した大名と初期豪商の関係性の深さは，そういった不確実性の中での取引の円滑化と成果に繋がった。そこには取引主体の行動の文化的要因であるところの「不確実性の回避」という日本人の国民性もあったのではないか。

　当時の秀吉と宗湛の接近性を示す史料がある。『宗湛日記』などはそういった局面を表現したものが多いが，次の箇所もそうであろう。

125

> 関白御衣裳ハ，上ニカラヲリノ御小袖也，五ツムネニ下マテミナ上ノエリ同，上ノ御ドウフクハ白キカミコ，ボケノウラ也，御帯紅ナリ，イカニモ長シテ，一方「長クムスビ，御ヒサノ下マテニアリ，御グシニハ，モエキノ」シヅラクノクゝリ頭巾，御髪ユワセラレスニ，御小袖長シテ御足ミエズ

　茶会の際の秀吉の衣裳を，宗湛が詳細に記憶している点は流石であるが，この史料は両者の接近性を表すものといえ，同時に信頼関係を示すものといえる。茶会などの文化を介しての大名との取引の成立は，戦国時代という不確実な世情下における初期豪商の特殊性であるが，取引関係にある両者間に信頼関係があり，それは取引者間の関係性における信用性のないものを忌避する「不確実性の回避」の考え方が適用できる。

　近世と現代における価値観の相違など，まだまだ議論の余地は残るが，あくまで文化を介した商業と，そこに生じる信頼関係に関した観点であり，そこに結論として不確実性の考え方を持ってくることは，現代商業学における「商業と文化，信頼関係の理論」を戦国～近世初期の商業史に当てはめる試金石となるのではないだろうか。

第3節　秀吉の朝鮮出兵と博多商人

1　勘合貿易商人神屋家

(1)　宗湛の先祖たち

　宗湛の時代以前から，神屋家は勘合貿易を九州において取り仕切る商家であった。神屋家は博多の戦災を逃れて，宗湛が幼少の頃，唐津に疎開している。この節では，博多商人と朝鮮出兵の関係性を表す商人達の商品取引ネットワークをみる上での重要な局面を見出し，それら取引網と併存した海賊倭寇の出没情報に注目し，そこに九州の商人のその情報網を梃にした商品取引情報と共存する情報ネットワークの存在をみる。そして神屋家が唐津に疎開した当時に焦点を当て，勘合貿易商人としての神屋家の存在から，その情報ネットワークを見出すヒントを探ることにしよう。

第3章　商業史の観点からみた博多の豪商・神屋宗湛

　宗湛が唐津に疎開した様子は『宗湛日記』に明らかであるが，神屋家は元来商家であり，勘合貿易商人でもあった。代々博多に居住し，室町中期から知られた商人であった。神屋家の系譜は史料に残る限り，［初代］永富 ‐［二］主計 ‐［三］寿禎 ‐［四］宗浙 ‐［五］紹策 ‐［六］宗湛となっている（泉1976, pp. 141 ‐ 142）。

　初代永富は八幡宮の管領職を務めていたというが，定かではない。八幡宮の所在というのもよく分かっていない。また永富は日明貿易（勘合）に従事し，澳門に日本人町を形成したともいう。第4節でも触れるが，泉氏の指摘する二代目主計は天文8年（1539）の遣明船（大内氏の経営）の一号船の船頭であった。船頭は船主兼船長で，主計の名は副使策彦の『入明記』にしばしば記録されている。主計が実在の人物で，大内氏に結び付く貿易家であったことが分かる。

　三代寿禎も『入明記』に記録される。主計とは父子ではなく兄弟らしい。第4節で詳しく触れるが，彼は貿易に従事し入明して銀の精錬法を学び，石見銀山を開き，巨万の富を築いた。四代宗浙も実在で，大友の家臣立花鑑連よりの書状がある。博多から疎開したらしいが，大友氏に名物茶器を届けたりしている。五代紹策については関係史料なく，不明に近い。年齢的に宗湛の父ではなさそうである。

（2）　疎開先唐津での会所の存在

　宗湛は17歳のときに唐津に疎開し，34歳まで居住したといわれる。泉（1976. p. 142）は，唐津でも朝鮮半島に最も近い地理的条件を生かし，貿易業に専念したであろうと推測する。

　神屋家をはじめ唐津にいた商人たちは，地域に存在していた「会所」と呼ばれる商人や地域の様々なジャンルの人々が集う場所に出入りしていたという記録が残っている。読売新聞西部本社編（2004, p. 59）は，「そこには松浦党の「会所」があった。もとは南北朝時代に武将が会議を行う場所を指していたが，その後，特定の領主の支配を受けない地域を示すようになった。富岡（松浦史

127

談会会長（当時）筆者）は『会所があったから博多から来た商人たちでも，商売をやりやすかったのではないか』と言う。」と述べているが，この「会所」を中心として疎開した神屋家をはじめとする博多商人が，松浦において商売を行っていたとするならば，同時にこの「会所」にはさまざまな人々が集うことが容易に想像でき，そこにはある種の情報交換の場，つまり情報の「ネットワーク」の拠点となっていたのではないかとも推測できる。さらにそこには海賊である松浦党や倭寇なども出入りしていたことも推測でき，彼らとの情報交換の局面もあったと考えられる。

　ここで，倭寇について少し触れておこう。倭寇は中世に入る頃に出没し始め，以降戦国時代までシナ海を跳梁したといわれる。専門的には前期倭寇と後期倭寇に区別され，宗湛が活躍した頃の倭寇は後期倭寇と分類される。基本的な日本史の観点からは彼らは掠奪を主たる業とする海賊として位置づけられている。しかし彼らは，特に後期の倭寇は，掠奪と同時に，シナと日本の貿易取引の仲介も行っていたことが史料により明らかである。

　倭寇研究の権威である田中健夫（2012，p. 183）によれば，「官豪（中国の地方の富農地主層）は中国本土の商人と結託し，中小商人に資本や船舶を提供して海上活動を使そうして（指図して）倭寇や海寇と貿易させ，その利益を手中におさめた」とあり，倭寇をはじめとする当時の海賊が，貿易取引にも従事していたことをうかがわせる。博多商人など九州の商人と倭寇の商業の場での協力関係も見いだせる。しかしそれは勘合などの公貿易ではなく，あくまで私貿易であり，次々項で触れるように八幡船とも呼ばれて掠奪行為も行っており，シナ海において博多商人らが行う貿易の秩序を乱していたことは明らかである。そこに倭寇と博多商人の「併存」と「対立」が浮き上がってくるのである。ただ商業利益の一致で「併存」するゆえに，博多商人達が倭寇に関する様々な情報に詳しかったことも推測できる。その情報交換の場も前述の「会所」であり，倭寇に関する情報も商業取引の情報と併せて流通していたことも，さらに推測できるのである。そこには商業取引の情報網を梃とした倭寇などの海の秩序に関係した情報のネットワークが存在していたと考えられる。

128

第3章　商業史の観点からみた博多の豪商・神屋宗湛

2　九州における商人の情報網―倭寇に関する情報ネットワーク

（1）　倭寇とその出没情報

　佐伯（1997，p.44）は，前項で触れた倭寇に関する情報，特にその出没情報に関しては博多商人達が握っていたことを指摘している。博多商人の商品流通網と共に，倭寇の出没情報が流れていたというものである。佐伯は，博多から唐津・松浦などを含んだ範囲で流通する商品取引に関する情報と共に，博多商人をはじめとする九州の商人達が把握していた倭寇ら海賊の出没情報があったとし，その情報を必要とする者として朝鮮半島領域から対馬・壱岐・松浦などの支配者層の存在を挙げている。

　もともと，倭寇というのは前述したように，前期倭寇は掠奪を主とし，勿論これによって海の秩序が大いに乱れたことは想像できるが，宗湛ら博多商人が活躍した時期の倭寇は，後期倭寇と呼ばれる。前期倭寇が支配者層の統制により鎮圧され，その存在自体貿易商人としての活動というおとなしいものになった。しかし「八幡船」と呼ばれる形態に変貌し，前期倭寇のような海の秩序を乱す傾向は，後期倭寇にも見られたといわれている。また，貿易商人に変貌したとはいっても，公に認められたものではなく，私貿易の形態であったので，それによっても貿易秩序が失われていたことは，未だこの時代にも存在したようである。

　実際，朝鮮半島と日本の交易の仲介者的存在である対馬の宗氏も，倭寇の鎮圧には手を焼いており，宗氏はそれ故に，朝鮮の支配者層が同目的（倭寇に関して）を持っていたことは認識していたようである。日朝間の交流関係として忘れてはならない朝鮮通信使などの歴史的事実も，その大目的は日朝友好であるが，内実としては「日本国王の吉凶，または両国間の緊急な問題を解決する目的を有する」（三宅2006，p.43）というものであり，その「両国間の緊急の問題」というのが「倭寇問題」であったことは，数々の歴史書が触れているところである。極端にいうならば，当時の日朝間の関係性というのは，「倭寇問題」への対処を中心とした要素が強かったのである。

129

このように宗氏は，佐伯（1997，p. 35）が述べるように「宗氏は16世紀の後期倭寇の跳梁（のさばりはびこること）に際し，後期倭寇に関する情報を朝鮮側が欲していると考えた」のであり，宗氏が倭寇情報を朝鮮国家に提供し始めたようである。いわゆる「倭寇」の出没情報は朝鮮官憲のニーズであったのであり，宗氏が提供する「情報」と正確性についても佐伯は，「朝鮮はしだいに宗氏の情報の正確さを認識するようになる。明宗９年（1554＝天文23）ごろから，『対馬島主書契不虚』という表現がよく見られるようになる。この認識が定着し，朝鮮が対馬側の情報を評価するようになる大きな契機は，明宗10年（1555）５月の倭寇による朝鮮襲撃，いわゆる達梁の倭変であった」とし，宗氏の倭寇情報が，朝鮮官憲から信用性のあるものであることが証明されたことを述べている。

(2)　倭寇情報の拠点

　対馬宗氏が朝鮮側に倭寇の情報を伝えていたことは，そこに宗氏が情報を摂取する情報ルートが存在していたことを指し示すと佐伯は言及する。その「情報」を「摂取」した相手が九州の商人つまり宗湛らを含む博多の商人達であったと推論できるのである。実際，佐伯はそれについて触れている（佐伯1997，p. 44）。

　　「対馬と博多の関係は，中世後期を通して密接であった。朝鮮から輸入された大量の貿易品を国内市場に送り込むのは博多であったし，朝鮮への輸出品である南海産物資の入手も主として博多で行われたと考えられる。こうした関係によって，対馬の商船は頻繁に博多に渡海していた。こうした状況の下で博多から対馬への倭寇情報の伝達がなされた。某年６月の宗義調書状に，「去春以来申きたり候上そくせん四五十そうもよほし候，今月中旬下にくたるのよし，今月三日にはかたより注進候」という記事がある。６月３日に上賊船40〜50艘の活動を知らせる注進（事件を書き記して上申すること）が博多からあったのである。別の宗義調書状には，「昨日島井宗叱所より申渡候，上賊船四五十艘下にくたるよ

し申渡候，定而田舎にも可申来候，此方のものハ此島はかりの事様に申
候間，定而おほつかなく心得候する，まつ壱州にもくたりたると申左右
も候ハゝ，きっと申可遣候」とあり，両者の日付や内容を比較すると同
一の情報であることが判明する。つまりこの時の倭寇情報の通報者は，
博多商人の島井宗叱であった。島井氏は宗氏と関係が深く，また朝鮮貿
易にも従事していた商人であるが，倭寇情報の提供も行っていたのであ
る。博多商人と対馬の経済的な関係もこの背景にはある。」

以上のように，佐伯によれば対馬宗氏は対馬を取りまく各地の人物から倭寇
に関する情報を入手していた。いずれも博多商人をはじめ九州の商人が媒介と
なっていることが特色である。「対馬の倭寇情報ネットワークは，対馬を取り
まく流通網のうえに成立していたということができる」（佐伯1997，p.46）。

宗氏は倭寇による襲撃のために朝鮮貿易の秩序が乱れ，その復旧と朝鮮貿易
を量的・質的に拡大するために，倭寇対策と倭寇情報の朝鮮への伝達を積極的
に行った。博多商人をはじめとする九州の商人たちの商品取引の情報網に併存
する倭寇情報が，彼らによって宗氏に伝えられていたことを，佐伯（1997，
p.44）は明らかにした。この項ではその内容を俯瞰しながら，商品流通の情報
網を梃とした倭寇の出没に関する情報ネットワークの存在を確認した。次節で
は，この「情報ネットワーク」に，博多商人をはじめとする九州の商人たちの
商業戦略的な意図と絡んで，朝鮮戦役の名護屋城本営移転（現在の唐津市内）
の謎を解くカギが存在することを明らかにする。

3　名護屋城本営移転と商人の情報ネットワークの関係性

（1）　朝鮮出兵時の戦略拠点・名護屋

秀吉の朝鮮出兵の際の博多から肥前名護屋への戦略拠点の移動は，歴史学で
は周知の事柄であるが，港湾の地理的条件で考えても，軍事的な戦略の意味合
いで考えても，名護屋は博多よりも悪い条件であったことは，歴史書でしばし
ば触れられているところである。名護屋は港湾の条件として立地条件も悪く，
船舶が停泊する上での地理的な構造も博多に比べて良くなかった。ただ様々な

歴史書が触れているのは，名護屋の方が朝鮮半島に航行する上で物理的な距離が接近しており，軍隊を派遣する場合には博多よりも好い条件であったことである。しかし，軍事物資の流通や軍隊の編成の上で，合理的かつ効率的な動きをすることができる博多に比べると，どうしても名護屋への移転は芳しいことではなく，秀吉がなぜそれを行ったかは，未だに歴史学でも謎とされていることである。この節では，その疑問点について，前項で触れた博多商人をはじめとする九州の商人の情報ネットワークとの関係性からアプローチしてみたいと思う。

(2) 講和条約にある勘合復活の文言

　それを行う上で，まず朝鮮出兵の際の講和交渉について記してある秀吉の書状を掲載する。

> 朝鮮差軍の将に諭す，大明・朝鮮と日本和平の条目
> 一，沈遊撃，朝鮮熊川に到り，大明よりの条目，これを演説すと云々，大明の鈞命に依り，朝鮮国を恕宥せしむるに於いては，朝鮮王子一人日本に渡り，太閤の幕下に侍るべし，然れば則ち，朝鮮八道の中四道は日本に属すべしといえり，前年命意を述べると雖も，王子の本朝に到り近侍すれば，則ちこれに付与すべし，朝鮮の大臣両人，輪番として王子の副うべきの事，
> 一，沈遊撃と朝鮮王子，車馬を同じくして熊川に到れば則ち，日本より築くところの軍営十五カ城の内，十カ城は即ちこれ破るべきの事，
> 一，大明皇帝，朝鮮国との和平を懇求するに依り，これを赦す，しかれば則り，礼儀を為して詔書を賚い，大明勅使日本に渡すべし，<u>自今以往，大明・日本官船・商船往来に於いては，互いに金印を以て，勘合照験をなすべき事，</u>
> 　　　　　文禄四年龍集乙未夏五廿二日　　　秀吉印
> 　　　　　　　　　　　　　　　　　　　　　小西摂津守
> 　　　　　　　　　　　　　　　　　　　　　寺沢志摩守
> 　　　　　　　　　　　　　　　　　　　　　建仁寺『江雲随筆』
> 　　　　　　　　　　　　　　　　　　　　　：中野等『文禄・慶長の役』
> 　　　　　　　　　　　　　　　　　　　　　　(2008, pp. 172－173)

　下線部「自今以往，大明・日本官船・商船往来においては，互いに金印を以

第3章　商業史の観点からみた博多の豪商・神屋宗湛

て，勘合照験をなすべき事」は勘合貿易の復活をうたったものである。朝鮮出兵の結果として，秀吉は講和の条件に，朝鮮半島の倭寇問題により途絶していた勘合の復活を条文として入れたのである。この場合の勘合貿易というのは，中世以来，明との間に行われてきた倭寇出没による貿易秩序の乱れに対処するために始められた日明間の公貿易だけでなく，一般の日朝の貿易商人同士の私貿易も含むという意味合いでの「勘合」の復活を意味する。それほど厳密な意味での「勘合貿易」ではない。

(3)　秀吉の海賊禁止令

　秀吉は朝鮮出兵より前，九州を平定した頃から，後期倭寇と目される前述の海賊「八幡船」に対処するために，「海賊禁止令」というものを発布している。この法令に関して，加藤（1986. p. 125）なども詳しい。

　この指令は上記のように秀吉の「海賊禁止令」と呼ばれ，その発令の大目的は内国航路を航行する日本の商船，交易のために来航する外国船の安全保障という理由であった。ここにみられる当時の状況から，やはり後期倭寇は平和裏な貿易商人に変貌した側面はあるものの，「ばはん（八幡）」のような海賊行為を働くものも多くあったこと，そしてこの「海賊禁止令」が意図するところは，シナ海域で貿易を行う博多商人をはじめとする九州の商人たちのニーズに基づくものでもあったことが推測できるのである。それを伝えたのが秀吉と九州の商人たちとの交流と，そこに醸成した信頼関係ではなかったかと考えられるのである。

　宗湛は若き日の疎開の折，唐津地域にあった「会所」で様々な部類の人間と交流し，朝鮮半島との貿易にも従事した，それは宗湛の商人としての「最初」であり，そのことにより彼の中に朝鮮貿易と唐津・松浦地域での商業戦略的なビジョンが常にあったと推測できる。前章で述べたように，秀吉と宗湛の関係性は非常に接近性を帯びたものであった。2人がコミュニケーショをとる際に，九州平定と朝鮮出兵に際して博多商人のその商業戦略的な意図が，茶の湯を媒体とした信頼関係を介して秀吉に伝えられたとしても不思議はないはずである。

133

上に述べた朝鮮半島を含むシナ海域の貿易秩序を復活させようという九州の商人のニーズもそこに含まれていたのではないか。

(4) 名護屋移転と倭寇情報の関係性

　最後にこのようなことから朝鮮出兵の際の名護屋城への本営移転の歴史問題に関して，先に挙げた倭寇の出没情報のネットワークとの関係性から次のように考えることはできないか。

　名護屋城への本営移転というのは，博多商人をはじめとする九州の商人の商品取引網を梃とした「倭寇の出没情報のネットワーク」から考えられる商人の商業戦略的な意図が反映された，歴史的局面であると商業史的には解釈できる。その意味で名護屋は倭寇やその他の海賊と関係した「貿易秩序の回復と貿易の再開」を目論むうえでは情報戦略的な拠点といえた。同時にそこには，そういった商人たちのニーズを伝える上での秀吉と博多商人の茶会などを介した信頼関係があったのではないであろうか。彼らは九州征伐から朝鮮出兵に関して茶会の場で恐らくコミュニケーションをとった。先の「海賊禁止令」の目的である貿易船の安全保障も，商人たちの商業戦略的な意図に繋がると思われる。そして秀吉の朝鮮出兵の際の講和条文には，「勘合の復活」があげられた。そこには博多商人らの，倭寇の出没情報が流通する情報ネットワークに基づいた意図があった。その意味では，名護屋城本営移転は，倭寇（八幡船など）に関係した貿易の秩序の回復と貿易の再開を目論むうえでの情報戦略的な拠点への移動といえた。

　以上のことが名護屋城本営移転に関して倭寇出没の情報とのつながりからいえるであろう。これまでは，本営移転に関しては，軍事戦略的意義を示唆するものだけであったが，九州の商人の情報ネットワークとの関係性からその問題を解き明かすこともこれにより可能であろう。ここでは，アプローチを提示したに過ぎないが，歴史の問題は数多く存在するのであり，豊臣秀吉と博多商人が関係したこの問題に関しては，アジアの海の秩序に関する情報ネットワークから解き明かすこともできるのである。まだまだ史料的な研鑽が必要であるが，

134

本書ではこの時点でとどめておく。

第4節　石見銀山の開発者・神屋寿禎

1　寿禎と石見銀山

（1）　鉱山史に残る神屋寿禎

　宗湛の先祖である神屋寿禎は，石見銀山を開発した人物として鉱山史の世界
では著名であるが，彼は一介の博多商人に過ぎず，商人としての業績はあまり
注目されてこなかった。宗湛に関する研究蓄積は厚いが，前節で記したような
中世からの貿易商人の家であった神屋家に関する研究，さらにはこの節で取り
上げる寿禎に関する研究は，まだまだである。それはこれからの神屋宗湛研究
の課題であり，これからの研鑽が待たれるところである。

（2）　寿禎に関する先行研究

　この項では，その神屋寿禎に関する研究，まず石見銀山との関係性から始ま
る研究の歴史について概観する。

　小葉田（1976, p.110）は，日本における金銀の増産と価格について述べ，
出雲の国の石見銀山の開発についても触れていて，「石見国邇摩郡銀山は，大
永年中筑前国博多の住神谷寿貞が出雲の国三島清左衛門と謀って初めて間歩を
開き，天文二年には博多から宗丹・桂寿の2名が鑪吹鎔かしの製錬技術の改良
を加えて産銀が激増したという。」とする。

　これらの記述は，いずれも「銀山旧記」等の近世史料に基づいたものである。
こういった見解は，その他の石見銀山に関係した研究業績に共通したもののよ
うである。また小葉田は，神屋寿禎が導入した「灰吹法」という銀の製錬技術
は，中国で生まれた技術ではあるが，直接的には朝鮮経由で日本に入ってきた
とし，博多商人達によって16世紀中期に日本の外国貿易が展開したことが，そ
の背景であったとしている。

　石見銀山の歴史に関する史料は多数あるが，それら史料の成立事情は複雑で

あるという。佐伯（2008, p.149）によれば，最も古い史料として「おべに孫右衛門縁起」「銀山始り縁起」があり，その後，「残太平記」「清水寺縁起」を取り入れて「銀山記」が成立し，「銀山記」に銀山役人の利害にかかわる部分を付加する形で「銀山旧記」が成立したという。佐伯はこれらの史料の中に寿禎に関する記述があり，それを比較すると，年代を追って寿禎の人間像が拡大していっていると指摘する。

　「おべに孫右衛門縁起」「銀山始り縁起」では，神屋寿禎は石見銀山を三島清左衛門と２人で所有しており，寿禎は小田藤左衛門を代官として銀山に派遣したとする。三島清左衛門と小田藤左衛門は，銀山も米・銭を入れ，銀を買い入れたとする。これら２つの史料では銀山の発見者・開発者としては神屋寿禎を位置づけていないが，「正主」とされ，所有者とも取れる表現があることは，銀山の開発に寿禎が大きく関与したことを前提としてみるべきであると佐伯（2008, pp.150-151）はする。また「銀山記」「銀山旧記」における記述は，双方相似していて，先の２つの史料との相違点は，石見銀山の発見者としての寿禎のエピソードが語られているところにあるようだ。

　内容としては寿禎が出雲へ航行中，光る山を見て，銀山を発見したというものである。「銀山記」では，寿禎がこの話を出雲国鷺の銅山で話し，出雲国田儀の三島清左衛門がこれを聞いて，堀子大工を連れて銀を掘ったことになっているが，「銀山旧記」では寿禎と三島が一緒に入山して銀を掘ったことになっている。また，天文２年（1533）の銀吹（精錬）は，「銀山記」では天文２年８月に神屋寿禎と博多宗丹が来て初めて銀を吹分けたとするが，「銀山旧記」では，天文２年に寿禎が博多から宗丹・桂寿を連れて来て銀吹したとする。つまり「銀山記」よりも「銀山旧記」の方が脚色されているのである。

　石見銀山世界遺産センターの学芸員は，石見銀山の鉱脈の発見に地元の「山師」の存在を示唆したが，伝承じみたものがある局面なので，推論の域を出ない。史料でもそのあたりは上述のように脚色が多いようである。

　以上のように時代が下るにつれて神屋寿禎像に脚色が加えられて，その人間像が拡大していくさまが見て取れるが，そのような見解に立つと，史料でも前

第3章　商業史の観点からみた博多の豪商・神屋宗湛

者2つ，つまり「おべに孫右衛門縁起」「銀山始り縁起」の方が，より歴史的事実に近いものがあると推測できる。さらに佐伯は寿禎の出身地である博多の地誌である『石城志』（明和2年（1765）巻七）をあげて，神屋寿禎が妻子を捨て，明に数十年留まって「銀の吹きよう」「錫・鉛より銀を取事」を習得して帰国し，石見銀山をはじめ諸国に金山（銀山）を起こしたと記している（佐伯2008，p.151）。銀の「吹よう」（精錬技術）が中国系のものであり，神屋寿禎本人が入明して精錬技術を習得し，日本各地の銀山を開発したというところに特色がある。

　『石城志』は続いて，「近年，石見国かな山の者来りて，博多に神屋寿禎といひし人の子孫有やと問，同処に波底寺という真宗の寺あり，これを再造せんとて，棟札を下し見るに，筑前博多住神屋寿貞建立と有よし語れり」と記している（佐伯2008，p.151）。つまり近世中期に石見銀山の者が博多に来て，寿禎の子孫の有無を尋ねたというのである。さらに石見の波底寺から発見された古い棟札に，「筑前博多住神屋寿貞建立」という文字が記され，神屋寿禎が石見の寺院を建立したことを示している，とする。そして佐伯はこれが本物であるとするならば，神屋寿禎と石見地方の直接的な関係を示す唯一の同時代史料であると指摘する（佐伯2008，pp.151-152）。

　以上が石見銀山と神屋寿禎の関係性を示す研究の歴史の最たる部分であるが，史料を見ても，後世になればなるほど脚色が付けられていることが分かる。寿禎と銀山の関わりについても，開発に本当に携わったかどうかは明らかではない。しかし，『石城志』などにみられる文言から察すれば，勿論石見の国と寿禎との関係性があったこと，そして彼が銀山の開発に必ず何らかの形で関わっていたことは，殆ど事実であろう。次の項では神屋寿禎自身に関する商人としての人生について概観してみたい。

137

2 商人としての神屋寿禎

(1) 寿禎商人像の先行研究

　寿禎に関する見識は，すべて前節でみたような史料群から得られたものであるが，彼の特に博多商人としての商人像は宮本（1970, pp. 38 – 43）である程度概観できる。商人像というと，彼自身の勘合貿易に参画した貿易商人として（公貿易），また石見銀山を開発し，その銀の貿易に奔走した貿易商人として（私貿易）等，いくつかの顔が浮き彫りになってくる。

(2) 寿禎と日明貿易

　また，日明貿易に従事した神屋家と寿禎について『策彦入明記』が伝えるところが最も史料に頻繁に登場するものらしいので，次にその『入明記』から神屋家と寿禎の勘合貿易商人としての顔に迫る。

　この史料の主人公である策彦というのは，毎日新聞社（1979, pp. 33 – 34）によると京都天龍寺の僧策彦周良のことであり，彼は享禄元年（1528）頃からの大内氏の遣明船派遣の正使として活躍した人物である。策彦は権勢を誇った管領細川高国の家臣井上宗信の第三子として誕生し，永正6年（1509）10月，9歳の時，すでに天龍寺妙智院の心翁等安の門に入り，禅僧としての生涯を送ることが決められていた。師の薫陶を受け，彼の天分の詩文の才は磨かれていき，その名声が大内氏に達し，遣明船の副使の重責を担わされる原因ともなった。遣明船というのは勿論勘合貿易船であるが，この貿易を代表する顔として策彦は選ばれた。このように勘合貿易船の正使には，禅僧がよく選ばれ，文化的教養・政治的手腕・事務能力を備えた人物が選出されていたようだ。このような遣明船貿易の中で，禅僧そして商人らが登場し，神屋寿禎もその一人であったわけである。「策彦入明記」はそのような遣明船貿易の史料の一つであり，最も頻繁に勘合貿易の様子を伝えたものとして利用されるものである。

　この史料には，佐伯（2008, pp. 152 – 153）によれば，神屋一族の名が多く見られ，主として第18次遣明船の一号船総船頭に，寿禎の兄とされる主計が任

第3章　商業史の観点からみた博多の豪商・神屋宗湛

じられ，多くの神屋一族が日明貿易に関わったことと，この船が日本出発前に
博多に長期間滞在し，博多の商人や寺社関係者と交流があったことが明らかで
ある。佐伯（2008，p. 153）によれば，第十八次遣明船派遣時に策彦と交流が
あった神屋一族として，総船頭神屋主計の他，神屋彦左衛門・主計の養子太郎
左衛門・神屋加斗・神屋彦八郎・神屋寿禎・主計の子息次郎太郎・主計の婿孫
八郎らの名前を挙げている。そしてこのうち主計と太郎左衛門・彦左衛門らが
入明したことを指摘している。

　佐伯（2008，p. 154）は，この史料は「初渡集」（第18次遣明船時）と，「再
渡集」（第19次遣明船時）に分かれるが，神屋寿禎の記事が見えるのは「初渡
集」のみであるとする。したがって寿禎は，第18次遣明船と第19次遣明船の間
に没した可能性がある。第18次遣明船第一号船の総船頭であった神屋主計に関
しては，「初渡集」に多くの記事があるが，神屋寿禎に関しては6ヶ所の記事
だけであると述べる。

　「策彦入明記」は，勘合貿易に参加する神屋寿禎の姿を伝える唯一無二の史
料といっても良いが，彼が神屋家の一員として，博多の商人としてシナ大陸に
渡ったことは，次項で述べる石見銀山開発との関係と相まって日中貿易の歴史
の中で一つの局面を物語るものである。

3　寿禎と石見銀の世界的なネットワーク

(1)　日本の銀輸出と石見銀

　寿禎と石見銀山開発の関係は，前節で触れたが，当時，室町幕府は弱体化し
ており，勘合貿易は，重心がしっかりしていないが故に，うまく機能していな
かった。

　羽田（2017，pp. 120 - 122）によれば，銀輸出までの推移は次のようである。
「16世紀に入ると，浙江の沖に浮かぶ舟山群島の双嶼（リャンポー：中国の
島嶼部）にも密貿易に関わる商人たちが集まるようになった。月港と比べると，
ここは絹織物の生産地であり外国産品の大消費地でもあった江南に近いという
利点があった。また，この地は日本との密貿易の拠点としても優れた位置に

139

あった。当時，日本の室町政権の弱体化もあって公式の朝貢貿易（朝貢は中国皇帝への貢ぎ物を意味する）である勘合貿易は必ずしもうまく機能していなかった。日本船の寄港地と定められていた寧波で1523年，堺の商人と結束する細川氏と，博多商人と関係を持つ大内氏の使節団が暴力沙汰を起こした。それ以後，明帝国は勘合貿易を10年に1度に制限した。このために，ますます密貿易の比重が大きくなっていったのである。

　15世紀末までの日中貿易においては，日本船は，硫黄や銅，鎧兜，刀剣など日本の商品と共に蘇木（漢方に使用する生薬）のように，琉球を介して東南アジアから入手した品物も携えてきて，これらを中国産の絹，陶磁器，銅銭などと交換していた。当時の貿易の量や重要性は，中国と東南アジア間の貿易に比べると小さかった。理由は日本人が入手したい中国産品は，沢山あったが，中国における日本産品の需要がそれほど大きくなかったからである。ところが，1530年代以後，そのような状態は一変する。明帝国がどうしても手に入れたいある品物が，日本で大量に生産されるようになったからである。

　その品物とは「銀」である。明帝国では，その領域をモンゴル系の遊牧民の侵入から守るために，北辺に長城が整備され多数の軍隊が駐屯していたが，政府がその軍需物資を調達するためには，人々に銀で税を納めてもらう必要があった。ところが，当時明帝国国内における銀の絶対量は大幅に不足していた。日本で石見銀山が発見され，朝鮮から灰吹法という精錬技術が伝わったことにより，日本における銀の生産量が飛躍的に増加したのは，正にその頃（1530年代）だった。」

　銀の貿易によって，それまで中国でそこまで注目されていなかった日本との貿易の重要性が一挙に増したことが，上に述べられたことから明らかである。では，石見銀を中心とした中国（明）との輸出貿易はどのようなものであったのか。そしてその貿易の様相は，日本と中国との関係性にどのような影響をもたらしたのか。はたまた東アジアの地域圏にどのような働きをもたらしたのであろうか。

第3章　商業史の観点からみた博多の豪商・神屋宗湛

（2）　銀のネットワークと寿禎のビジョン

　本多（2015，pp.6-21）は，この16世紀に発生した日本の銀輸出による貿易の盛況を「シルバーラッシュ」と名付け，この時期の銀輸出と日本を軸としたアジアにおける貿易のネットワークについて述べている。本多は寿禎によって開発された石見銀山の銀採鉱技術が日本国内の多くの鉱山に伝えられ，この頃が日本国内における銀の隆盛期であったことに触れている。なかでも石見銀は高品位であり，海外にも大量に輸出され，東アジアの貿易構造を変えたことも指摘している。また本書（神屋宗湛）のテーマではないが，日本の銀が胡椒など香辛料の獲得と，キリスト教布教の新天地を求めてアジア進出を行っていたヨーロッパ人（商人・宣教師）の活動を活発化させ，彼らは中国商人と共に日本の経済・文化に多大な影響を与えたことも指摘している。

　さらに本多は，自前で銀を生産することが可能になった日本では，次第に銀を海外に持ち出して貿易を行うものが多くなったことについて，その輸出先として朝鮮半島を挙げている。実際『朝鮮王朝実録』という史料に，石見銀山の現地で銀生産が始まって間もなく朝鮮に「倭銀」の大量流入が始まり，史料によれば1538年に「小二殿」（少弐氏）の使者と名乗る人物が銀三七五斤を持ち込むなど，その後しばしば「倭人」によって銀が朝鮮国内に持ち込まれ，朝鮮政府がその対応に苦慮していることが描かれている。持ち込まれた銀に対して，朝鮮政府は木綿布を支給していた。しかし当時朝鮮では木綿布は通貨として扱われており，公貿易で銀の対価として対応すれば，綿布が大量に失われ，国家財政が深刻な打撃をこうむることになったと述べる（本多2015，pp22-23）。

　また本多はこのような状況でいったん私貿易を認めれば，朝鮮国内の市場に銀が大量に流入し，銀の採掘や流通を極力抑えることで，朝鮮国内に銀は産出しない，という名目のもと，明への貢銀制度の復活を回避してきた長年の努力が無駄になるため，政府としてはあくまで公貿易で対応しようとしたと述べている。しかし，政府自身も認識していたことであるが，朝鮮国内の役人や商人が日本人と関係を持つことで，銀の製錬技術である「灰吹法」が日本に伝わり，日本で生産された銀が朝鮮に流入し，さらには明への流入も進んでいたのであ

141

り，もはや朝鮮政府では対応できないほど日本銀は浸透し，上に述べたような事態は深刻化していったという（本多2015，p. 23）。

このような朝鮮への日本銀の流入に，遣明船に乗り込んで参画した商人の一人が神屋寿禎であり，この日本銀というのは石見銀であったことは想像に難くない。このように石見銀山の発見・開発に深く関わった，寿禎をはじめとする博多商人が参画した私貿易も，それからして貿易媒体は石見銀であることは推測できる。この私貿易による銀輸出を契機として，日本には大量に朝鮮の綿布が流入し，船舶の帆や衣料の素材として利用されるなど，当時の日本社会に大きな影響を及ぼした。

最初に触れたように，当時勘合貿易に対する室町幕府の求心力は幕府の弱体化によって弱まっており，幕府は明との外交・貿易の許可証である「勘合」を畿内の細川氏や西国の大内に分散させ，対明外交の主役は，彼ら地方の大名権力に移っていった。これも「歴史の偶然」の一部なのか，室町幕府の弱体化によって外交や貿易の権限が地方＝地域に分散していったことは，地域圏そして経済圏の存在を浮かび上がらせるのである。

この節では神屋宗湛の先祖である寿禎の，商人としての姿について先行研究や史料から若干触れたが，そこから浮かび上がってきたのは，恐らくは後に宗湛が継承することになる当時の地域圏・経済圏に存在した貿易のネットワークである。これまで述べてきた宗湛が持つ商人としてのビジョンというものが，どのような素地を持っていたのかに関しては，先祖である神屋寿禎の経緯から少し垣間見ることができるのではないか。宗湛は数代前の先祖の頃から商人一族として参画してきた，公貿易や私貿易で形成された九州・中国・朝鮮のシナ地域圏・経済圏で培われたものを基盤として，信長・秀吉の時代に商業的な戦略を立てていったのではないだろうか。彼は博多の商人一族・神屋家の戦国〜近世初期の代表であり，その胸の内に先祖の時代から続く貿易ネットワークに関する蓄積があった。そのことが彼が大豪商として，シビアな戦国の世を走りぬいていく要因になったと思われる。

第3章　商業史の観点からみた博多の豪商・神屋宗湛

第5節　幕藩制市場構造の成立
―宗湛，その後

1　初期豪商の時代の終焉

(1)　初期豪商の役割の終焉

　初期豪商は戦国～江戸初期の豪商の類型であり，大名の権力基盤の一端を担ってきた存在であった。その盛衰は，関ヶ原戦役に至るまでの戦国の争いの時に始まり，徳川政権の確立の後に衰退していく。初期豪商は基本的に大名領内の流通のインフラに関わることによって，自己の存立を大名の権力のもとで可能にしてきた。ここでいう流通のインフラとは保管業務と輸送業務を指すものである。前者は蔵を使った領内物資の保管，後者はそれらを船舶を使って他地域へ輸送することである。この局面において重要であった輸送し保管する媒体の一つとして年貢米があった。

　この年貢米を対象とする物流業務によって初期豪商は大名権力に関わり，領内の経済地盤と，大名自身の権力維持に一役買うことができたのだが，豪商自身が得る利益というのは，その輸送保管からくる物流手数料であった。宗湛らの物資の輸送保管から得る物流手数料というのは，基本的には年貢米が対象であったが，宗湛クラスの豪商のレベルは先に初期豪商の応用型と述べたように，輸送保管する対象物が兵糧米や武器等であり，それに特化していたというのが彼らの豪商形態であった。そういった物資の流通に大きく関与した一方で，宗湛らの商人としてのあり方は，戦争という国事に深く関係するものであったため，政治権力的な意味合いもあった。しかし彼らの本質は商人類型上初期豪商の卸商人であったといえる。以下では取り敢えず，彼らを含めて年貢米流通に関わって物流手数料を得た初期豪商の推移とその役割の終焉をみることにしよう。

　初期豪商の商人類型上の転換点は関ヶ原戦役以降の新しい市場構造の成立とみてよいであろう。徳川の時代になり，家康は全国の市場を統制する制度を整

143

備していった。そうして出来上がった全国的に浸透する市場構造を幕藩制市場構造という。近世に入り幕藩制の秩序が浸透すると，そういった初期豪商の大名領内における役割は，時代に照応するものではなくなっていったのである。こうして幕府中心の市場構造の中で，初期豪商の役割は薄れていったといわれる。この点について藤田・宮本・長谷川（1978, pp. 33-34）は，次のように述べている。

「・・・。遠隔地間の商品流通が未熟なこの段階にあっては，領主は市場の動向に明るくなく，またそれに必要な設備をもたなかったから，これらの豪商にあらかじめきわめて高い利潤率を保証して，年貢米売却を委託せざるを得なかったのである。しかし，領主が領外販売を大量化するにつれ，このような豪商が流通過程に介在し，（領主にとって）流通利潤の取り分を大きく削減するような販売方式は不都合と感じられるようになった。また，初期豪商の在地性や半領主的性格は幕藩制身分秩序に照応するものでなく，この点においても初期豪商を排除する必要があった。」

つまり，初期豪商の流通インフラに介在した利潤の取り方と，大名領主の権力維持のための利害が，ここにきて一致しなくなったと言ってよい。その転換点となるのが勿論幕藩制市場構造の成立であるといってよい。そして年貢米輸送という彼らの仕事でいうならば，米市場に関してもこの新しい市場構造の成立が，初期豪商の存立を無意味にしたと言えるであろう。その際たる事例が全国市場としての大阪の米市場の成立である。

幕藩制市場構造，つまり江戸時代に入ってからの，大名の領内における経済の統制の仕方について触れると，もともと幕藩体制というのは，江戸期の徳川政権下における幕府と藩の社会共同体を指すものであった。幕府と藩がそれぞれ独立していて，各自が勢力範囲つまり領内の経済を取り仕切っていた。しかし，幕府は，全国的な規模で掌握すべきところは掌握しており，銭貨の発行権や，海外貿易の統制において商品流通を支配していた。そのうえで各地の大名は，領内における港湾の整備・輸送ルートの改善も行っていた。各藩の大名は，

第3章　商業史の観点からみた博多の豪商・神屋宗湛

領内経済に関して地盤を整備しており，それはいま述べたような幕府の中央集
権的な経済体制に照応しようとするものであった。藤田・宮本・長谷川（1978,
pp 34 - 35）は大阪の米市場の成立について次のように解説する。

　「・・・大坂では，水運や商取引の便利の良いところに蔵屋敷を設置し，
　専管の吏僚を派遣した。また大阪で成長した輸送・商取引・金融の専門
　業者を蔵屋敷関係商人に登用したのである。

　　大名の領内経済におけるこうした動きは，まず17世紀前半の西日本の
　諸藩から始められた。元和寛永期に１万石以下に過ぎなかった細川藩の
　大阪廻米は元禄末には８万石に達した。広島藩でも，寛文期以降大阪廻
　米は５～８万石に増加した。このように大坂が西日本の諸藩の年貢米中
　央市場として確立したのち，東北と北陸の諸藩も西回り海運を利用して
　この市場に直接参入するようになった。加賀藩の場合，寛永末年に１万
　石の大阪廻米を試験的に行ったのが最初であるが，その後，天和２年
　（1682）には６～８万石を送り，さらに元禄４年（1691）には20万石余
　の廻米を行うようになった。高田藩・庄内藩・弘前藩なども寛文期ごろ
　から大阪廻米を恒常的に行うようになり，以後，それは藩財政における
　もっとも重要な貨幣獲得の源となった。」

　つまり，米市場（年貢米市場）に関しては，江戸期に入り，幕藩制的な市場
構造への移行の中で，廻船の航路も整備され，大阪に中央市場として各地各大
名が流通させている年貢米が集まってきており，この大坂の米市場の成立でい
うならば，それ以前まで大名領内において，初期豪商が担ってきた役割を，大
阪の蔵屋敷商人と米の市場が取って代わったと言ってよい。中央集権的な米市
場の成立により，その流通体制が本来的な初期豪商の卸商人としての役割を失
わせていったのである。このように大名領内経済における意味合いからも，初
期豪商の介在の必要性がなくなっていったのである。大阪の米市場の成立はそ
れを見る一端といえよう。

145

（2） 幕藩制市場構造の成立と流通インフラの整備

こうしてみると，徳川の世に入り，経済体制も大名との分権的なものから，中央集権的なものに移行していき，別個の社会共同体とはいいながら，幕府は全国の経済の要所を締めて中央集権的な体制を実現していた。それ以前の大名領内経済の中央政府から独立していた地方の経済下では，初期豪商の介在を許したが，彼らが経済の意味で大名の権力維持に一役買った年貢米などの輸送保管という物流業務が，大阪の中央市場の登場，つまり米市場が幕府の管理下に入ることによって，その介在を許さなくなった。結論として見えてくることは，それ以前の初期豪商が権力に介在した要因として，中央と地域の分権的な構造が温床となっていたことは否定できないであろう。

宗湛らは上に述べた時代背景から，物流に特化した豪商として博多を拠点として豊臣政権と関係性を持ったのであり，日本国内の分権構造的な状況の中での彼らの活動は，ある意味，特殊な商人としての行動であったとも言えるだろう。そして，そういった斬新さへ感じさせる宗湛らの商人としての行動のあり方は，徳川の時代に入り，中央集権へのうねりが急速に増す中で消えていったのではないか。初期豪商の時代はこれにより終焉を迎えるのである。

次節では，このように初期豪商の時代が終わりを迎え，幕藩制的市場構造に移行していく中で，商人の形態も変わってゆく様子を中世の商人形態に鑑み，商業史の観点から概観する。そこでは初期豪商の卸商人としての役割を代替する商人の類型が登場する。

2　幕藩制市場構造下での商人の商業形態の変遷

（1）　初期豪商の原型

それでは，宗湛をはじめとした初期豪商の商人類型は，彼らが活躍した戦国期を終わって江戸期に入り，どのように変貌していったのであろうか。

前項で述べたように，初期豪商の大名権力に介在した商業形態は，幕藩制的な秩序の完成により，徳川時代になると社会に適合できるものではなくなってきた。徳川氏は，年貢米の物流や軍事物資の物流を担って権力的な次元での関

第3章　商業史の観点からみた博多の豪商・神屋宗湛

係性をもっていた初期豪商を，徳川の中央集権の時代になると，意識的に排除していったようである。そういった動向の中で，商人の形はどのようになっていったのか。

　ここで江戸期の商人の形態に入る前に，時代を遡って中世からの商人の形態についてみてみたい。石井（2006，p.30）は，「中世後期＝室町時代になると，定住商人が増加し，なかには大規模な卸売りを行うものが現れ，とくに畿内周辺の港津（港湾都市）などに店舗を構える問＝問丸は，近世の問屋の前身として注目されてきた・・・・・そこには50数名の問丸が居住し，年貢米・荏胡麻・塩・材木・布・藍・鉄・備前焼・紙などを各地から来航してきた船頭から受け取り，規定の関税の徴収に当たった。こうして富を蓄えた問は，有徳人と呼ばれて都市の政治を牛耳り，堺・兵庫の問丸の中には日明貿易に進出する者も現れた。交通の要衝に位置した問は，馬借（運送業者）や廻船（貨物船）なども支配し，港津の流通業務を独占的・総合的に取り仕切る座（同業組合）といってよい存在になっていった。」と，中世の商人類型に関して触れ，それが初期豪商の本来的な商人としての形態であることを示唆する。港津の流通業務を独占的・総合的に取り仕切った問丸の姿は，恐らく初期豪商の原型といってもいいだろう。

　では，この論稿のテーマである宗湛，つまり初期豪商は，どの点に関して問丸より新しく，そして後で触れる江戸期の問屋と相違するのか。幕藩制下での商人形態の変遷を述べる場合はまず中世の問丸の性質から初期豪商への流れをおさえておかなければならないであろう。

（2）　過渡期の存在としての初期豪商

　石井（2006，p.30）は，問丸は江戸期の問屋の前身であると述べる。では問丸から問屋への過渡期における初期豪商はいかなる立ち位置にあったのであろうか。前節までに宗湛をはじめとする初期豪商は，本来的な初期豪商の応用型であるとした。流通業務においても軍事物資の物流に特化していたこと，そしてさらに文化を介した権力的な次元での商取引上の人間関係，これは中世の問

147

丸にも江戸期の問屋にもなかった性質といっていいのではなかろうか。つまり，中世から近世への商人類型の過渡期の存在として，また一つの特殊な商人類型として，宗湛らの初期豪商の形があるのではないかと考えられるのである。

　石井（2006, p.64）によれば，江戸期の問屋は，問丸の輸送稼業と取次稼業のうち後者を引き継いだ形での商人類型であるとする。取次稼業というのは，現代でいえば客の注文をうけて商品やサービスの取次を行う業務である。それは，より現代の卸商人の形に近いものであるようだ。問丸は流通業務全般を管理したが，問屋は取次業務だけに特化した形であった。宗湛らの初期豪商の事業内容は，問丸の特質を確かに継承している。しかし流通業務という意味合いでは引き継いでいるが，取次業務に特化する江戸期の問屋へと引き継ぐという要素は薄い。そこに徳川氏の幕藩体制下に入ってからの中央集権志向，つまり初期豪商らの権力的な介在を排除した，という背景が見え隠れする。初期豪商から江戸期の問屋への流れが，その排除によって途切れてしまっているのではないだろうか。すなわち流通業務を通して，秀吉らとの権力的な次元とかかわりを持った初期豪商の流れを，徳川氏は断ち切ったのではないだろうか。初期豪商は商人形態的には，旧いものから新しいものへの過渡の存在であったことも確かであろう。しかしいずれにしても戦国期ゆえの特殊な存在であったことを否めない。

　このようにみてくると，初期豪商の時代の終焉から江戸期の問屋への流れは，中世からの商人形態の流れからみても，過渡期の存在としてみることができ，商人の変遷の上で象徴的であり，かつ転換点にあった存在とみることができよう。

3　初期豪商とその時代的役割

（1）　応用型・発展型と時代的役割

　前節で神屋宗湛ら初期豪商は，商業史的にみて古代〜中世の問丸から江戸期の問屋の間に存在する過渡的存在であることを示した。この位置づけは，商人形態からみた位置づけであるが，彼ら初期豪商の特質として，過渡期的存在で

第3章　商業史の観点からみた博多の豪商・神屋宗湛

あることを打ち出すその性質は，まず戦時の流通に特化したこと，そして政治
権力的次元にまで発言力を持っていたことであった。本稿ではまずそれについ
て本来的な初期豪商の形態の応用型であったとし，そしてさらに後者（政治的
次元）については発展型であったとしたい。ではそういった性質をもった彼ら
が，激動の戦国期で担った役割とは，どういうものであったのであろうか。

　それを見るうえで欠かすことができないのが，政治権力的な次元との関わり
である。宗湛が商人としてかかわった権力者の代表は勿論，豊臣秀吉である。
この2人の関係性は『宗湛日記』が記すとおり，主に茶会を介して成立してお
り，前に述べたように相当接近性のあるものであった。そこに人および商人と
しての信頼関係が生じたことは自然であり確かであろう。先に述べたのは，そ
の信頼関係がこの関係性（宗湛と秀吉）を象徴する2つの出来事，九州征伐と
朝鮮出兵において反映されたことであった。

(2)　朝鮮出兵にみる役割

　ここでは，神屋宗湛の商人イメージを構築する上で，まず国際的な動向でも
ある朝鮮出兵の中での彼ら商人の役割について考察することにしよう。

　平川（2018, pp. 98 - 99）は，大航海時代の日本について，秀吉のアジア征
服構想との関係から叙述した，これまでの秀吉の朝鮮出兵に関する見解に関し
て，新たな視野を提供するものである。具体的には，秀吉の構想と朝鮮出兵が
「一方的な征服意欲」からきたものでないことが，史料に基づいて明らかにさ
れていることである。そこでは，秀吉が九州を平定する以前に「対馬の宗氏に
対して，朝鮮が秀吉に服属するように交渉役を命じていた」とし，朝鮮半島か
らの圧力，つまり外的な圧力が秀吉にかけられていたことを指摘する。この当
時秀吉の天下統一構想は，仕上げの段階といえども未だ途上にあり，平川はそ
の点について言及している（平川2018, p. 99）。つまり秀吉の朝鮮への出兵の
決意は上記のような朝鮮半島からの圧力によって促されたものであり，奥州の
伊達氏など，まだ天下統一の上では残された課題がこの時点では残っており，
その外的圧力のために秀吉は朝鮮の高麗に対して「兵を用いる」方針を打ち出

149

したとしている。秀吉が出兵を決意したことは，「国内を統一したから海外へ」ではなかったことを明らかにしている。

　これまでの歴史見解では秀吉の朝鮮出兵は構想として現代の感覚では途方もないものとして「肯定できない」という傾向があったが，結局，朝鮮への出兵も朝鮮半島からの圧力，つまり外圧に促されて実行したことが現代の見解である。

　朝鮮出兵がそのような性質のものであったとするならば，この事件で兵站商人として動いた宗湛らの方針というのはどういうものであったのか。そこにも，彼の商人イメージを構築する上での土台が存在するであろう。

　神屋らの朝鮮出兵時における活動は，九州において軍事物資の蔵をセクターとして流通させることであった。博多津の蔵は，現在そのありように関して残っている史料はあまり存在しないが，宗湛は博多津のそれと，現在の福岡市からは北九州寄りの地域にある福間や津屋崎の蔵などを利用して，朝鮮出兵時の軍事物資の輸送と集荷を行っていたようである。そのあたりのことは武野（1998，pp. 137 – 139）などに詳しいが，神屋らのこの時の動向は，軍事物資の流通商人として一種の秀吉の幕下にあった。

　そういった彼の商人としての活動のあり方は勿論，当時朝鮮半島や中国と貿易商人として活動していたことからくる経験に裏打ちされたものであったことは想像に難くない。神屋の家は佐伯（2008，p. 152）などにみられるように，明と交易する勘合貿易商人として貿易船の船頭を代々務めた家であった。このことは東アジアにおける商業的な戦略というような貿易に関する含蓄があったことを示すと思われる。宗湛をはじめ彼と関係のあった豪商たちは，大体貿易商人としても朝鮮半島と交易を行っていた，という記録が残っているが，彼らの目前に存在した，東アジアにおける国際的な市場というのはどのようなものであったのか。それは漠然とした後世を生きる人間の疑問であるが，貿易の表面的な様相は，史料である程度把握はできるが，彼らの胸の内にあった商業的なビジョンというのは判断が難しい。

　しかし平川の研究が，朝鮮出兵に関する秀吉の思惑の新しい指摘しているこ

150

とは，豪商たちにとっても同様であったであろう。秀吉の朝鮮出兵に関する内実が外的圧力に促されたものであるならば，そういった彼のアジア征服構想と，当時の貿易商人たちの商業的なポリシーというのは表裏の関係にあったことは十分推測できる。

(3) 主 と 従

　羽田（2017, pp. 120-121）が述べるように，当時，中国や朝鮮において，日本との貿易はそこまで重視されていなかった。前述の本多が「シルバーラッシュ」と揶揄したように，日本銀の輸出は確かに盛んであったが，まだまだ中国や朝鮮にとって，日本貿易というのはそこまで重視するものではなかったようである。そこには勿論，中国や朝鮮半島に比べて国力が下であるという理由で，中国の明や朝鮮の高麗にとって，貿易の局面で日本は対等な相手ではなかった，という事実があるのである。つまり，貿易を行う九州の商人達をはじめとする豪商たちにとっては，経済レベルという意味でも，日本よりも格上の国への市場進出という意味合いがあったのではないか，と思われるのである。このことから，貿易を行う上でも，中国や朝鮮半島に対し「主」ではなく，「従」の関係性が当時の貿易商人にも強かったことが推測できる。

　このようなことから秀吉の朝鮮征服構想は，「外圧」に促されて出来上がったものであることと，その幕下にある豪商たちの貿易商人としてのあり方も，秀吉の活動に追随する形であったのであったと考えられる。

　宗湛をはじめとする豪商らは，確かに長い交流の歴史で培われた東アジア圏域に対する何らかのビジョンを持っていたであろう。しかし，それは中国や朝鮮半島からの脅威的ともいえる外的な圧力のもとにあり，自らの基準というよりも，外的な圧力に対して対応を迫られ，それに「適応」する形で形成されたのではないかと推測される。

　秀吉のアジア征服構想は，そういった要素に彩られた日本と東アジアとの関係性に対抗する，ポジティブな姿勢の表れともいえるのではないか。外圧に圧倒されるような国際環境の中で，秀吉の個性がそれに対抗し，商業貿易の局面

でも宗湛ら貿易商人を介してそれが表現されたと考えられる。そこにあったのが，宗湛ら初期豪商の応用型・発展型の時代的な役割ではなかっただろうか。

第6節　博多の豪商・神屋宗湛の商人像

1　本格的な豪商としての始まり

(1)　グローバリズムと宗湛の商人像

　この節では，これまで述べてきた博多商人・神屋宗湛の生き様を現代の価値観，つまりグローバリズムの価値観と照らし合わせた場合，どのような商人像が浮き彫りにされるかみてみよう。

　我々が生きているこの時代は，基本的に価値観も流動的で，いま述べたように一定のものというものはほとんど見当たらない。しかし，その中で動かないものも存在することは確かであり，神屋宗湛の商人像の中にもその存在が見え隠れする。それは宗湛が展開した以下の活動の中に明確に表れるようである。

(2)　宗湛の商人としての活動

1)　会所の活用

　宗湛は日明貿易商人，神屋家の跡取りとして，若い頃博多の戦火を逃れて唐津に疎開した。既存の研究では宗湛の商人としての始まりは，上洛以降（すなわち当時の都に登った時より後）という見解がなされているが，彼の商人としての始まりは，唐津の少年時代に既にあったと思われる。なぜならば貿易商人としての人脈，つまり人的なつながりが既にこの頃あったと推測できるからである。

　先に述べたように読売新聞西部本社編（2004, p.58）は，宗湛の疎開時代の唐津の地域に存在した「会所」といわれる場所について触れている。それによると会所では，特定の領主の支配を受けない，ある意味フランクな空間が存在し，そこで様々な領域の人たちがコミュニケーションをとっていたと思われる。勿論，唐津に来ていた博多商人たちもそこに出入りし，商取引関係の交流が

第3章　商業史の観点からみた博多の豪商・神屋宗湛

あったことは想像に難くない。そして，そこには東アジアの海を跋扈（思うままに勢力を振るうこと）する海賊たちが出入りし，貿易商人でもあった彼らは，恐らく博多の商人たちとも商談をしていた可能性があるのである。

　とすると，宗湛の疎開時期にもこの「会所」は唐津の処々にあり，彼もここに出入りしていた，ということが容易に推測できる。そこに宗湛の商人としての始まりがあったとも考えることができるのである。もちろん，そういった商取引上の人脈の形成の中で，彼の胸の内に東アジアに関する，何らかのビジョンができあがったことも推測できる。

　唐津疎開の後に宗湛は上洛して，豪商としての一歩を踏み出すのであるが，彼の胸の内，つまり彼の上洛の主たる目的がどこにあったのか，これは多くの推測を呼ぶところである。勿論，彼はすでにこのとき貿易商人であった。『宗湛日記』には唐津においても神屋家は，貿易取引に携わっていたような記述があるので，「会所」の存在と隣り合わせで，宗湛もそれに従事していたことは確かであろう。そしてそこには九州の商人として，東アジアの地域圏に臨む上での，商業的な戦略があったことも確かである。それがまず宗湛の上洛の背景にあったことは想像に難くない。

2)　博多復興に対する宗湛の関わり

　そしてもう一つ，この当時宗湛が疎開して長い期間を経ても博多の町は戦災の跡が癒えていなかった。秀吉は博多の町に対し，「博多再興」を目的とした復旧作業を計画した。従来の歴史観では，この「再興」の計画は九州征伐の終了した頃に立てられたという見解が強いが，『福岡県史　通史編　福岡藩（一）』（1998, pp. 92-93）によれば，「博多再興は，九州平定後の天正15年6月に秀吉によって本格的に開始されたことになるが，他方，九州平定の前年から豊臣政権の政策として既に計画されていたとみることができる。たとえば，北部九州を転戦中の黒田孝高が，島津氏の降伏がまだ具体化していない段階で聖福寺に対して博多再興について言及している（聖福寺文書）」としている。

　このことは，それまでの歴史観である秀吉の「博多再興」の政令の発布時期に疑義を呈するものととれるが，筆者がここで問題としたいのはその点ではな

153

い。あくまで宗湛のこと，この場合彼の「上洛」の局面において，この「博多再興」というものが自身の中でどのように捉えられ，そして彼は実際どう行動したのかという点を重要視する。この視点で見た場合，上に述べた「博多再興」令が実際施行された時期が，従来考えられたものと若干相違する見解があることがヒントになる。

　その見解に鑑みれば，九州征伐直前に宗湛が上洛して秀吉と謁見した時，既に秀吉の「博多再興」令について認知していた可能性があるのである。つまり宗湛の上洛の目的の中に「博多再興」というものが存在し，上洛した時は彼はその情報を摂取していたとも捉えることもできるのである。

　宗湛の商人としての始まりは，貿易商人としての「会所」等を介した人的なつながりが形成された頃，すなわち唐津時代からであった。この会所における諸種の情報が行き交う中で秀吉によって「博多再興」が実行されることを知っていた可能性があり，再興に関する何らかの意識が，上洛直前から彼の心の中にあったと考えることもできる。それが彼の商人としての始まりであったのではなかろうか。このようにみてくると宗湛の商人としての意識付けは，1つ目に唐津の疎開の際の「会所」の存在と人的なネットワークの構築，2つ目に「博多再興」に関する何らかの意識，という2つの要因があったと考えられるのである。

2　応用型・発展型としての商人的要素

(1)　初期豪商の類型と宗湛

　宗湛は，初期豪商の類型に純粋に当てはまるのか。初期豪商は卸売商人として戦国期の大名領主の領内における流通インフラを支え，領主の領内における権力維持に一役買うことが，その商人としての機能であった。しかし宗湛ら秀吉と関係を持った博多商人は，果たして基本的に初期豪商の形が当てはまるのであろうか。卸売商人であったことは確かであろうが，これには特殊な形態が存在し，筆者はそこで彼を初期豪商の形態は持っていたが，その応用型・発展型を持った商人であったと結論づけてきた。

第3章　商業史の観点からみた博多の豪商・神屋宗湛

ここでは改めてその応用型と発展型に関する特徴を示すことにする。

秀吉との関係の上で，宗湛の最も活躍した局面は九州征伐と朝鮮出兵である。いずれも軍事的な事柄であるが，彼はそこで兵站を担当していた。つまり軍事物資の物流である。戦時に兵糧や武器の流通機能を担ったのは初期豪商の基本的形態の一つであるが，秀吉の幕下にいた宗湛は，特に軍事物資の「物流」に偏った，ある意味細分化した特殊な機能を担っていたようである。秀吉は宗湛の初期豪商として持っている機能（戦時の卸売商人）を利用した。それゆえに宗湛らはそれに特化した形になった。

（2）　応用型・発展型としての宗湛

再確認だが石井（2006, p.30）や田島（2004, pp.234－235）によれば，中世からの商人の類型というのは，問丸であり，それが商人形態として初期豪商の萌芽であるようだ。問丸は船や蔵を利用して物資を流通させて利益を得ていた。そういった形は初期豪商に類似しており，原型といっても過言ではなかろう。宗湛はさらにこの形から戦時の流通に偏った形を持っていた。それは特殊であり，問丸からの流れを考えると形態的に細分化したモノであったといえる。このようにみてくると，戦国時代という時代背景があるものの，宗湛の商人<ruby>類型<rt>るいけい</rt></ruby>というのは，問丸に源流を持つ本来的な初期豪商のモデルからの「応用型」といってもよいであろう。

さらに宗湛ら博多の豪商には，中国や朝鮮半島との貿易を扱う貿易商人としての要素が強かった。第4節で触れたように，神屋家が中世の頃から日明貿易と関係が深い貿易商人であったことが，それを如実に指し示す。これは国内の流通を担当していた初期豪商の仕事からは，明らかに逸脱したものであった。

宗湛は軍事物資流通に特化した面で応用型であり，その底流に流れそれぞれの商人としての仕事に深く関わったのが「茶の湯」であった。「茶の湯」は諸々の局面において信頼関係構築という意味で大きく作用したようだ。そしてそれは政治的次元でもあった。彼はこの文化的要因を介して特殊な形態を持った商人として，戦国期の動乱の時代を生き抜いていったのである。それが初期

155

豪商というカテゴリーからは飛躍した「発展型」といえるものではなかったか。

3　宗湛にみる商取引上の信頼関係と通俗道徳

(1)　宗湛と仏教のモラルとの関係性

　宗湛の商取引における大きな特徴の一つとして，茶会を介して信頼関係を構築したうえで商談を行ってきたことは第2節でみた。そして「茶会」という要素が，宗湛の商人としての精神の根底に流れ，それが初期豪商の応用型・発展型である最たる要素であるとした。さらに第2節では，この商取引上の信頼関係の構築を，文化的要因であり日本人に強い要素である「不確実性の回避」に結びつけた。本章の最終節であり本編の最終項でもあるこの項では，この宗湛の構築した「信頼関係」というものが，当時のモラルと照らし合わせてどのような位置づけになるのかを考察したい。当時のモラル，それは我が国日本の場合は，当然仏教のモラルになってくる。そしてそれは歴史上，至極当然であるが，日本人の生活の局面における背景でもあった。

　寺西（2018, pp. 92 - 94）によれば，鎌倉仏教により仏教が易行化（修行を行いやすくすること）し，南北朝期〜室町期に，それにより職業の専門化に基づく急激な社会的分業の進展が起こり，萌芽的な商業に基づく市場経済的発展が始まったという。しかしその一方で社会的分業に対応した道徳律の欠如が起こり，さらに戦国時代の社会状況がそれに拍車をかけた。具体的には社会的分業に伴う社会の非同質化とともに，「他者関係の調整の不機能」つまり「人と人のつながりの不具合」，という深刻な病弊を社会が抱えることになる。そしてそれに伴い，社会的分業に適合的な道徳律への希求が起こったとする。

　このようにみてくると，戦国期の茶道からもたらされる信頼関係の醸成が，「他者関係の調整の不機能」の修正を導いた，と推し測ることができよう。寺西が江戸期に入って茶道などにみられる職業的求道主義に淵源を持つ市場経済に適合的な道徳律が成立する，と述べているところから，宗湛らの戦国期における商取引にみられた茶道との関係性が，そういった人間関係の修正の萌芽的な形態を表すのではないか，と考えられるのである。

第3章　商業史の観点からみた博多の豪商・神屋宗湛

　こういった捉え方は，宗湛の商人像を構築する上で結論となってくる部分であり，同時に現代の社会的発展の上で生じる障害を解き明かす上で，何らかの示唆を与えるものであると考えられる。

　さらに宗湛自身法体であり，『宗湛日記』には彼と博多の妙楽寺や万行寺との関係がうかがえる。宗湛の仏教との深い関係性は明らかであり，茶道自体も鎌倉新仏教の易行化の流れで，「一芸に秀でることが悟りである」ことから誕生したものであることが，彼の茶道と仏教に関係性があったことを指し示すのではないか。

(2)　当時の城下町コミュニティへの伝播

　荻生徂徠がその都市論の中で「城郭と城下町」の雰囲気の相違を，当時の目として捉えているが（広井2009, pp.46-47），それは権力構造上その隔絶が「上から下へ」の構造を示しており，江戸期の城下町の萌芽的な形態を持っていた，織豊期の城下町における城郭からの文化，この場合「茶の湯」と，その文化の「上から下へ」の伝播が事実上生じていたことも推測できる。徂徠は戦時の城郭と城下町の共同体としての懸隔を述べているが，ここではそれ故に権力的な上下構造，という社会システムが存在したと捉えてみる。

　これまでの研究では，織豊政権期と江戸期の城下町の形態には，相違があるとされてきたが，近年，前者の城下町の形態は，後者の萌芽的な形態であったことが明らかにされている（五味・小野・玉井2013, p.16）。秀吉大坂城（大阪城）はその最たる例であるが，この議論には戦国時代という時代状況から説明できるところがある。大阪城を含め，それ以前の信長の安土城と，その城下町が先進的なものであり，後の時代の城下町の先駆的な形態になったことを考えると，「天下統一」という戦国期の大きな転換点が，城下町の形態を変えていった，と思えるのである。つまり2つの時代の城下町の相違は時代状況から説明でき，宗湛が文化的要因を介した商取引を行う大舞台となった，大坂城（大阪城）とその城下町は，その転換点を迎えた頃の最初の形態の一つであることが分かる。つまり徂徠の都市論は秀吉の時代にも通じると考えられる。

157

このことから信頼関係の醸成をなした宗湛らの「商取引」の中に介在した「茶の湯」の影響は，織豊政権期の一般庶民にも伝播していた，と考えることはできないか。仏教の易行化（いぎょうか）により，仏教自体が「上から下へ」流れていた，という時代的背景も大きい。それは当時の城下町コミュニティ＝社会コミュニティに，多大な影響を与えたのではないだろうか。

おわりに

　この研究だけでは勿論，神屋宗湛の商人像に関して知り得たとはまだまだ言えない。研究の課題は，諸々の文献や資料を見ていけば山積していることは明らかである。本稿において最終的な結論となる部分に，宗湛の商取引と当時の仏教のモラルとの関係性を述べたことは，宗湛の言動の根底にあった茶の湯が当時の文化であり，それが戦国期を生きた人達の何らかの精神性を表わすものとみたからである。そして本稿全体を通じて茶の湯を通じた信頼関係という概念を分析し，商取引とモラルの関係を述べるに至った。それが現代のコミュニティの問題に何らかの示唆を与えるものであるようにも思える。

　最後に，研究のプロセスの中で導き出された結果を学会で報告し，多くの貴重なご意見をいただけたことに感謝の意を表したい。特に日本商業施設学会九州・沖縄部会の先生方には拙い研究報告を拝聴して頂き，的確なアドバイスを頂戴した。重ねてお礼申し上げる。

〔参考文献（第３章）〕
石井寛治（2003）『日本流通史』有斐閣。
泉澄一（1976）『堺と博多‐戦国の豪商』創元社。
尾崎久仁博（1998）『流通パートナーシップ論』中央経済社。
小葉田淳（1976）『金銀貿易史の研究』法政大学出版局。
五味文彦ほか（2013）『中世都市研究18　中世都市から城下町へ』山川出版社。
佐伯弘次（1997）「16世紀における後期倭寇の活動と対馬宗氏」中村質編『鎖国と国際関係』吉川弘文館。
佐伯弘次（2008）「博多商人神屋寿禎の実像」『九州史学』創刊50周年記念論文集下。
高嶋克義（2002）『現代商業学』有斐閣アルマ。
武野要子（1998）『神屋宗湛』西日本新聞社。

田島義博（2004）『歴史に学ぶ　流通の進化』日経事業出版センター。

田中健夫（2012）『倭寇と勘合貿易』村井章介編　ちくま学芸文庫。

土田直鎮・大石慎三郎ほか（1986）『日本の歴史９　朱印船と南への先駆者』。

寺西重郎（2018）『日本型資本主義　その精神の源』中公新書。

中野等（2008）『文禄慶長の役』吉川弘文館。

羽田正（2017）『興亡の世界史　東インド会社とアジアの海』講談社学術文庫。

平川新（2018）『戦国日本と大航海時代　秀吉・家康・政宗の外交戦略』中公新書。

広井良典（2009）『コミュニティを問いなおす　つながり・都市・日本社会の未来』ち
　　くま新書。

藤田貞一郎ほか（1978）『日本商業史』有斐閣新書。

福岡県（1998）『福岡県史　通史編　福岡藩（一）』吉川弘文館。

本多博之（2015）『天下統一とシルバーラッシュ　銀と戦国の流通革命』吉川弘文館。

毎日新聞社（1979）『図説　海の日本史３　遣明船と倭寇』。

三宅英利（2006）『近世の日本と朝鮮』講談社学術文庫。

宮本又次（1970）『豪商』日経新書。

宮本又次（1971）『概説　日本商業史』大原新生社刊。

山口徹（1991）『日本近世商業史の研究』東京大学出版会。

読売新聞西部本社編（2004）『博多商人　鴻臚館から現代まで』海鳥社。

第**4**章

博多の豪商・神屋宗湛の
理念とビジネス戦略の特色

はじめに

　以上第１章から第３章にかけて，神屋宗湛が活躍した頃の時代背景と，市場
環境ならびに彼の人物特性（ヒトとなり）および商人像を明らかにした。

　最後の第４章では，宗湛が戦国時代に我が国最強の豪商になりえたビジネス
戦略と，彼の人生観の特色を，現在の産業界で活用されている経営学の実践理
論を用いて分析し，合わせて現代および将来の企業家に対する示唆を提示する
ことにしたい。

第１節　ビジネス戦略の概要

　いかなる事業活動も必ずビジネス上の戦略を伴うものである。それは洋の東
西や時代の如何を問わず該当し，神屋宗湛の事業活動においても例外ではない。
ましてや最強の豪商になるためには極めて強力なビジネス戦略を展開したはず
である。ではその具体策は現代のビジネス戦略の手法からみていかなるもので
あったか，非常に興味がわくところである。そこでまず，現代の産業界で起用
されているビジネス戦略の実践理論について，事例を織り込みながら，出来る

161

だけ平易に解説してゆくことにしよう。

　ただし事例は，紙幅の関係で必要箇所に１～２例程度の提示に留めることにする。

1　ビジネス戦略の意義

　本書でいう「ビジネス戦略」とは，「経営基盤（経営資源）の充実・強化を図りながら，マーケティング戦略（競争戦略と成長戦略）を巧みに展開すること」である。すなわち，

　「ビジネス戦略」＝「経営基盤の充実・強化戦略」＋「マーケティング戦略」である。

　市場環境は絶えず変動する。しかも企業競争は次第に厳しくなってくるものだ。そのような環境条件の下で企業は存続・発展してゆかなければならない。その解決策は一言で言えば，上述の「ビジネス戦略」を巧みに展開すること，に尽きるであろう。

　「ビジネス戦略」の概念は，もう少し具体的に表現すると次のような定義になる。

> [ビジネス戦略の定義]
> 　企業が特定の経営理念の下で，経営目標達成ために，製品やサービスが売れて儲かる条件作りを行うべく，自社の企業力と市場環境の特性を絶えずリサーチし，入手した情報と経営者の叡智に基づいて，①経営基盤の充実・強化戦略と，②マーケティング戦略（競争戦略と成長戦略）を展開してゆくための，中・長期的・総合的方策

　この定義をより明確にするために，用語や事項について若干の解説を加えることにする。

経営理念

　自社の存在目的，すなわち自社は何のために存在するのであるかという存在理由（社会的意義）を，哲学的に明文化したものを指す。これは全社員の心を一つのベクトルにまとめ上げ，モラールの向上を図るのに有効である。

第4章　博多の豪商・神屋宗湛の理念とビジネス戦略の特色

経営目標

　企業が設定した，短期・中期・長期の売上げ目標，利益目標，市場占拠率目標など数値的ゴールのことを指す。

製品・サービス

　製品とは「有形商品」を意味する。一方サービスとは「無形商品」を指す。たとえば保険業，学校教育，医療，運輸業，倉庫業，宿泊業，飲食業等々がそれに該当する。なお，有形商品と無形商品（サービス）の両方を含めて「製品」と呼ぶ場合もある。

売れて儲かる条件作り

　これは文字通り，売れる条件作り（仕掛け）と，利益が得られる条件作り（仕掛け）を同時に行うことを意味する。ただし，この場合の利益とは「健全な長期最大利潤」と理解しなければならない。すなわち儲かるとは「お客様には感動を提供しながら，法的・倫理的に健全で，長期にわたって豊富な利潤が得られること」を意味する。

　定義は簡潔で流れがよく，覚えやすいことが大切なので，「儲かる」という用語を使用したのである。その本質は上記の意味であるということを忘れてはならない。

経営者の叡智（知恵）

　マーケティング・リサーチで得た情報（データ）に，経営者がこれまで重ねてきた人生やビジネスの経験と洞察力を加味した分析力と判断力のこと。

経営基盤（経営資源）

　これは次の8要素で構成される。

　a経営管理者，b従業員，c財務基盤，d生産・販売・物流等の施設，e組織，f立地条件，g技術力・研究開発力，h情報

　最後hの「情報」はマーケティング調査で得た情報を分析・加工し，必要な時に引き出して活用できるようにしたMarketing Information System：MISのことである。

163

マーケティング4P

これはマーケティング活動を構成する次の4要素を指す。

a製品計画，b価格政策，cプロモーション（販売推進活動），**dプレイス**（販売・調達に関する最適経路の選択・決定と，物流活動）

それは売れて儲かる（健全な長期最大利潤が得られる）条件作りのツールになる。

競 争 戦 略

同業他社に対し，自社の市場シェアと収益の拡大を図るために，マーケティング4Pに関し，顧客により大きく支持されるための差異化を追求する方策。

具体的には，a製品差異化戦略，b市場細分化戦略，c価格戦略，dプロモーション戦略，eチャネル戦略，f物流戦略などがある。

成 長 戦 略

顧客の好みや世間のトレンドの変化，技術革新の進展による代替商品の出現，新興国からの追い上げ等の理由で，一国内の特定産業が衰退するという現象がよく発生する。

成長戦略とは，企業が存続・発展を期すなら，一つのビジネス・ドメイン（製品×ターゲット市場）に固執するのではなく，次なるステップとして他の有望なドメインへの進出を図ることをいう。

中・長期的・総合的方策

現代の産業界でいう長期的とは5年以上を指し，中期は2〜3年，短期とは1年以内を意味する。なお総合的とは「関連する部門を全て巻き込み，全社を挙げて」を意味する。

2　ビジネス戦略の構成要素

ここでビジネス戦略の構成要素と展開手法の概要を解説しよう。

(1)　経 営 理 念

経営理念は究極的には「企業を存続・発展させること」であろう。そのため

164

には利害関係集団（株主，債権者，従業員，顧客，仕入先，地域住民，行政機関）を，「製品」と，「付随サービス」を通じて満足させることが，その直接的手段となる。なおそれは企業の**社会的責任**（CSR）でもある。

ただし業績好調企業になるためには，以上の利害関係集団の中で，とりわけ**顧客に感動**（期待を超える満足）を提供することが必要である。そのためには**従業員への感動**（自社に対する期待を超える満足）の提供が前提条件となる。従業員に抜群のモラール向上が期待できるからである。中小企業でも業績好調の企業は軒並み，この手法を展開している。

ちなみに経営の神様，「松下幸之助」の経営理念は次のとおりである。

「モノと合わせて心を作り，モノとともに心を売り，そしてお金ととともに心を頂く」

敷衍すると，生産現場では従業員が心を込めて輝くような製品を作り，営業の現場で販売員が心のこもった付随サービスで提供する。そうすればお客様が「**感動**」し，「**固定客**」という「心」で自社に報いて下さるようになる，ということである。

このようにお客様を感動させうる従業員は，「**人財**」である。従業員が「人財」になるには，彼らが自社に対して「感動」していること（従業員の感動）が前提条件である。

その手法としては，京セラの創業者，稲盛和夫の提唱する「経営理念」が有効である。

「全従業員の物心両面にわたる幸福を追求し，人類・社会の発展に貢献する」

彼はこの「**京セラ・フィロソフィ**」を起用して日本航空のＶ字回復にも成功している。

(2) マーケティング・リサーチ

これは，自社の「**市場環境**」と「**企業力**」に関する現状と動向を把握することである。

① **市場環境**としては，①ターゲット市場，②競合関係，③行政の施策・景

気・世情等に関する現状と動向を把握することが大切である。

　それを把握する場合は，まず**第2次資料**（政府，研究機関，業界等が公表している既刊の統計資料）の収集によって現状と動向の概要を掴み，次いで**第1次資料**（実態調査や聞き込み調査等）により，リアルな生情報を収集し分析するという手法が一般的である。

② **企業力**としては，①自社のマーケティング4Pと，②自社の経営基盤（経営資源）という2大項目について，その現状と動向を把握することが大切である。

(3)　SWOT分析

　SWOT分析（図表4−1）は，**ビジネス戦略**を的確に策定するためによく活用される手法であり，その最も基本的な活用方法は以下のとおりである。

　まず「市場環境」を，機会（Opportunities）と脅威（Threats）に分ける。次に「企業力」を，同業他社と比較して強み（Strength）と弱み（Weaknesses）に分解することから始める。

　その上で，「機会」を「強み」でモノにし（Ⅰの領域），「脅威」を「強み」で克服できるように企画するのである（Ⅱの領域）。

　まずⅢやⅣの領域は，いずれも企業力が弱い（W）ため，機会（O）の捕捉も，脅威（T）の克服もできない。そこで弱み（W）を精一杯努力して強み（S）に転換させたうえで，機会（O）をモノにし，脅威（T）を克服できるように企画するのである。

　その際は，緊急性と重要度の高い案件から重点的に対応するというスピードと経営資源の傾斜配分を行うことがポイントである。

　また企業力の強み，弱みは「マーケティング4P」と「経営基盤」の両面でその対応を図ることにより，より一層的確なビジネス戦略の展開が可能となる。

　なお，客観性をもたせる為に専門家を混じえて実践されることが得策である。

第4章　博多の豪商・神屋宗湛の理念とビジネス戦略の特色

図表4-1　SWOT分析のモデル

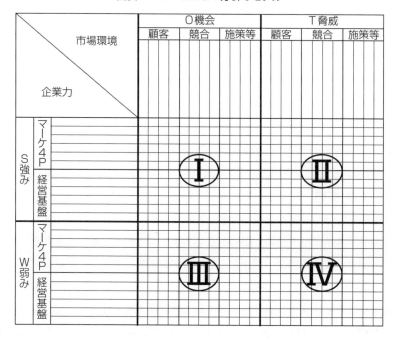

（4）　経営基盤の充実・強化戦略

　経営基盤（経営資源）とは既に述べたように，a経営管理者，b従業員，c財務基盤，d生産・販売・物流等の施設，e組織，f立地条件，g技術力・研究開発力，h情報）の8要素である。
　SWOT分析で判明した，自社の企業力の中の「経営基盤」に関する「強み」（S）は更なる磨き上げを行って，より一層の強化を図るとともに，「弱み」（W）の充実・強化に向けて，経営努力を推進しなければならない。
　それが弱体では，「競争戦略」も「成長戦略」も遂行できないからである。
　その最も分かりやすい例が飛行機の翼の部分である。翼の胴体に近い部分ほどガッチリと部厚い構造になっている。
　★　その具体策については，次の第2節で，詳しく解説することにする。

167

(5) 競争戦略

これは同業他社に対する差異化（優位性）を追求することである。すなわち企業競争を有利に展開するために，顧客により大きな満足を提供するべく，マーケティング４Ｐに関する差異化を追求することである。

したがって競争戦略は，マーケティング４Ｐの構成要素のそれぞれを核とする，次のような部分戦略で構成される。①製品差異化戦略，②市場細分化戦略，③価格戦略，④プロモーション戦略，⑤チャネル戦略，⑥物流戦略

★ その具体策についても，後の第３節で，詳しく解説することにする。

(6) 成長戦略

成長戦略とは，企業が存続・発展してゆくために，現在の<u>ビジネス・ドメイン</u>（製品×ターゲット市場）から次なるステップとして，新たな製品や，新たなターゲット市場を開発・開拓し，新たなビジネス・ドメインに進出することをいう。

企業がゴーイング・コンサーン（半永久的に続く事業体）として，存続・発展を期するなら，現在のドメインが好調で余裕があるうちに，この「成長戦略」に果敢に挑戦しなければならない。

ついでながら，新たな製品分野への進出を図る場合は，現在取り扱っている製品（既存製品）と有機的関連性のある分野を選択することが好ましい。例えば生産技術が援用できるとか，原材料が同じというような分野である。

理由は相乗効果（シナジー効果）が得られるからである。

★ その詳細と具体策については，後の第４節で解説することにする。

参考（ブランド企業の条件）

ここで企業の，上述の**経営理念**および企業の**社会的責任**の果し方を基準に分類（質的分類を）すると，企業には４種類のタイプがあることが分かる（次ページの図表４-２参照）

第4章　博多の豪商・神屋宗湛の理念とビジネス戦略の特色

図表4－2　企業価値の4類型

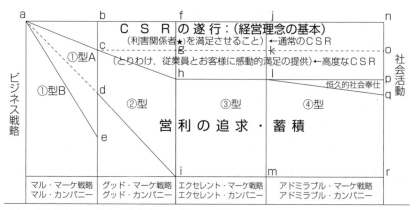

★）利害関係者：株主，債権者，従業員，顧客，仕入先，地域住民，行政（国，地方自治体）資料：山本久義（2015）『戦略的6次産業と「道の駅」』泉文堂。

ここでこれを簡単に説明しておくことにする。

最上部の台形aconは，7種類の利害関係者に対して，可もなく不可もなく満足させている状態を表す。これを「**通常のCSR**」と呼ぼう。その下の台形chpoは，通常のCSRを果たしながらも，「**従業員**」と「**顧客**」の2集団には特別に**感動**的満足を与えている状態を表す。これを「**高度なCSR**」と呼ぶことにする。

①**A型・B型**は，「通常のCSR」の果し方が，△acbの程度に留まっている。そのような不十分なマーケティング戦略しか展開していないので，利益も通常の場合（すなわち①A型の場合）は△adc程度しか得られない。一方①B型は，何か不正なことをして，不当に高い利益を得ている場合である。いずれにせよ，このような①型は「マル・カンパニー」である。ちなみに英語の"mal"は「不十分な」とか「悪い」を意味する。

②**型**は「通常のCSR」を一応果している。しかし「高度なCSR」についてはまだ手探り状態で，その果し方が不十分である。このようなマーケティング戦略の下では，利益も台形cdih程度である。しかしながらこのような②型は「通常のCSR」を一応果しており，「高度なCSR」も遂行しようと努力してい

169

ることから,「グッド・カンパニー」と呼べるであろう。

　③型はそれに対して「通常のCSR」を果しながら,「高度なCSR」も十分に果している。すなわちCSRの遂行レベルが,長方形fhliと理想的な状態である。そのような理にかなったマーケティング戦略を展開しているため,この企業は千客万来で,利益水準もhimlと極めて豊かな状態である。

　このような企業は「エクセレント・カンパンニー」である。

　④型は基本的に③の「エクセレント・カンパンニー」であるうえに,利益の一部を割いてまで,何らかの社会奉仕を恒久的に行っている企業である（△lqp参照）このような千客万来状態でかつ,恒久的社会奉仕まで実践するような徳の高い,企業価値の非常に高い企業はまさに「アドミラブル・カンパニー」である。このような企業こそ「ブランド企業」に値する。

第2節　経営基盤の充実・強化戦略

　経営基盤（経営資源）は次の8要素で構成されるものである。その具体的内容と充実・強化策は,端的にいって以下のとおりである（山本2019, pp. 123-155）。

1　経営管理者

(1)　特　　色

　経営者の任務は,①経営理念と短・中・長期目標達成のためのマーケティング戦略の展開,②経営基盤（経営資源）の充実・強化を目指した全部門の全般管理,である。それは部門管理者にも部分的に該当する。それには従業員や顧客の心に響く「経営理念」を掲げ,「分析力」,「判断力」,「決断力」,「実行力」,「統率力」,「人間力」を磨くことが必要。

　その土台の上に,企業の存続・発展に向けて,「ビジネス戦略」（経営基盤の充実強化策と卓越したマーケティング戦略）を展開しなければならない。

第4章　博多の豪商・神屋宗湛の理念とビジネス戦略の特色

（2）　事　　例

1）　ふくやの川原俊夫および後継社長（福岡市）（川原2013, pp. 135－138）

　明太子を製造・販売する同社の経営者は歴代，「強い会社・良い会社を目指す」をモットーに，企業の繁栄に貢献してきた。その具体策は以下のとおりである。

①　**強い会社**：高品質で安全な食品を安く提供して消費者に喜ばれ，その結果適正利潤が得られる会社を意味する。かくて卸売はせず，直営店販売を旨としてきた。

　　安価販売をするためには業務の効率化が必要。そこで同社は製造・物流・営業の3部門の個々人がコスト意識を持ち，部門単位の努力を積み重ねるように指導してきた。

②　**良い会社**：従業員が働きやすく，働くことが楽しい会社，社員を大切にする会社であること。そのため，性別ではなく能力や努力を正当に評価し，安心して出産・育児ができる体制を整えていること。さらにビジネスで得た利益を投じて社会活動，地域活動に貢献するような会社であること。

2　従　業　員

（1）　特　　色

　経営資源の中で最も大切な要素は「従業員」である。業績好調企業の共通点は，従業員がお客様に感動（期待を超える満足感）を与える「人財」になるよう，の育成することである。そのために対外的には顧客第一主義を提唱しながらも，企業内では従業員第一主義を掲げ「スピリット的方策」と「社内制度による方策」の両面で，従業員の「人財」化を図っている。

（2）　事　　例

1）　京セラ（ファインセラミック製造，京都市），（稲盛2014, pp. 11－37）

　同社は，従業員をやる気にさせるために社長が実践すべき要諦として次の7点を掲げる。

171

従業員をパートナーとして迎え入れる

従業員を共同経営者とみなし，日々「あなたを頼りにしていますよ」と，面と向って伝え，その姿勢で接すること。この姿勢が従業員のやる気を引き出す。

従業員に心底惚れてもらう

経営者が従業員と心と心で結ばれた人間関係をつくることに努め，従業員が「今は待がよくないが，この人となら生涯をともにしてもよい」と思えるよう努力すること。

仕事の意義を説く

上記2点で従業員の心情に訴えかけ，その上でさらに理性的な働きかけも必要。その手段は，今取り組んでいる仕事の意義や価値を明確に伝え，分からせることである。

ビジョン（夢）を高く掲げる

我が社の仕事は，世間にこのように役立っている。だから当社を市内一に，次は県内一に，それを達成したら日本一・世界一になろうと，絶えず「熱く」語りかける。

ミッションを確立する

会社の使命や目的，すなわち「経営理念」を次のように設定する。「全従業員の物心両面の幸福を追求し，人類，社会の進歩発展（利他）に貢献すること」。

フィロソフィを熱く語り続ける

経営者として「私は人生をこう考え，皆と一緒にこんな生き方をしたいと思っている」など，自ら持つ「哲学」を語り，従業員から共感と尊敬の念を集めること。

自らの心を高める

したがって経営者は，人格を磨いて器を大きくし，人間力を高めるよう努めること。

第4章　博多の豪商・神屋宗湛の理念とビジネス戦略の特色

3　財　務　基　盤

(1)　特　　　色

　企業を確実に成長させるためには，①財務の安定性と，②資金調達の円滑化の確保が必要。そのため設備資金に対しては自己資本と，減価償却費で充当し，必要に応じて長期借入金で充当する。運転資金は自己資本でまかない，必要に応じて短期借入金で充当するように努めること。さらに資金繰り表を活用してキャッシュフローの円滑化を図ることが大切である。

　財務基盤の充実・強化策の第一歩は，マーケティング戦略を巧みに展開して，お客様に喜ばれながら競争優位性を図って毎期着実に利益をあげ，利益剰余金の拡大による自己資本の充実化に努めることである。

(2)　事　　　例

1)　兼松エンジニアリング（特殊車両の製造，高知市）（日経ビジネス2000年4月24日号，p.59）

　同社は2000年の4月当時，資本金が約2億円で，近い将来，株式公開を計画していた。

　その際，社員への動機付けのため，社内に緊張感をもたせるべく次のことを行った。

① 　1999年3月の増資の時，役員が株式を購入する際に銀行から融資を受けさせた。証券会社からは，「ワラント債（新株引受権付社債）」にした方が，当初の負担が少なくて済むとのアドバイスを受けたが，あえて断った。理由は役員にとって，株式が公開できなければ借金だけが残るという危機感があった方が，死にもの狂いになるからである。

② 　同じく1999年，役員の部長兼務制度を廃止した。部長手当がなくなると，収入は株主総会の承認が必要な「役員報酬」と「賞与」が全てとなる。そのため役員達の任期2年にかける真剣さは否応なしに高まることになるからである。

173

4　生産・販売・物流施設など

(1)　特　　色
1)　生 産 施 設

　①現代の市場特性（価値観や欲求の多様化）に対応すべく，多品種少量生産化を図ることがまず第一に大切である。その他，回研究開発体制との連携が良いこと，ハマーケティング活動に役立つよう，営業・サービス拠点を有すること，二原材料の調達・搬入や製品の搬出がスムーズに行えるよう，効率的物流体制の整備，㊧従業員にとって快適な作業環境であること等に留意することが大切である。

2)　卸 売 施 設

　①多頻度小口配送に対応できる物流施設の整備，回売れ筋・死に筋商品の早期発見のため，アンテナショップの設置・活用と情報システムの完備により情報武装問屋化を図ること，ハ従業員にとって快適な作業環境であること等に留意することが大切である。

3)　小 売 施 設

　①店の存在を高めること，回来店し店内に入りやすくすること，ハ店内をゆっくり回遊し，多くの商品に注目しやすくすること，二商品を手に取り，いろいろ連想できやすくすること，㊧当店でショッピングする喜びを感じて頂くこと。そのために小売施設の11大原則を守ることが，重要である。

4)　物 流 施 設

　物流施設に関しては，特に確実性，迅速性，効率性が求められる。そのために必要なことは次のとおりである。①物流拠点の統合化，回結節点での搬入・搬出の流れの円滑化，ハAIを活用した自動ピッキングシステム等，倉庫内作業の効率化，二人手不足対策のためのモーダル・シフトへの適切な対応等，が必要である。

第4章　博多の豪商・神屋宗湛の理念とビジネス戦略の特色

(2) 事　　例
1) クロキ（岡山県井原市）（日経ビジネス2009年3月23日号，pp. 72-73）

　デニム生地の中小メーカー（従業員70人弱）である同社は，多品種少量生産に徹し，500種に及ぶデニム生地を生産する。中にはリーバイ・ストラウス，エドウィン等のジーンズメーカーはもちろん，シャネルやルイ・ヴィトンといった，女性向けの高級服飾メーカーも同社のデニムを評価・採用するほど，素敵なデニムが含まれている。

　クロキがかくも評価されている理由は，紺や白，ベージュ等の色を揃え，色むらの出方，薄さや肌触りなどが異なるさまざまな種類のデニム生地を生産していることにある。

　この多品種の製品が生まれるコツは，均一タイプの生地を作る場合は最新型の染色機を，色むらを出す場合は地元の染色会社に委託する。さらに生地の質感に関してもハリのある均等な肌触りのモノを作る場合は，新型の高速織り機を，ムラのある肌触りのモノを造りたいときは，現在は製造されていない旧式で速度の遅い小型織り機を使用するなど，生産施設や生産方法にバラエティをもたせていることにある。

5　組　　織

(1) 特　　色

　企業の組織とは目的の達成手段として，企業内にヒトと機械設備の関係を有機的に体系付けた協同的秩序のことである。それを合理的・効率的に編成するためには，次の組織編成10原則を守るべきである。

　①目的統一性，②命令（情報）統一性，③専門化，④職務明細化，⑤監督の幅，⑥職務・権限委譲，⑦責任・権限対応性，⑧機能調整，⑨継続性，⑩弾力性

　現代の産業界における具体的な合理的組織形態には，以下の5種類がある。

　①ライン＆スタッフ組織，②プロジェクト・チームと，タスク・フォース，③事業部組織，④戦略的事業単位（SBU），⑤スクランブル組織

175

(2) 事　　例

1)　竹中製作所（東大阪市）（日経ビジネス2001年5月28日号，pp.60-61）

　もともと石油プラントや原子力発電所などで用いられる大型ネジを作ってきた同社は，下請企業の弱みから倒産の危機に直面したことがある。下請けから脱却するには，市場ニーズがあり，かつ競争優位性のある独自製品を開発して，自社ブランドで販売することが不可欠であると判断し，1994年，そのための組織を創設した。

　それは「技術委員会」と称される会議である。社員が提案したアイデアを基に，技術，製造，営業担当者など3～4人で構成するプロジェクト・チームが核となり，毎月，事業化の可能性や進捗状況を同委員会で発表する。その会議は，経営陣の他，取引先の技術者や，大学教授で構成される。

　同社の大ヒット商品「防錆ボルト」は，同プロジェクト・チームを核とするこの委員会で生まれた。

6　立地条件

(1)　特　　色

　立地条件によって企業の業績が左右されることがある。本社がどこにあるかで企業イメージが評価され，従業員確保，取引先，究極的は売上高に影響が出ることがある。

　以下に，好ましい立地条件を製造業，卸売業，小売業別に提示する。

1)　製　造　業

　①原材料や大規模消費地へのアクセスがよい，②研究開発に便利，③低廉豊富な従業員の確保が容易，④搬入・搬出・保管等，効率的物流のスペースが十分ある，⑤交通が便利（高速道路，幹線道路へのアクセスが良いこと），⑥業容の拡大に合わせて敷地が拡大できる，⑦インフラ施設が整備されている，⑧地価が手頃である，⑨海外立地の場合は上記の他，為替送金の自由性，製造された製品がその国でも販売できるか，輸出目的だけなのか，税制面等での優遇策があるかなども条件となる。

第4章　博多の豪商・神屋宗湛の理念とビジネス戦略の特色

2)　卸　売　業

　①製品の搬入・搬出・保管等，物流効率化のスペースが十分ある，②駐車場の用地が十分確保できる，③高速道路など，幹線道路へのアクセスが良い，④卸売業に必要なインフラ施設が整っていると，⑤業容の拡大に合わせて敷地が拡大できる，⑧地価が手頃である。

3)　小　売　業

　①通行量が多く，切れ目なく一定で，人々がゆっくり歩行している通り，②来店に際し，交通事故などの危険性から開放されている，③後背地の人口・世帯が多く，出来れば増加している，④主たる顧客にとってその立地へのアクセスがよい，⑤娯楽施設・レジャー施設・公共施設など集客施設がある，⑥集客力の旺盛なショッピング・センターの内部またはその隣接地，⑦郊外店の場合は，出し入れが容易で停めやすく，収容力が豊かな駐車場が確保できる等。

(2)　事　　　例

1)　クリエイトエス・ディー（横浜市）（日経ビジネス，2007年11月19日号，pp. 68-70)

　同社は1983年設立のドラッグ・ストアである。神奈川県を中心に出店し，東京に本格的に進出したのが1995年である。

　その後10年余りで売上高は10倍になった。同社の業容は次のとおりである。店舗数：248店，売上高：約1,137億円，経常利益：68億円で，6期連続増収増益を達成（いずれも2007年5月期）。ちなみに現在の資本金は13億円強（2016年5月期）である。

　同社が好業績を誇る秘訣は，「小商圏で大きく稼ぐ」ことにある。店は周辺500mから1kmに住んでいる顧客に毎日のように足を運んでもらうことを基本としている。そのうえでそのお客様にとって買い物が楽しくなるようなことを店単位でどんどん実践していることにある。その具体策は次のとおり。

　同社は出店立地を**住宅地の近隣**に構えることが多い。その理由は同社の「10：10：10」の出店原則にある（来店10分，買物10分，帰宅10分と，現代の

177

忙しい主婦が30分で買物ができること）。しかも各店が，独自の季節に合った旬のイベント（1例：ハロウィーン，カブトムシプレゼント等）と，心温まるサービスを（1例：子供が買い物に行ったら，店員さんが自宅迄一緒に買い物袋を下げて持ってきてくれた）展開しているのである。

7　技術力・研究開発力

(1)　特　　色

企業競争力の源泉は，コスト優位性と，製品差異化にある。この2項目は「技術力」と「研究開発力」によって生み出されるものである。マーケティング4P中，価格，プロモーション，流通については同業他社がすぐ模倣してくる。しかるに製品差異化だけは模倣することが困難である。理由は背後に永年に亘って積み重ねられた独自の優れた「技術力・研究開発力」（すなわちコア・コンピタンス）が控えているからであり，さすがに同業他社はそこまですぐには模倣できないからである。

同様に，成長戦略の一環で，「延長製品」や「新規製品」を開発する際にも優れた「**技術力・研究開発力**」が必要になる。

その充実・強化策としてはあくまでも社内での取組みが基本であるが，必要な技術力・研究開発力を有する人材の導入（雇用），それを保有する企業をM&Aで吸収，さらには県の試験場や大学等の研究機関との共同開発，という手法がある。

(2)　事　　例

1)　トーツヤ・エコー（埼玉県・戸田市）（日経ビジネス2000年6月19日号，pp. 66-67）

紙，プラスティック，金属のつや出し加工で先進的な技術を誇る同社は，毎年営業利益の10％を研究・開発費に投じている。

さらに特許情報を絶えずチェックするとともに，13人の営業マン（食品，化粧品，出版，化学品，ミュージックなどをカバー）が，顧客先から集めてくる

第4章　博多の豪商・神屋宗湛の理念とビジネス戦略の特色

要望や提案に基づき，毎月数件というハイペースで，新種の加工品を編み出している。それだけではない。その加工品を基に提案営業（コンサルティング・セールス）を仕掛けるという方法で，業界トップの座を占めているのである。

8　情　報　化

(1)　特　　色

企業経営における「情報」は，船舶や航空機が航行する際のレーダーに匹敵する。

本書の冒頭で提示した概念のマーケティング戦略を展開する場合，「市場環境の現状と動向」，そして「自社の企業力の現状と動向」を正しく把握しなければ，的確なSWOT分析は望めず，有効なマーケティング戦略は展開できない。

かくてマーケティング調査で得た情報を分析・加工・保存し，必要な時に活用できるようMISとして整備しておくことが求められる。それはまた常にアップ・トゥ・デート化を図らなければならない。「企業力」も「市場環境」も常に変化するからである。

その上で，企業としては情報システム化に取り組み，IT技術を積極的に活用すべきである。今や製造現場でのCIM（コンピュータ内蔵型の生産機械），流通現場でのPOSシステムや自動受発注システムの活用は当たり前になっており，今後は現金ではなく，電子決済が当たり前になる模様である。その背景に「人手不足」という深刻な問題が控えているので，今後企業経営の場で情報化が大幅に進展することが予想される。

(2)　事　　例

1)　トライアル（福岡市）（西日本新聞，2018年3月27日号）

スーパー・センターを経営する同社は，福岡市東区のアイランドシティに設立した新店で，レジカート（バーコード読み取り機能のついたショッピング・カート）を導入している。

179

さらに本社ビルの従業員用の店舗で，電子タグを用いた無人レジの実証実験を開始している。これは全商品にタグを貼り，買物袋のまま機械に通せば支払い金額が算出されるように仕組まれたシステムである。

第3節　競争戦略

1　製品差異化戦略

ところでマーケティング4Pの中で中心的，大黒柱的なPは「製品政策」である。理由は，お客様に満足を提供する要素は「製品」の物理的・心理的機能そのものにあるからである。

いくら価格が安くても，また，いくら広告・宣伝がうまくても，さらには，いくら買い易い場所で入手できるとしても，製品の機能そのものがお客様の価値観や欲求やライフスタイルに合わなければ購入する気にはならないであろう。

しかも現代の産業界では同業他社（競合企業）が競争優位を目指して，その製品の機能で差をつけようとしのぎを削っているのである。

一方でお客様は物理的機能はもとより，製品のデザイン，スタイル，カラー，付随サービスといった心理的機能における僅かな差で購入するかしないかを決定するのである。

マーケティング戦略において製品がいかに大きなポジションを占めるかが分かるであろう。

そこでまず「製品」についてマーケティング戦略の観点からその概要を解説しよう。

(1)　製品の概念
1)　製品の機能

製品の機能は次の図表4-3にみるように，市場性，企業性，社会性の**3領域**に及び，さらに，中核，実体，拡大の**3階層の機能**で構成される。その概要は次のとおりでる。

第4章　博多の豪商・神屋宗湛の理念とビジネス戦略の特色

図表4−3　製品の概念

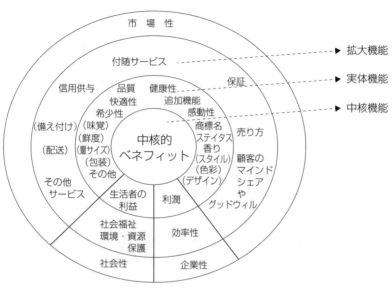

注：（　）は有形財の場合にのみ該当する

① 領域別機能
　イ　市場性：その製品を購入し，消費・使用する顧客に何らかの満足を提供する機能。
　ロ　社会性：その生産，輸送，保管，消費・使用の際に倫理上，法規制上，環境・生態系上，なんら問題が無く健全であること。
　ハ　企業性：その取り扱いによって利潤が生まれ，組織の維持・発展に貢献すること。
　　実は，江戸時代の近江商人による，「3方良し」の商訓の概念はマーケティング上，製品そのものにも適用させるべきである。すなわち，「売手良し＝企業性」，「買手良し＝市場性」，「世間良し＝社会性」である。
② 階層別機能
　イ　中核機能：その製品に必ず備わっているべき基本的機能。例えば腕時計の場合なら，いつでも，どこにいてもほぼ正確な時間が分かる機能。

181

ロ　実体機能：その製品に備わっている，品質・性能，デザイン，スタイル，ステイタス感など，購買客に心理的な満足感を与える機能。

ハ　拡大機能：アフターサービス等，その製品の販売時や販売後に提供する，製品付随サービス。例：後払い，無料配達，据付けサービス，修理・補修サービスなど。

2)　製品の種類

①　物理的形態の有無を基準

イ　有形製品：前項で解説済み。

ロ　無形製品：前項で解説済み。

②　同業者や他業界の製品同士の相互関係を基準

イ　競　争　商　品

同業者が提供している同一ジャンルの製品。たとえばトヨタ車対ニッサン車。

ロ　代　替　商　品

類似欲求を満たす製品であるが，原材料・製造方法が異なる別のジャンルの製品。たとえば航空機対新幹線，ビール対ワインや清酒など。

ハ　補完商品・関連商品

同時に使用される別品群の製品。例：スーツ対ネクタイ，携帯電話対電池など。

③　購買目的を基準

イ　消　費　財

個人や家庭内での消費・使用目的で購入される製品。例：最寄品，買回品，専門品。

ロ　生　産　財

業務目的で使用される製品。例：主要設備品，補助設備品，業務用消耗品，材料部品，原料。

第4章　博多の豪商・神屋宗湛の理念とビジネス戦略の特色

④　自社の製品間における戦略的位置づけを基準

　イ　主力商品

　　販売量，売上高，利益ともに自社で最大の看板商品。

　ロ　戦略商品

　　粗利益率の高さ，次期主力商品としての有望性などの理由で，注力すべき商品。

　ハ　補助商品

　　主力商品や戦略商品の売れ行きを盛り立てることが目的の商品。

(2)　製品差異化戦略の概念と具体策

1)　概念と手法

①　定　　義

　他社に対する競争優位性を打ち立てるため，製品の機能に関する差異化を図ることである。特に図表4－3における「市場性」および「社会性」の領域において，「中核機能」，「実体機能」，「拡大機能」の各分野で，より多くのお客様が，をより大きく満足できるように，他社に対する差異化を図ることである。

　それは有形財，無形財，消費財・生産財等に関係なく，全ての製品に該当する。

　なおそれは「市場性」および「社会性」の領域で差異化を実現した上で，「企業性」の領域で，低コスト（低原価）で生産できる場合は「コスト競争力」が発生する。

　コスト競争力は，利潤の増大，低価格販売，積極的販促等のメリットをもたらす。

　換言すれば，製品差異化戦略は，価格戦略や，プロモーション戦略と連動して展開すると極めて強力な競争力が発生するということである。

②　製品差異化戦略の手法

　実は上記の「3階層の製品概念」中，「中核属性」に関する製品差異化を図るためにはこの世界にまだ存在しなくて，類似品さえ存在しないような，全く

183

新分野の製品開発を必要とする。そのような製品の開発にはそれ相当の資金と時間を要する。それ可能なのは経営資源が潤沢な一部の巨大企業か，一点集中型の中小・零細ベンチャー企業である。

したがって現代の産業界では製品差異化のほとんどが，「市場性」の領域における「実体機能」（品質・性能，デザイン，カラー，量・サイズ，経済性，味覚，香り等）か，「拡大機能」（アフターサービス等）に関する差異化（優位性）の追求に終始している。

中には「実体機能」と「拡大機能」をセットにして展開する場合もある。

また，近年のエコロジーや環境重視の風潮を鑑みて，「社会性」の分野における製品差異化を追求する企業も増えている。ハイブリッド・カーや，電気自動車はその好例である。

大切なことは，製品差異化戦略を首尾よく展開するには，前述のコア・コンピタンスが充実していなければならない。

2) 事　例

①　兼松エンジニアリング（高知市）（日経ビジネス2000年4月24日号）

同社は，強力吸引作業車など特殊車両を主力製品とする中小メーカーである。同社は1999年頃，同製品の先発メーカーに対してユーザーが，「大手メーカーは故障の連絡をしても1週間も修理に来なくて，仕事にならん」という不満を抱いていることに気付いた。

そこで同社は**「故障の連絡を受けてから，半日以内に元通り使えるように修理します」**という感動的なモットーを掲げ，そのために次のような体制を整えた。

まず全国に7箇所の支店・営業所を設け，そこに必ず技術担当者を配置するとともに，全国21箇所の修理工場を契約でネットワーク化し，同社製品の修理の技術指導を行った。さらに同社は，ユーザーを定期的に訪問して，部品に磨耗が無いかチェックし，もし見つかれば直ちに新品の部品と交換してくれるのである。

おかげでユーザーから大変重宝がられ，中小企業ながら，同業界のトップ企

業となっている。この事例は，アフターサービスを基軸とする製品差異化の典型例である。

2　市場細分化戦略

全体市場を一定の基準で，いくつかの部分市場に分割し（Segmentation），その中で自社に最適の部分市場をターゲット市場として設定し（Targeting），競合企業のマーケティングの現状と動向を把握したうえで，そのターゲット市場の特性にピッタリ合うように，製品を計画し（Positioning），後でそれを中心に残りの3Pを調整・構築することであり，いわゆるSTP理論がこれに該当する。

（1）　細分化の基準

細分化の基準には現在のところ次の4手法が存在する。
- ①　地理的基準（お客様が住む地域別，都市別など）
- ②　人口統計学的基準（お客様の性別，年齢，所得，職業など）
- ③　社会心理学的基準（お客様が属する社会階層，生活様式など）
- ④　行動科学的基準（お客様の購入動機，追求利益など）

下の図表4－4は，②の**性別**と**年齢**を基準にした場合の単純な例である。

図表4－4　市場細分化の概念

	10歳	20歳	30歳	40歳	50歳	60歳以上
男性						
女性						

注：マス目の大きさは市場規模を表わす

（2）　市場細分化戦略の種類

なお市場細分化戦略には，次の3パターンがある。
- ①　**単一部分市場特化型**：一部分市場のみをターゲットに，企業力を全力投入

185

する型

② **複数部分市場対応型**：複数の部分市場を対象にし，各部分市場に個別に対応する型

③ **全方位型**：全ての部分市場をターゲットにし，それぞれに対して個別に対応してゆく型

中小企業の場合は概して経営資源が乏しいので，①の「単一部分市場特化型」を選択するのが有利である。その際には，ニッチ市場（大企業が相手にしないような小規模市場）の中で，自社の強みが生かせるモノを選択することが成功の一大要因となる。

前項の「製品差異化戦略」の中の事例で紹介した兼松エンジニアリングがとった戦略は，当「単一部分市場特化型」の「市場細分化戦略」を展開したものである。

ここで極めて重要なマーケティング戦略の実践理論を照会しておくことにする。それは「市場細分化戦略に徹すると，それは製品差異化戦略につながる」ということである。その理論は次に紹介するハウス食品の事例が明快に証明している。

(3) 事　　例

1）ハウス食品工業（大阪市と東京都）（資料：実態調査）

同社は，1979年，ターゲット市場を地理的基準によって，北部九州（図表4－5の●印）に限定した「市場細分化戦略」，それも「単一部分市場特化型」にて，即席ラーメンの「うまかっちゃん」を開発・導入した。

このブランド名は九州の方言で「うまいんだよ」を意味する。同製品の特徴は「とんこつスープで硬麺」ということである。この特徴はまさに九州人の好みをずばり突いている。九州人にとってみれば，この製品は他のメーカーのとは異なり，「自分達の麺だ」となり，「製品差異戦略」にもつながる。同製品は狙いどおり北部九州で大当たりし，いまだに売れ行き好調である。

これは「地理的基準」による「特定部分市場特化型」の典型例である。

186

図表4-5 「うまかっちゃん」のターゲット市場

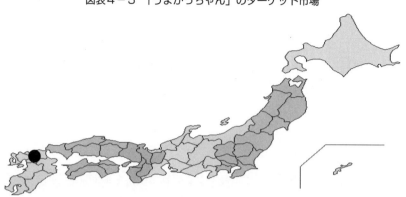

2) 中央住宅（埼玉県越谷市）（日経ビジネス1996年6月17日号, pp.50-51）

　住宅産業はクレーム産業といわれるほど，お客様からさまざまな要求がなされる。設計の前，設計中，建築中，引渡し後でさえも諸種の要求やクレームが出されるものだ。これに逐一対応が出来なければお客様の不満は膨れ上がる。

　中央住宅は以前，営業エリアを広げすぎて顧客対応が疎かになり，クレームが続出するという苦い経験を持っていた。

　その反省から経営方針を「地域限定営業」にシフトした。現在のターゲット市場は本社のある越谷市を中心に，埼玉県東部の東武伊勢崎線の沿線で，同社が支店や営業所を置く，春日部地区と，草加地区に減退した。しかもその中の各拠点から車で1時間以内の範囲に絞った。すなわち「地理的基準」による「特定部分市場特化型」をとったのである。

　おかげで，お客様にきめ細かなサービスがゆき届くようになり，同沿線でのシェアは30％を超えているという。

3　価格戦略

　これは，よく売れて健全な長期最大利潤が得られる価格を選定する方策のことである。「価格」は「販売の促進効果」も有するので，設定前に慎重な分析・調整を要する。

(1) 生産者の価格設定方式

1) 種　　類

① コストプラス方式

「製造原価」に一定のマージン（販売経費と利潤）を加えて定価とする手法：すなわち，原価＋販売経費＝価格という単純な手法。

この方式は「儲かる仕組み」は行っているが，「売れる仕組み」が出来ていない。

② マーケティング方式

マーケティング調査によって，最もよく売れる価格をまず設定し，それで上記のマージンが得られるように，製造原価や仕入れ原価を削減（調節）する方式。マーケティング戦略の定義どおり，「売れて」「儲かる」条件作りがなされているため，マーケティング方式と呼ばれる。原価の削減に努めることから，コストマイナス方式とも呼ばれる。この方式は流通業者も使用する。

③ スキミング方式（上澄み吸収価格制）

全体市場の中で高所得層（上澄み層）をターゲットに，高価格を設定する方式。これには次の2とおりのパターンがある。

　イ　高所得層固定型

特定高所得層のみをターゲットとして固定し，他の品群・品目も提供するとともに，その買替え需要を取り込む型。先述の「単一部分市場特化型」の「市場細分化戦略」（それも高所得層特化型）と連動して展開される。

　ロ　初期高価格型

製品・サービスの市場導入期は高所得層のみをターゲットとして高価格を設定。時間の経過に連れて，中所得層を標的に中価格を設定。最後には低所得層向けに低価格を設定する方式（そのため，初期高価格政策とも呼ばれる）。

④ ペネトレーション方式（浸透価格制）

全体市場をターゲットに設定し，製品の市場導入期から（当初から）低価格を設定する方式。そのためには大量生産が必要なので，相当の設備投資を要することになる。したがって資金に余裕のある大企業に適した手法である。

第4章　博多の豪商・神屋宗湛の理念とビジネス戦略の特色

2）事　　例

メーカーズシャツ鎌倉（神奈川県鎌倉）（日経トップリーダー編2010，pp. 62-66）

　同社は社名のとおり，シャツ専門の製造会社である。現在，中高年のビジネスマンに超人気の企業になっている。同社のシャツの特長は綿100％の生地と，高級糸を素材として「巻き伏せ本縫い」の技法で仕上げる高品質性にある。さらにおしゃれなデザインと，耐久性，柄やサイズが豊富で品揃えが豊かであるうえに，接客上手である。すなわち製品の「実体機能」と「拡大機能」の両面で「製品差異化」が確立しているのである。

　しかしながらいくら「製品差異化」を進めても，あまり高価格ではここまではヒットしないであろう。実は同社のシャツは，他社なら軽く10,000円は超すところが，4,900円である。前述のように「製品差異化戦略」と「低価格戦略」を併用すると，圧倒的競争力を発揮できる。ただしそれには相応の経営努力が必要であることはいうまでもない。

(2)　流通業者の価格設定方式
1）種　　類
①　コスト・プラス方式

　「仕入原価」に一定のマージン（販売経費と利潤）を加えて定価とする手法：前述のように，「儲かる条件作り」はできているが，「売れる条件づくり」を無視している。

②　割引価格方式

　オフシーズン期間での販売を促進するために，割り引いた販売価格を用意する手法。

　そのほか過大在庫・売れ残り品の処分，難有り商品の処分，目玉価格（ロス・リーダー）等を目的に行う場合もある。

③　差別価格方式

　子供料金やシルバー料金のように顧客の支払い能力に応じて価格に格差を設ける手法をいう。その他，製品の輸送距離に応じて格差を設ける場合などもあ

189

る。

④　二重価格方式

定価を二重線で消して割り引いた価格を提示し，安さを強調して購買意欲を刺激する手法である。この場合，消した方の価格が次の３つの場合よりも高い場合は違法となる。

　　イ　自店旧価格（その店でこれまで販売してきた価格）

　　ロ　市価（その店がある地域の大部分の店が採用している価格）

　　ハ　メーカー希望小売価格

⑤　オープン価格方式

家電製品に見られるように流通業者が，販売する商品に売価のみ表示し，メーカーの希望小売価格の指定がない場合の価格。元来は違法な二重価格表示の防止が目的である。

⑥　心　理　価　格

消費者の心理を巧みに捉え，よく売れるように仕組まれた価格設定方式。たとえば次のような場合がこれに該当する。

　　イ　名声価格：実際の商品価値よりも高価格を設定し，高品質のように見せかけた価格

　　ロ　端数価格：1,980円，39,800円，等々，末尾に端数をつけた価格

　　ハ　慣習価格：消費者が抱いている相場が決まっている場合，その価格を維持する方式

　　ニ　アンカリング：明日から65,000円，今日だけ48,000円などと，高めの規準価格と比較させてお得感をアピールする方式。

　　ホ　ゴールディ・ロックス：特定アイテムに中・低２種類の価格をつけると，どうしても低価格の方が売れてしまうものだ。利幅の大きい中価格の方を売りたければ，そのアイテムにもう一品，高価格品を加えると効果が覿面^{てきめん}にでる。

第4章　博多の豪商・神屋宗湛の理念とビジネス戦略の特色

2) 事　　例

FデパートとG商店街

　同百貨店の貴金属売場でエメラルドのネックレスを売っていた。定価は7万円である。しかし売れない日が何週間も続いていた。ある日ショーケースの清掃を行った販売員が，誤って25万円の値札をつけてしまった。すると3～4日で売れたという。この価格の設定方法は，偶然とはいえ，まさに名声価格である。

　またG商店街では店舗のワゴンに商品を山盛りし，オール100円のPOPをつけて販売している。それを買った通りがかりのお客様は，得した気分になるものだ。そこで店の奥にあるレジまで支払に行く途中，目についた商品を「ついで買い」することになる。店側としてはこの「ついで買い」の商品で利益が出るのである。これこそがロス・リーダーの典型例である。

4　プロモーション戦略

　これはターゲット顧客層に対して，商品やサービスに関する情報を提供することにより，できるだけ多くのお客様の購買欲求を，出来るだけ強くかきたてる活動のことである。

　製品特性や市場特性に応じ，次に示す**5種類の活動**を組み合わせて展開される。

(1)　プロモーション・ミックス（5種類のプロモーション活動）

1)　広　　告

　マスコミ広告，ネット広告，チラシ，ポスター，店頭でのPOP等

2)　人 的 販 売

　販売員や営業担当者による情報収集・販売活動。社長自身による営業活動はトップセールスと呼ばれる。

3)　販 売 促 進

　イベント，口頭またはSNSによるクチコミ，ポイント付きカード会員制，

191

販売店支援，社内全員による１人一品運動（ワン・ワン・セール）など。

4) パブリック・リレーションズ（PR）

　一般大衆に当該企業に対する好意の高揚を図るために行う活動。社会奉仕的活動はその典型例である。

5) パブリシティ

　当該企業のニュース性のある活動について，マスコミが報道すること。いわば無料の広告。上記のPR活動はパブリシティになりやすい。

(2) プロモーション戦略の種類と事例

1) 種　　類

① プル戦略

　これはまず生産者が「ターゲット顧客層」に対して印象的な「広告」を打って，彼らを「商標選好」あるいは「商標固執」の状態にさせ，販売店まで「指名買い」に来させるという手法である。

　キーワードは，「広告等」，「商標選好」，「指名買い・指名仕入」の３点である。（図表４−６参照）

図表４−６　プル戦略のモデル

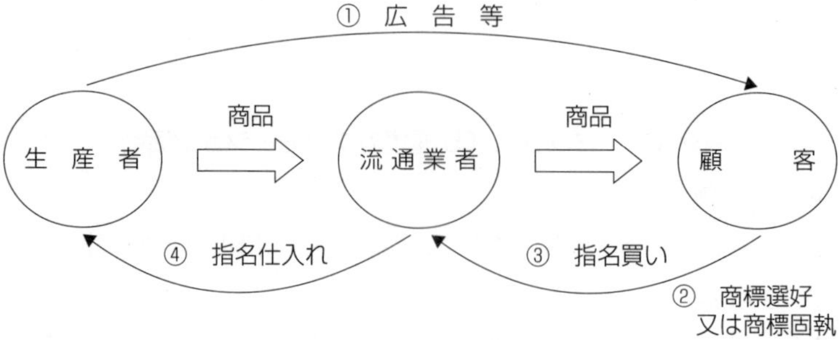

　このモデルはあくまでも生産者をリーダーとした場合である。

　流通業者（卸売業者や小売業者）がリーダーになった場合でも，上記の図表４−６に示す３点のキーワードのもとで，同モデルが応用されることになる。

192

第4章　博多の豪商・神屋宗湛の理念とビジネス戦略の特色

すなわち，まず「流通業者」が広告を打ってターゲット顧客層を「商標選好」状態にさせ，「指名買い」あるいは「指名仕入れ」をさせるというモデルになる。

　なお広告の代わりにサンプルの提供と手法もある。また流通業やサービス業の場合には広告やサンプルの代わりに，ポイント付きカード会員制という手段もある。

　プル戦略は消費財に適する方策であり，とりわけ「最寄品」（飲食料品や日用雑貨）に適している。

＜参考＞
　消費者の商標に対する心理的態度には次の３種類がある。
　イ　商標認知：どのメーカーでも，どのブランドでも良いという弱い態度
　ロ　商標選好：好みのブランドがあるが，無ければ別メーカーのでも良いという態度
　ハ　商標固執：特定メーカーのブランド以外は買わないという強い態度

② **プッシュ戦略**

　メーカーが，自社の製品の取扱業者，または自社の営業担当者にインセンティブを与えて「動機づけ」を行い（販売意欲を高めさせ），彼らにターゲット顧客層に対して「推奨販売」を起こさせるという方式である。

　キーワードは「動機付け」と「推奨販売」の２点である。（図表４−７参照）

図表４−７　プッシュ戦略のモデル

このモデルもあくまでも生産者をリーダーとした場合である。

　流通業者がリーダーの場合においても当図表に示すモデルが応用されることになり，モデルに示す２点のキーワードに変わりはない。すなわち，まず「流通業者」が自社の営業担当者や販売員にインセンティブを与えて，「推奨販売」をさせるという図式になる。

193

2）事　　例

① ハウス食品

　同社は，即席ラーメン「うまかっちゃん」の市場導入時，それが最寄品であることからプル戦略を展開した。すなわちTV広告を展開したのである。

　同社は当品のターゲット市場を北部九州としたことは既に述べたが，同社はそれをさらに突っ込んで，同地域の中高生に絞り込んだ。

　CMも地元志向で中高生に受けるよう，久留米出身の「チェッカーズ」の高椋氏を中学・高校の先生役にし，中・高生と愉快なコントから始め，最後に男子中・高生の声で，「うまかラーメン，うまかっちゃん。知っとうや！」で締める，地元市民にとって極めて親しみ深いCMであった。

　しかも彼らがTVを見る時間帯は「夕食時」であるため，その時間帯を狙って繰り返し放映された。これが地元中・高生にクチコミの渦を引き起こした。この**テレビ広告**が「うまかっちゃん」をヒットさせたもう一つの要因である。

② 山城屋（大分県湯布院町湯平）（二宮2017, pp. 3−116）

　旅館業の山城屋は湯布院の中でも，ひなびた湯平温泉に立地する家族経営の小規模旅館である。しかし客室稼働率は100％の超繁盛振りである。その秘訣はターゲットを「外国人」に絞り込み，パブリシティを活用したプロモーション活動に徹したことにある。

　そのきっかけは偶然の出来事にある。ご当地「湯平」は寂れた温泉地で，顧客離れが進んでいた。何か手を打たなければと考えていた時，友人の雑誌編集者から韓国の旅行雑誌2社が大分県を取材する予定という連絡が入り，山城屋の二宮代表は「是非，湯平温泉へ」と名乗りを上げた。後日2社の取材クルーが湯平温泉を訪れ，当館にも泊まって写真を沢山撮って帰った。

　1ヶ月して完成した本が贈られてきた。驚いたことに2誌とも巻頭ページが，「湯平の石畳を歩く着物姿の温泉客」であった。実は取材時に記者が「この風景が一番日本らしかった」と述べたという。そこで二宮代表は「湯平温泉の風情は外国人に受ける！」と直感的に確信したのである。

当館の情報がやがて香港の雑誌社の眼に留まり,「**U Magazine**」の取材クルーが当温泉地と当館「山城屋」にやってきた。取材後1ヶ月して雑誌のコピーが送られてきた。九州各地の温泉地が30ページに渡って特集されていたがその中で,湯平温泉と山城屋が大きく紹介され,特に当館の台所風の厨房に脚光が浴びせられていた。「台所で家族揃って談笑しながら料理をつくっている風景」が強力に紹介されていた。

★ その後当館は,別府市のAPU(立命館アジア太平洋大学)の留学生を起用して外国語のHPを作成し,世界に向けて情報提供を始め,益々繁盛している。

5 チャネル戦略

(1) 概　　要

チャネル戦略とは,原料調達や製品販売に関し,卸売業の起用,小売業を直に起用,あるいは直売方式と,どちらが効率的かを分析して選択・決定することである。

チャネル戦略の中では,垂直的マーケティング・システム(Vertical Marketing System:VMS)が最も強力である。製品は,川上の原材料・部品生産者→製品生産者→川下の卸売業者→小売業者と流れてゆく。VMSは,「生産者」,「卸売業者」,「小売業者」の中のいずれかがリーダーとなり,他の川上や川下の業者を「資本」や「契約」等によって運命共同体として結束し,リーダー企業の采配によって統一的・一体的にマーケティング戦略を展開するシステムである。

その結合の仕方には次の3種類がある。

① **資本型**:リーダー企業が資金を出して川上・川下の機関を設立する直営型
② **契約型**:リーダー企業が契約によって他と結束し,コントロールする型
③ **管理型**:リーダー企業が他に対して,何らかのベネフィットを与えて結束する型

VMSが出来ると,3業者間の情報伝達がより緻密かつ迅速に行われるため,

リーダー企業がマーケティング４Ｐや経営基盤に迅速にフィードバックでき，それだけ企業競争力が高まることになる。これがVMSの最大のメリットである。

　巨大小売業が出現している現代では，メーカーとのパワーバランスが拮抗するため，VMSが構築できなくなり，代わりにSupply Chain Management：SCMが普及してきた。

(2) 事　　例

1) ふくや（福岡市）（川原　健 2013，pp. 41−82，および同社のHP）

　明太子製造業の同社は博多中洲の本店と，直営の薬院店の計２店舗体制であった。

　やがて1975年３月，山陽新幹線の岡山〜博多間が開通し，博多〜東京間が「ひかり」で片道７時間弱に縮まると，ヒトとモノの流れが爆発的に増えて，「博多の明太子」は一気にブレイクした。両店とも100mの行列ができたほどである。作っても，作っても売り切れる状況が1977年頃からしばらく続き，1979年の売上げは25億円を突破した。

　すると百貨店，駅，空港の売店から，強力な卸売依頼が来るようになった。しかし同社は「うちの明太子は生もの。一番美味しい時に食べて頂くため，卸や委託販売はせず，自信の持てるものしか売らない。さらに卸販売をすると中間利潤のために値段が上がり，品質管理もできなくなる。だからお客様には直売店で買って頂く」と，全て断ってきた。

　「味の明太子」の旨さと人気の秘訣は，上記ポリシーの直売方式（資本型VMS）にその一端がある。現在は福岡県内各地に40店，東京に２店の直営店網を構築している。

6　物 流 戦 略

(1) 概　　要

　物流（物的流通）とは，先述の原材料や部品等の調達，および完成品の販売

第4章　博多の豪商・神屋宗湛の理念とビジネス戦略の特色

に伴って発生する物理的活動，すなわち①輸送，②保管，③荷役，④梱包，⑤流通加工，⑥物流情報に関する活動をいう。前者は調達物流，後者は販売物流と呼ばれる。ついでながら工場内や支店・営業所間でのモノの輸送・保管等の活動は社内物流と呼ばれる。

　物流は以上の，調達物流，社内物流，販売物流を総合的一体的に調整し（これをLogisticsという），かつ①から⑤に関し，⑥の物流情報に関するIT機器とソフト技術を活用することにより，モノの流れの確実性と迅速性がはるかに向上し，物流効率化が確実に進展する。

(2)　物流効率化の具体策

1)　物流システム化

　そのための具体策が研究され諸種の提言がなされているが，本書では紙幅の関係で，その概要のみ提示することにする（詳細は山本2019，pp. 104−105を参照されたし）。

　　①　工場・倉庫・顧客間での輸送コスト等を記入した，物流マップを作成すること。

　　②　物流コストは「物流会計」によって把握すること。

　　③　全社的視野に立ち，大枠から細目への順序で行うこと。

　　④　物流拠点の集約・統合化を原則とする。

　　⑤　ロジスティックス関連情報システムを活用すること。

　　⑥　VMSが構築できない分野では，SCMの構築を図ること。

2)　SIS（戦略的情報システム）の構築

　これは企業経営に不可欠な合理的・戦略的システムとして構築され，運用される情報システムであり，次のような効果が期待できる。

　　①　本業における競争力増大：経営効率向上，ビジネスの迅速性の向上等。

　　②　新規事業の創出：消費者直結型のテレ・マーティング等が創出される。

　　③　全社的革新が可能：SISで全社員の意識やビジネス行動が戦略型に変化する。

(3) 事　例

1)　パトライト（大阪市）（日経ビジネス2000年10月23日号，pp. 68-69)

　情報表示機器メーカーのパトライト（大阪市）は，大手家電メーカーの下請けとして，マイクロモーターを製作していたが，今やパトカーの回転灯，液晶表示機や音声報知器など，各種情報表示機器で，国内はもとより国際的にビジネスを展開する企業となっている。

　同社の物流に関する大きな特長は「スピード納品」にある。兵庫県三田市の主力工場（敷地約43,000㎡述べ床面積23,000㎡）で生産される製品は，実に18,000品種にのぼる。

　国内市場においてはこのうち1,000品種は在庫を抱えているが，在庫管理体制に磨きをかけ，注文が入った当日に出荷する体制をとり，残りの17,000品種については，受注から3日以内に届けるという「スピード納品体制」を構築しているのである。

第4節　成　長　戦　略

　成長戦略とは，企業が存続・発展してゆくために，現在のビジネス・ドメイン（製品×ターゲット市場）から次なるステップとして，新たな製品とか新たなターゲット市場等を開発・開拓し，新たなビジネス・ドメインに進出することをいう（図表4-8参照）。

図表4-8　企業の成長戦略モデル

製品＼市場	既　　存	既存・新規	新　　規
既　　　存	① 市場浸透	② 準市場開拓	③ 市場開拓
既存・新規（延長製品）	④ 準製品開発	⑤ 準多角化	⑥ 市場開拓的多角化
新　　　規	⑦ 製品開発	⑧ 製品開発的多角化	⑨ 多角化

資料：山本久義（2002）『中堅・中小企業のマーケティング戦略』同文舘，p. 70

第4章　博多の豪商・神屋宗湛の理念とビジネス戦略の特色

1　解　　説

当モデルの内容と特徴は以下のとおりである。

(1)　市　　場

1)　既　　存

当該企業が現在取り扱っている製品を，これまでターゲットにしてきた市場

2)　既存・新規

既存市場と新規市場の双方を同時にターゲットにする場合を指す

3)　新　　規

当該企業が，一度もターゲットにしたことがない市場。次の5とおりの型がある。

① 地理的新規市場：九州から関西，関東，さらには海外に進出する

② 年代的新規市場：大人の顧客層から子供の顧客層に進出。あるいはその逆

③ 異性的新規市場：男性の顧客層から女性の顧客層に進出。あるいはその逆

④ 用途的新規市場：既存の用途から新しい概念の用途へ（例：消費財→生産財に）

⑤ 階層的新規市場：例：中産階級以上から中産階級未満へ，あるいはその逆等

(2)　製　　品

1)　既　　存

当該企業が現在，取り扱っている製品ライン（品群）のこと

2)　既存／新規（延長製品）

その生産に当たり，以下に掲げる4つの条件のどれかに関し「既存製品」となんらかの有機的関係を有する製品。本稿ではこれを「延長製品」と呼ぶ。

199

① 既存製品を生産する場合と同じ技術が援用できる

② 既存製品と同じ原材料が使用できる

③ 既存製品が主要な部品となる

④ 既存製品の副産物や廃棄物が原材料になる

★ 「延長製品」は，「コスト競争力」と「製品差異化」をもたらすという特長を有する。

3) 新　　規

当該企業の「既存製品」とは有機的関係のない，全く異なったカテゴリーの製品ラインで，当社がこれまで一度も取り扱ったことがない製品。

上記「延長製品」や「新規製品」の開発に際し，自社にその製造ノウハウや生産施設あるいは人材や有資格者が存在しない場合は，次の方策により対応することができる。

① 同分野のベテラン経験者や有資格者を新たに雇用して，専用の事業部門を設置する。

② それを製造する専門会社をM&Aで子会社化するか，提携という形で供給を受ける。

③ OEM生産で対処するか，FCに加盟する。

2　各ドメインの特徴と事例

(1) 市場浸透

1) 特　　色

現在のビジネス・ドメイン（既存市場×既存製品）で，市場占拠率の向上を目的とする戦略であるため，圧倒的競争力必要。したがって，前述の「競争戦略」（市場細分化戦略，製品差異化戦略，価格戦略，プロモーション戦略，チャネル戦略，物流戦略等）が駆使される。

また製品差異化戦略を展開するには，コア・コンピタンス（永年に亘って蓄積された核となる技術力・研究開発力）の確立が前提条件となる。

なお増大した需要に対応するために，生産設備を増設したり，稼働日数・稼

第4章　博多の豪商・神屋宗湛の理念とビジネス戦略の特色

働時間の増加を図ることもその手段となる。

2) 事　　例

先述の，「競争戦略」の全ての方策が，その具体的事例である。

(2)　準市場開拓

1) 特　　色

「既存製品」の「既存市場・新規市場の両方」への提供を目的とする戦略。

新たなチャネルで販売する場合や，低コスト化（低価格販売）を図るために，賃金の低い途上国に工場を新設する場合等において，このドメインへの参入が見られる。

既存市場が約半分ダブっているので，市場開拓費がその分少なくて済む（次の筑水キャニコムの事例参照）。

2) 事　　例

① 筑水キャニコム（福岡県うきは市）（日経ビジネス, 2010年5月31日号 pp. 66-67等）

農業用運搬機などを製造する同社は，乗用型草刈り機を開発し，1985年ヨーロッパに輸出した。それを皮切りに，2010年現在，30カ国に出荷している。その海外市場の売上構成比は40％弱に達する。ただし中国にはまだ輸出していなかった。

同社は2010年12月，中国江蘇省に乗用型草刈り機の工場を建設した。その結果，低コストで生産でき，価格の引き下げが可能になるので，中国市場（すなわち新規市場）の開拓が見込める。ちなみに同社は中国市場だけでも年商100億円を見込んでいる。

それだけではない。これまで輸出してきた欧米のターゲット30カ国（**既存市場**）に対して，低価格を武器として更なる売込みが図れるため，より一層の「市場浸透」を図ることが可能になる。

さらに低価格を武器に，欧米30カ国以外の海外市場（新規市場）の開拓さえ可能となった。

このように同社が中国に工場を設置したことは，**既存市場**（欧米30カ国）と，

201

新規市場（中国＋欧米30カ国以外の外国）の双方がターゲット市場となるのである。

(3) 市場開拓
1) 特　　色
　「既存製品」の「新規市場」への提供を目的とする戦略。先述の5とおりの新規市場の概念（地理的・年代的・異性的・用途的・階層的開拓）に基づいて開拓することが，その具体策。

　新規市場の特性にぴったりマッチするように，製品に多少の修正が必要な場合が多い。

2) 事　　例
① 九州旅客鉄道（JR九州，福岡市）
　同社は本業の鉄道輸送事業に加えて，ホテル事業やマンション事業等の不動産開発，さらに農業や小売業等にも進出し，事業の多角化を図っており，現在ではそれらが既存事業となっている。ちなみに本業以外の売上高は，総売上高の60％を占めるほどに成長しているのである。

　同社は現在，国内で展開してきた不動産開発のノウハウを活かして，タイやベトナムなど東南アジア諸国で（地理的開拓），マンションやホテルの開発に乗り出している。

(4) 準製品開発
1) 特　　色
　既存市場を対象に，延長製品を開発・提供することを目的とする戦略。

　準製品開発は，延長製品を，既存市場（現在ターゲットにしている市場）に提供するので，プロモーションがそれだけ容易になるというメリットがある。しかも客単価の増大が見込める。

第4章　博多の豪商・神屋宗湛の理念とビジネス戦略の特色

2) 事　　例

①　ワオ・コーポレーション（東京都）（日本経済新聞1999年2月5日号）

　同社は小・中学生を対象に英語・数学・国語等を指導する学習塾のワオ・コーポレーション（東京都）は，同塾の生徒（既存市場）を対象に，英検・数検・漢検用の問題集（延長製品）を開発し，そのための受験対策指導を行っている。）

(5)　準 多 角 化

1)　特　　色

　「既存市場」と「新規市場」の両方を対象に，「延長製品」を開発するので，広い市場が開拓できる戦略。しかも「既存市場」が約半分含まれているので，その分，プロモーションが容易である。

2)　事　　例

①　石村萬盛堂（福岡市）（実体調査）

　同社は「鶴の子」のような「和菓子」を専門に製造してきたが，その購入層が中高年であることが判明した。同社は若者層も取り込むべく近年，中高年層（既存市場）と若者層（新規市場）の両方を対象に，洋菓子（延長製品）を開発・販売している。

(6)　市場開拓的多角化

1)　特　　色

　自社がこれまでにターゲットにしたことのない，「新規市場」に向けて「延長製品」を開発・販売する戦略であるので，新たな市場が確保でき，それだけ売上高が増加する。

　しかも延長製品は大きな競争力を有するので（製品差異化とコスト優位性），当該新市場で「独占的競争」を享受できる可能性を秘めている。

2) 事　　例

① エスアイ精工（愛媛県・松山市）（日経ビジネス2000年6月12日号，pp. 70-71）

　同社（旧石井工業）は，みかんの質を瞬時に計測・選別する機械「柑橘類選別機」を，愛媛県をはじめとする「みかん」の産地（静岡県以西）の農協等に提供してきた。日経ビジネス誌の推定によると，シェアは80％を占めるほどである。

　同社はこのたび東日本の農協（新規市場）向けに，リンゴ選別機（延長製品）を開発・販売している。さらに北海道の農協（新規市場）をターゲットとする，ジャガイモや，タマネギ用の選別（延長製品）を開発し，市場に導入している。

(7) 製品開発

1) 特　　色

　現在扱っている製品と有機的繋がりのない，全くの「**新規製品**」を，現在のターゲット市場「**既存市場**」に提供する戦略。

　このような意味の新規製品の生産については，ノウハウも設備も皆無である。しかし「**既存市場**」に，「**新規製品**」へのニーズが大きい場合は，図表4-8の解説の項に提示した4とおりの方策で対応すると良い。

　自社の現在のドメインでブランド力を有する場合は，当新規製品の品質・性能が優れていれば，売れ行きも期待できる。したがって企業としては，まず現在のドメイン（**既存市場×既存製品**）で，知名度（ブランド力）の向上と，シェアの拡大を図っておくべきである。

2) 事　　例

① サエラ（岡山市）（日本経済新聞1999年8月19日号）

　子供服製造業の同社は，女児用のファッションドレスを，県内の女児を持つ母親を対象に開発・販売してきた。近年，子供の習い事の発表会やお誕生会等，わが子がフォーマルなパーティに出席する機会が増えるにつれ，母親達がドレス姿の女児に似合う香水やオードトワレを所望する母親（**既存市場**）が増えて

第4章　博多の豪商・神屋宗湛の理念とビジネス戦略の特色

きた。そこで同社は1990年より，OEMで子供向けの香水やオードトワレ（**新規製品**）を開発・販売している。

(8)　製品開発的多角化

1)　特　　色

「既存製品」とは無関係の「**新規製品**」を「**既存と新規両市場**」に提供する戦略。

このドメインに進出する場合は，当「新規製品」の品質・性能が優れていなければならない。ターゲット市場に「既存市場」が含まれているだけに，市場の開拓が容易である。

これが当たれば「既存」「新規」の両市場が同時に確保でき，大きな売上高が見込める。

2)　事　　例

① 　宮島醤油（佐賀県・唐津市）（西日本新聞2010年11月3日号）

県内市場をターゲットに，醤油を製造・販売してきた老舗の同社は，名古屋のカレー会社を買収し，そこが保有していたノウハウを商品化に生かし，レトルトカレー（**新規製品**）を開発した。特徴は，佐賀牛（ブランド牛）を全体の2割も使用，しかも佐賀県内の肥育農家が飼育した黒毛和牛の「5等級」か「4等級」，10種類のスパイス使用，インド風のさらっとした味付け，あらゆる年代層に合うようマイルドな味，である（ここまでは「製品差異化」による「市場浸透」）。

チャネルは唐津の百貨店（**既存市場**向け）と，長崎自動車道の金流PA（**新規市場**向け）である。

(9)　多　角　化

1)　特　　色

これは「新規市場」を対象に「新規製品」の開発・提供を目的とする戦略。このドメインは自社にとって，当該製品の製造ノウハウ，生産設備，事業展開

205

のコツが不備である。しかもターゲット市場の特性についても無知である。そのため巨大企業でさえ失敗することがある。

ただし経営資源の豊かな大企業の場合は，図表4－8の解説の項で紹介した4とおりの方策を起用するか，プロジェクト・チーム等を編成し，小規模で試行錯誤を繰り返しながら，時間をかけて徐々に事業の完成度を高めながら市場導入を図るなら，成功させることが可能である。

経営資源が乏しい多くの中小企業の場合は，このドメインは非常にリスキーなので，よほどの勝算がない限り，進出を避けるべきである。

2) 事　　例

① 新日本製鐵住金（東京）（日本経済新聞2018年1月22日号等）

我が国有数の巨大鉄鋼メーカーの同社（ターゲット市場：自動車会社，造船会社，建築会社等）は，鉄鋼生産が東南アジアの追い上げで，北九州市八幡東区にある同社工場内高炉をいくつか廃炉せざるを得なくなり，広大な遊休地が残った。

同社はその跡地利用を兼ね，同社・県・北九州市・地元銀行の共同出資による第3セクターの運営会社を設立し，1990年に一般消費者（**新規市場**）をターゲットに，「宇宙をコンセプト」とするテーマパーク「スペースワールド」（**新規製品**）を立ち上げた。

当初は世間の注目を浴び，1997年頃までは賑わいをみたが，翌年絶叫マシーンの事故で10人以上が重軽傷を負ったこともあり，次第に集客が低迷して2005年に経営破綻した。そこで札幌市のテーマパーク再生のプロ，「加森観光」が出資して運営を引き継いだ。

加森が展開する斬新な企画で集客が安定するようになり，2016年度には最高益を達成した。しかし2016年11月のスケートリンクの企画が「行き過ぎである」と，ネットの批判を浴び，同施設の運営を中止していた。そしてついにスペースワールドは，2017年12月31日をもって営業を終了したのである。1998年の事故が遠因になった模様である。

第4章　博多の豪商・神屋宗湛の理念とビジネス戦略の特色

第5節　宗湛が展開したビジネス戦略の特性

　以上のビジネス戦略論の概要を下敷きにし，本書の第1章，第2章，第3章に描かれた，宗湛が活躍した頃の時代背景と，彼の人物像および商人像に基づき，神屋宗湛が展開したビジネス戦略について分析してみよう。

　ただし現代のビジネスマンが，宗湛のビジネス戦略活動をよりよく理解できるよう，必要に応じて彼の総合商社的な事業体を，仮称「神屋商事㈱」として解説することにする。

1　神屋宗湛のビジネス活動に対するSWOT分析

　宗湛が展開したマーケティング戦略の特性を探るためには，彼がいかなる機会（O）と脅威（T）に直面し，それを宗湛自身のビジネスマンとしての，いかなる強み（S）で対応したのか，あるいは弱み（W）をいかなる手法で強み（S）に転換して，機会（O）や脅威（T）に対応したのか，興味があるところである。

　そこで**彼のビジネス活動にSWOT分析を適用し**，彼の展開したマーケティング戦略の実態を浮き彫りにしてみよう。

　ただしこの場合，限りある史実に基づいた分析しかできないことを指摘しておく。

（1）　仮称「神屋商事㈱」に対する機会（O）と脅威（T）

1）　機会（Opportunities）

① 　顧客層の動向

　　イ　戦国大名は，大名同士から間接的に入手しうる世界情報とは別に，世界情勢全般に関する「生の情報」を欲しがっていた。

　　ロ　大名にとって年貢米や軍事物資等の調達物流の担い手と，領地を治めるための多額の資金が必要であった。

207

ハ　それゆえに戦国大名が貿易商人の後ろ盾になっていた。

ニ　戦国大名や公家の間で茶の湯が流行し，高貴な茶器に対する需要が増大した。

ホ　秀吉は朝鮮侵略に必要な兵站基地として博多が最適と考えていた。その実践には現地リーダーが必要であり，巨大な銀山も有する超富裕な宗湛が最適と考えていた。

ヘ　秀吉が大茶会を開催したことで，茶の湯が一般庶民の間にも広まり，茶の湯関連用品に対する需要がより一層拡大した。

② 競合の動向

イ　博多には博多3傑と呼ばれる3人の豪商，神屋宗湛，嶋井宗室，大賀宗九・宗伯親子がいた。その中で秀吉と関係の深かった豪商は，宗湛と宗室の2人であった。

ロ　後に宗湛一人が秀吉との絆をより一層強くし，強力なパワーを有する豊臣政権の政商として朝鮮侵略の兵站業務を一手に引き受け巨大ビジネスを展開することとなった。宗湛だけが政商に選ばれた背景には，島井宗室に以下の事情があったからである。

　a　嶋井宗室が，朝鮮と友好関係にあった対馬の宗氏と仲が良かったため，秀吉の朝鮮侵略に消極的であった。

　b　秀吉は，兵農分離政策とともに商農分離政策も展開し，商人による農地の所有を禁止した。ただし宗湛だけは特別にその所有が認められ，島井宗室は認められなかった。そのため，秀吉に反目するようになった。

　c　秀吉は焦土博多の復興政策として博多の町割り（企画整理）を実施し，同時に博多を自由に商業活動のできる活気ある商都にするための「定」（規則）を制定した。

　　しかし博多の兵站基地化が進むにつれ，当の「定」がなおざりになり，ひいては博多津の自治権まで脅かされる事態になった。そのため嶋井宗室を先導者として博多商人が秀吉政権に反発するようになった。

　d　嶋井宗室は，お上に従順な神屋宗湛とは異なり，自己主張をする性格

第4章　博多の豪商・神屋宗湛の理念とビジネス戦略の特色

であった。

③　行政の施策，景気，政情等の動向

　イ　秀吉が焼け跡の博多の復興政策として町割り（企画整理）を実施した。しかも堺以上の商業都市の形成を目指し，次の政策を実施した。

　　　ⓐ楽市楽座の制度，すなわち貿易，商業，金融などのビジネスに対する自由な営業権の付与，ⓑ町人に対する地租や庸役の免除，ⓒ権力者による借金棒引き的な徳政令の廃止，ⓓ喧嘩両成敗，ⓔ武士の居住は認めず，商人の自治都市とする。

　　（★　博多が，いわば現在の福岡市のように国家戦略特区となったのである）

　ロ　秀吉政権による博多の町の兵站基地化構想。

　ハ　当時，秀吉をはじめ戦国大名や公家の間で「茶の湯」が大流行。

　ニ　秀吉が京都の北野八幡宮で大茶会を開催したことで，茶の湯が一般庶民の間にも広まった。このことは，卸事業を展開し，茶の湯関連商品も扱っていた仮称「神屋商事㈱」の追い風（O）となった。しかも武将や公家，さらに富裕な町人の間で，希少性のある高額の茶道具や茶室に対する所有熱が高まり，茶器と関連グッズに対するバブルが起こった。茶器一つと主要な家来や数多くの馬を交換したほど，茶器等の価値が高騰したのである。宗湛自身も至宝の茶入れ・博多文琳（はかたぶんりん）を所有し，家宝にしていた。

2)　脅威（Threats）

①　顧客の動向

　宗湛の顧客に関する脅威（T）は特に存在しない。強いて言えば，超大口顧客の秀吉が機嫌を損ねると，利休に対して切腹を強制するほど激高タイプであったことであろう。

②　競合の動向

　「博多3傑」と呼ばれる豪商の同業者が存在していたが，史料には彼らがお互いを脅威に感じていたような記述は見当たらない。

③　行政の施策，景気，政情等の動向

　イ　大友氏（大分）や島津氏（鹿児島），大内氏（中国地方），毛利氏（中国

地方）といった戦国大名が，貿易で繁栄している博多の占拠を目指して戦火が続き，町が荒廃した。そのため神屋家は一時，唐津に疎開していた。

その後秀吉が島津を倒して九州が平定され，博多の町に平和が訪れた。すなわち**脅威（Ｔ）**が秀吉のおかげで，**機会（Ｏ）**に変貌したのである。

ロ　宗湛や嶋井宗室が秀吉に町の再興を強く要靖し，宗湛らの意見が参考にされながら大規模な★⁾太閤町割り（区画整理）が実現し，やがて博多が商都としてより一層繁栄するようになった。**機会（Ｏ）**。

★　東は石堂川（現在の三笠川），西は博多川，南は矢倉門などの堀付近，北は大浜のエリアに及ぶ。太閤の町割りは現在も多くの道筋として残り，大博通り（JR博多駅から博多港に至る，市の幹線道路の一つ）はその一つである（西日本新聞，2019年３月10日号）。

(2)　仮称「神屋商事㈱」における強み（Ｓ）と弱み（Ｗ）

1)　強み（Strengths）

① 　マーケティグ４Ｐの分野

イ　製 品 計 画

a　貿易商人として，国産・外国産のさまざまな製品を取り扱っていた。

b　秀吉が注文する商品は，治世に必要な，土木建築用や軍事用等々の「生産財」と，彼個人用の「消費財」（豪華絢爛を好む彼の性格上，超希少な貴重品），の２種類であったはずであるが，仮称「神屋商事㈱」にとっては，いずれも調達可能であった。

ロ　価 格 政 策

a　宗湛が展開した「価格政策」については，史料が見当たらない。

b　しかしながら秀吉との取引に関しては，軍需物資等の調達品は，単価が仮に低い場合でも，量が半端ではないはずなので，売上高も利益もその絶対額は莫大であったろう。

c　ましてや単価が普通レベル以上に設定された場合は，なおさら膨大になったであろう。

d　秀吉個人用の消費財の場合は，その単価は中途半端な額ではなかった

第4章　博多の豪商・神屋宗湛の理念とビジネス戦略の特色

はずである。

ハ　プロモーション

　a　強力な営業力

　　博多の裕福な貿易商人で豪商である上に，法体であり，しかも戦国大名との取引に不可欠な「茶の湯」の素養を媒体として，強力なトップ・セールスを展開した。

　b　イベント

　　博多の寺院において，商人，町民等庶民を招いて頻繁に茶の湯を開いた。これにより茶や茶器等，茶の湯に必要な諸道具に対する需要の増大を図った。

　c　パブリック・リレーションズ（PR）

　　上記「茶の湯」のイベントは，博多の人々の和の精神の高揚，人間関係の浄化，社会の安寧等に役立ったと考えられる。

ニ　プレイス（チャネルと物流）

　a　卸売チャネルの構築ノウハウ

　　宗湛の実家，神屋家は代々アジアを中心とする貿易商人であったため，卸売チャネル（生産者→卸→小売→消費者）の構築に関するノウハウに長けていた。

　b　機動的・効率的な大量物流の遂行力

　　仮称「神屋商事㈱」が，蔵（倉庫）と，船舶（神屋船）を有し，物資の機動的・効率的な大量物流業務に長けていたため，博多が兵站基地に最適であった。その結果，宗湛が兵站基地・博多を舞台に，秀吉の武器弾薬や兵糧米の運搬担当の政商なった。

②　経営基盤（経営資源）の分野

イ　経営者（宗湛自身）

　a　**博多商人**には元来，結集して自治を守り，活力と気概に満ちた気風が備わっていた。

　b　神屋家が代々，お上から認められた勘合貿易商として，また銀山の所

211

有者として財政的に恵まれたビッグ・ビジネスを展開する大商家であったため，宗湛には**大豪商になりうる下地**があった。

c　神屋宗湛は前途洋々の総合商社，仮称「神屋商事㈱」の代表取締役である。その彼が秀吉の保護の元にトップ・セールスとして営業するので，その影響力は計り知れないほど強力であったに違いない。

d　宗湛は，秀吉との面会を可能にさせてくれた天王寺屋の津田宗及のような人物と心を割って交友できる**人間力**を持ち合わせていた。

e　宗湛は謙虚で思いやり深く，従順・剛毅で，機を見るに敏であり，情報力豊かで行動が迅速という，**ビジネスマンとして理想的な性格**の持ち主であった。

f　宗湛は富商人ではあるが町人に過ぎなく，秀吉のような超弩級の戦国大名と直接会って商談をするためにはお寺で剃髪を受け，法体（僧侶の姿）になることであった。

　　そこで宗湛は，秀吉から招待された大阪城での茶会に参加する1ヶ月前，秀吉が最も尊敬している京都大徳寺の古渓和尚から得度を受け，**法体になった**のである。宗湛，36歳の時である。

g　宗湛は「茶の湯」の素養を有する文化人でもあった。

h　宗湛は博多のお寺を借り切り，町民を対象に「茶の湯」を再々開催している。その費用は博多の豪商ゆえに，当然私財で賄ったことであろう。さらに秀吉に博多の町を再興すべく町割り（区画整理）を嶋井宗室とともに依頼し，その際の相談役としても活躍し，商都博多の復興に大きく貢献する等，豊かな奉仕の精神の持ち主であった。

i　史実からみて宗湛は，かの超大口顧客「豊臣秀吉」に一種の感動（期待を超える満足）を提供できるほど，輝くような大人物であった。

ロ　従　業　員

a　宗湛の事業体，仮称「神屋商事㈱」が雇用する「従業員」に関する史料は見当たらない。しかしながら，彼らの勤め先は，伝統と格式のある勘合総合貿易商社であり，しかも秀吉の政商として，国民と社会の発展

第4章　博多の豪商・神屋宗湛の理念とビジネス戦略の特色

に貢献していることから，従業員としてのプライドは極めて高かったで
あろう。したがって彼らは全員，勤め先に対してスピリットの面で「感
動」を抱いていたと考えられる。

b　しかも同社の代表取締役，神屋宗湛がトップ・セールスとして膨大な
ビジネスを展開し，莫大な売上高と粗利益を社内にもたらすため，従業
員の給料は他の事業体と比較して相当高かったはずである。かくて彼ら
は全員「物質的」な面でも「感動」を抱いていたと考えられる。

c　以上より，全従業員は仮称「神屋商事㈱」と「宗湛」に対して，「物
心」両面で感動し，期待を超える幸福感に満ちていたと推測できる。

ハ　財 務 基 盤
　神屋家は代々，博多の貿易商人であり，しかも曽祖父の神屋寿禎が石見
銀山を開発し，その所有者であったことから，莫大な財力を持っていたこ
とは確かである。このことも従業員の給与の高さに貢献したであろう。

ニ　生産・販売・物流等の施設
　大規模な完全機能問屋として，大型物流施設（倉庫群と，大量輸送ので
きる大型船舶）を保有していた。

ホ　組 　 　 織
　仮称「神屋商事㈱」における「組織」の実態に関しては，史料がない。

ヘ　立 地 条 件
a　貿易商人・神屋家の本拠地である博多は，「海の中道」と呼ばれる天
の橋立風の砂州によって囲い込まれた天然の良港に恵まれていること。

b　博多は古来より，アジアのゲートウェイとして中国や朝鮮と貿易や人
的交流を盛んに展開する，国際貿易，国際交流の一大拠点都市であった。

c　しかも博多の後背地は広大な平地の穀倉地帯に恵まれ，港の付近は倉
庫も立ち並び多くの商人が活躍する一大商都であった。

d　さらに博多は地政学上，壱岐，対馬を経由して朝鮮に渡るための，唐
津に継ぐ最短ルートに位置し，朝鮮出兵の兵站基地として，全ての点で
最適の地であった。

213

ト　技術力・研究開発力

　　宗湛の曽祖父，神屋寿偵（じゅてい）が中国で用いられていた，銀の精錬法（灰吹き法）を吸収し，自身が所有していた石見銀山にそれを導入することにより，純度の高い「銀」が精錬されるようになった。

チ　情　　報

　a　貿易商＋唐津の会所＋茶の湯＝情報通

　　宗湛ら貿易商人は世界を相手にビジネスを行うことによって，他の者よりも世界情勢全般に関するアップ・トゥ・デートの生の情報を握っていた。中でも宗湛は，唐津疎開時に「会所」に出入りし，唐津に居を構える「貿易商」兼「海賊」すなわち倭寇（わこう）の松浦党（まつうらとう）から，他の多くの倭寇（わこう）が有する情報を日々収集できた。そのため宗湛はより一層，**アジア情勢に関する情報通**になったと考えられる。

　　さらに戦国大名はもちろん秀吉が，情報交換の場でもある「茶の湯」を大切にし，茶会に招き，招かれたりしていた。

　　宗湛は若い頃から「茶の湯」の素養を身につけ，わび・さびの分かる文化人であったので，それに頻繁に参加していた。その結果彼は，**国内情勢に関する情報通**でもあった。

　b　津田宗及による情報提供

　　その中で宗湛にとって，その後の運命を決定付ける最も貴重な情報提供者は，堺の豪商，天王寺屋の津田宗及（つだそうぎゅう）であった。彼は秀吉と親しい関係にあった上に，商都・博多を何度も訪れて博多商人と交友があり，宗湛もその一人であったことから，宗湛が秀吉と面会するための，ベストタイミングすなわち秀吉が主催する大阪城での茶会の日時と，秀吉の心を掴むのに最適の手土産等に関する情報を提供して頂いた。

2)　弱み（Weaknesses）

　秀吉の政商時代における仮称「神屋商事㈱」の企業力（マーケティング４Ｐと経営基盤）に関する弱み（Ｗ）は発見できない。

第4章　博多の豪商・神屋宗湛の理念とビジネス戦略の特色

2　仮称「神屋商事㈱」にみられるビジネス戦略の特徴

　以上のSWOT分析から明らかになったことは，特に秀吉の政商になってからの仮称「神屋商事㈱」にとって，市場環境に関しては機会（O）のみ，企業力に関しては強み（S）のみの状況であったことである。ただし既に見たように，一部は宗湛の努力によってそのような状況を作り上げたのである。このような状況下では，ビジネスが繁栄しないはずがない。

　では宗湛を総帥とする仮称「神屋商事㈱」が，実際にどのようなマーケティング戦略を展開したのか考察してみよう。

（1）　当時の市場環境

　ここで宗湛が活躍した当時の市場環境について，要点を取りまとめてみよう。

　秀吉を含む戦国大名は年貢米や軍事物資等の調達物流の担い手と，領地を治めるための多額の資金を必要とし，世界情勢全般に関する「生の情報」も欲しがっていた。

　既述のように秀吉は，朝鮮侵略の兵站基地として博多が最適と考えていた。その実践には町人代表の現地リーダーが必要である。それには，早くから親交のあった豪商・嶋井宗室に加え，もう1人必要であった。それには銀山も有し，桁外れの財力を有する貿易商人宗湛が最適と考えていた。宗湛の存在に関する情報は，秀吉と入魂でしかも博多と交流の深かった堺の豪商，津田宗及によって既に，秀吉の耳に入っていたと考えられる。

　秀吉が博多で陣頭指揮を取り，神屋宗湛や嶋井宗室の意見を参考にしながら，焼け跡の博多の復興政策として博多の町割り（企画整理）を実施した。1587年のことである。しかも堺以上の商業都市の形成を目指し，専ら商人の自治都市として貿易，商業，金融などのビジネスに対する自由な営業権を付与した。いわば現代の福岡市のように**国家戦略特区**となった。その狙いは，博多の兵站基地化のために地域内流通の円滑化を図ることにあった。

　博多（箱崎）に滞在中，秀吉は頻繁に茶の湯を開いた。下に示す箱崎での野

215

点の史実は，それを如実に物語る一幕である。

利休釜掛けの松の記念碑のパネル
（九州大学医学部キャンパス内）
編著者撮影

同パネルにある宗湛献茶の拡大図
（同キャンパス内）
編著者撮影

　実は戦国大名や公家の間で茶の湯が流行し，秀吉も茶会を開いたり，茶会に招かれたりしていた。そのため高貴・高額な茶器に対する需要が高まっていた。
　秀吉が京都の北野八幡宮で大茶会を開催したことで，茶の湯が一般庶民にも広まり，茶の湯関連グッズの市場がより一層拡大した。

(2) 経営基盤の充実・強化戦略
　宗湛（経営者）は，活力と気概に満ちた博多商人の代表格であった。それも代々，由緒正しい勘合貿易の神屋家が経営する仮称「神屋商事㈱」の総帥であ

第4章　博多の豪商・神屋宗湛の理念とビジネス戦略の特色

り，機を見るに敏でかつ剛毅な半面，謙虚で思いやり深く「**人間力**」豊かな人物であった。また，当時は法体（僧侶の姿になること）でなければ，秀吉のような天下人とは商談は出来なかった。

そこで彼は秀吉に会う前，京都大徳寺（臨済宗）で秀吉が最も尊敬していた古渓和尚から得度を受け**法体**になった。

一方**従業員**はというと，勤め先が由緒ある勘合貿易の会社であることに誇りを抱いていたと考えられる。また同社はビッグ・ビジネスを展開し，しかも銀山まで保有していたことから，給与の面でも満足していたであろう。したがって全従業員は勤務先と「宗湛」に対して，「**物心**」両面で**感動的な幸福感**に満ち，結果としてモラールは相対的に高かったと考えられる。この状況は稲盛和夫の「京セラ・フィロソフィ」とピッタリ合致する。

神屋家は代々，公認の勘合貿易商として，また銀山の所有者として財政的に豊かであったので，**財務基盤**は充実していたといえよう。そして倉庫と大量輸送機関としての船団（神屋丸）を保有しており，**物流施設**面でも十分な強みを有していた。

仮称「神屋商事㈱」の本拠地，博多は天然の良港に加え，田園地帯が広がる後背地を有し，かつ朝鮮に最も近い大商都であった。かくて朝鮮出兵を意図していた秀吉にとって，博多は兵站基地として最適の**立地条件**にあった。

代々，貿易業務を展開してきたので，貿易品の買付けや販売のノウハウに長けていたと考えられる。さらに新しい銀の精錬法を外国から入手し，純度の高い高品質の銀を保有できたはずであるから，仮称「神屋商事㈱」は**技術力・研究開発力**においても充実していたといえよう。

最後に情報面ではどうかというと，宗湛は貿易商ゆえに世界の，特にアジアの情勢に詳しく，**情報力**が豊かであった。その背景には，戦国大名と情報の授受の場でもある「茶の湯」に頻繁に招き・招かれていたこと，そして唐津に居を構える倭寇の松浦党が傘下に控えていたことがある。

以上より同社の**経営基盤**は十分に充実・強化されていたといえよう。

217

(3) マーケティング戦略

1) 競 争 戦 略

　次に仮称「神屋商事㈱」が，当時の市場環境における機会（O）をモノにするために，いかなるマーケティング戦略を展開したのかみてみよう。

①　製品差異化戦略

　貿易商人，仮称「神屋商事㈱」の顧客である戦国大名に対しては，築城や治山・治水等に必要な土木建築用品といった生産財や，戦国大名の望む豪華な奢侈品等（その中には当然ながら茶の湯関連グッズが含まれていたであろう）の消費財に関し，国内産・外国産の物品を幅広く，かつ大量に提供できたと考えられる。

　しかも海外情報に飢えていた戦国大名に対して，最新情報を提供できたであろう。すなわち宗湛率いる仮称「神屋商事㈱」は，「**実体機能**」（希少性・量）と「**拡大機能**」（情報提供という付随サービス）の両面で，「**製品差異化戦略**」を展開できた（図表4－3参照）。

②　市場細分化戦略

　宗湛率いる仮称「神屋商事㈱」が秀吉の政商となってからは，そのターゲット市場は天下人の秀吉と傘下の戦国武将で精一杯であったと考えられる。

　その意味で彼がとったマーケティング戦略は「**市場細分化戦略**」である。より正確には，「**特定部分市場特化型**」の「**市場細分化戦略**」である（図表4－4および4－5参照）。

　したがって宗湛は「秀吉と傘下の戦国武将」という特定部分市場に対して自社の持てる企業力を集中投入でき，顧客，特に秀吉に「**感動的満足**」を提供できたと考えられる。

③　価 格 戦 略

　秀吉と傘下の戦国武将を圧倒的主要顧客とする「特定部分市場特化型の市場細分化戦略」をとる場合，とりわけ彼らが欲する消費財の分野では，超高級「茶の湯関連グッズ」をはじめとする，権威を象徴するような豪華な奢侈品が超高価な価格で取引されたであろう。すなわちその時に彼が展開した価格戦略

第4章　博多の豪商・神屋宗湛の理念とビジネス戦略の特色

は，本章・第3節「**競争戦略**」の中の「**価格戦略**」の項で提示した「**高所得層固定型**」の「**スキミング方式**」であったと考えられる。

④　プロモーション戦略

　イ　「プッシュ戦略」

　　　仮称「神屋商事㈱」が展開したプロモーション戦略は，宗湛という代表取締役によるトップ・セールス（人的販売の一つの型）である。したがってそれは図表4－7に示す「**プッシュ戦略**」である。

　　　しかもその営業力は次の例に見るように抜群であった。すなわち秀吉との面会時，手土産としていかにも秀吉が喜びそうな虎の毛皮2枚，大豹の毛皮一枚等を持参している。その背景には富裕な貿易商人であったためそのような希少な商品が入手可能であったことと，秀吉と入魂の関係にある津田宗及の提供した秀吉に関する事前情報が奏功している。おかげで秀吉という計り知れない大口顧客を確保できたのである。

　ロ　「プル戦略」

　　　しかしもっと細かく見てゆくと，彼は図表4－6に見る「**プル戦略**」も展開していたことになる。これを仮称「神屋商事㈱」と，秀吉という，**企業：顧客**の関係で分析すると，図表4－6で示す，「広告」の機能を，堺の豪商・天王寺屋の津田宗及のクチコミが代替した。

　　　そして宗湛を総帥とする仮称「神屋商事㈱」の，見事な経営基盤の充実ぶり（とりわけ破格の財務基盤）と宗湛のビジネス戦略の巧みさにほれ込んだ秀吉は，「商標選好」を通り越して「商標固執」の状態になり，政商として仮称「神屋商事㈱」を指名買いした（名指しで選定した）という構図になるのである。これはとりも直さず「**プル戦略**」である。

　　　「商標固執」になったことは，宗湛が秀吉から大阪城での茶会に招待され，初対面であったにも拘わらず，参加していた著名な戦国武将達をさて置いて大歓待されたという史実から明らかである。

　ハ　「パブリック・リレーションズ（PR）」

　　　PRの本来の意味は，世間一般に対する奉仕活動である。その目的は企

219

業価値の高揚にある。ちなみに宗湛は次のようなPR活動を実践した。

a　博多の街の再興：秀吉と共に，戦乱で焦土化した博多の街の復興。

b　庶民対象の「茶の湯」の無料開催。このことは博多の町民にとって，和の精神の高揚，人間関係の浄化，社会の安寧等に役立ったであろう。

⑤　**チャネル・物流戦略**

イ　チャネル戦略：仮称「神屋商事㈱」は貿易業務に関する豊かなノウハウを活かし，秀吉や傘下の戦国武将の要望する生産財や消費財を確実に調達したと考えられる。

ロ　物流戦略：倉庫と神屋船を活用し，特に生産財に関し，確実・迅速に大量の物資の物流に貢献したと考えられる。

2)　仮称「神屋商事㈱」の成長戦略

では成長戦略（図表4－8）に関してはどうであろうか。宗湛はたとえば大友宗麟のような戦国大名達とは得度なしで取引していたようであるが，国家を背負う秀吉と取引を始める直前に法体になっている。したがって秀吉は，宗湛にとって途方もなく異次元の顧客であり，宗湛は彼の政商の位置づけになる。その意味で秀吉は「**新規市場**」であったと考えられる。一方，秀吉が求める商品は，それまで宗湛が取引してきた通常の軍需物資や奢侈品すなわち，「**既存製品**」のジャンルである。

以上より宗湛が開始した秀吉との取引関係は，「**市場開拓**」に該当する。

実は宗湛が展開した成長戦略は，当「市場開拓」のみで，史料をいくら探索しても他のドメインへの進出は見受けられない。

3　宗湛が現代の産業界に与える示唆

(1)　宗湛を総帥とする仮称「神屋商事㈱」の企業価値

これ迄の考察により，仮称「神屋商事㈱」の企業価値は，「図表4－2」に示す4類型中，どの型に匹敵するであろうか。分析してみよう。

同社の利害関係集団としては，「株主」および「債権者」とは無縁であろうから，「従業員」，「顧客」，「仕入先」，「地域住民」，「行政」，の5集団が該当す

第4章　博多の豪商・神屋宗湛の理念とビジネス戦略の特色

るであろう。そこで同社が彼らをどの程度満足させてきたかについて，順番に推察してみよう。

　既述のように，「**従業員**」と「**顧客**」には，**感動**（期待を超える満足）を提供してきたはずである。「**仕入先**」も，莫大な仕入量の仮称「神屋商事㈱」に感動していたであろう。

　博多の「**地域住民**」としては，宗湛が秀吉と組んで商都「博多」のまち作りに貢献してくれたこと，さらに「茶の湯」を頻繁に開催し，無料でもてなしてくれたことに対して，感動していたことであろう。これは宗湛による「**恒常的社会奉仕**」である。

　「**行政**」も，宗湛が，行政トップの秀吉の献身的政商であったため，感動的満足を抱いていたはずである。

　すなわち同社は，**高度なCSR**（図表4-2参照）を遂行しながら，巧みな「ビジネス戦略」によって，超ビッグ・ビジネスを展開し，莫大な収益を享受したことであろう。以上から判定すると，仮称「神屋商事㈱」は，紛れもなく「**アドミラブル・カンパニー**」であり，したがって秀吉の政商時代の同社は，真の「**ブランド企業**」であったと明言できる。

　秀吉と出会う前でさえ，史実に対するSWOT分析の結果からみて，少なくとも「**エクセレント・カンパニー**」であったといえよう（図表4-2参照）。

（2）　企業の存続・発展には「成長戦略」が不可欠

　宗湛が超大型顧客・秀吉の政商となったことは，それまでの仮称「神屋商事㈱」にとっては成長戦略の中の「市場開拓」である。

　成長戦略は，特定のドメインに参入すると，その時点でそれは「市場浸透」に変容し，それを拠点として，次なる一手としての新ドメインを模索するという戦略モデルである。

　しかしながら宗湛は，秀吉の政商となって以降，いわゆる「**市場浸透**」戦略の展開に精一杯で，次なる一手としての新たな市場開拓，市場開拓的多角化等々，図表4-8に示す他のドメインへの進出という「**成長戦略**」までは企画

221

していなかったようである。史料をいくら探索してもその事実がみられない。

　実はそのことが，政権が徳川家康に移った時に災いした。秀吉および秀吉政権という超弩級の既存市場は消滅し，しかも宗湛は家康から御用商人の地位を剥奪され，仮称「神屋商事㈱」の衰退を招く結果になったのである。恐らく宗湛としては，秀吉の政商として超多忙であったことが原因かもしれない。結果論であるが，秀吉の政商となった後における「成長戦略」の無さだけが，宗湛の，すなわち仮称「神屋商事㈱」の弱み（W）であったと言えよう。

（3）　海外市場の積極的活用

　我が国の人口は減少の一途を辿っており，国内市場は間違いなくシュリンクする。一方アジアに目を向けると，大きな経済成長を達成し，富裕層を沢山抱えている国が多い。中には中国やインドのように10億人を超える人口を抱えながら，経済は成長し続けている。

　かくてわが国企業の中には，アジア諸国に向けて進出する例が増加してきている。しかしそれを思いとどまっている企業は数多い。

　博多の豪商・神屋宗湛の先祖，神屋寿禎は中国・寧波に貿易拠点を設けていたといわれるほど，中国や韓国との貿易を活発に展開してきた。宗湛も少年の頃から父と一緒に中国，朝鮮，タイ，カンボジアなどに行き，貿易を行ってきた。博多は神屋宗湛，嶋井宗室，大賀宗白という3人の豪商（博多3傑）を輩出したが，宗湛は別格であったようである。

　博多・福岡市をはじめ，我が国の企業家は，日本人の中に超豪商・神屋宗湛という大人物がいたことを誇りに思って欲しい。

　現在世界中で，日本の商品は高貴なスピリットと優れた技術力に支えられ，安心・安全・高品質の象徴になっている。とりわけ中国や香港では日本産の農産物までがよく売れている。ただしその背景に，我が国における鮮度保全型の物流技術の進展が大きな支えとなっていることを忘れてはならない。

　一方，東南アジアの流通業者は日本企業の製品を取り扱うことで，自社のブランド価値が上がるとみなしている。中国の家具販売業者が，彼の「大塚家

第4章　博多の豪商・神屋宗湛の理念とビジネス戦略の特色

具」に対して資本参加を熱望していることはその好例である。

　さらには我が国へのインバウンド客は2017年：約2,800万人，2018年：約3,100万人と年々増加してきており，2019年は4,000万人を超えると予想されている。その大半が中国，韓国，台湾，香港である。

　このような海外市場の動向は，我が国企業にとって絶大なる機会（O）である。その積極的活用に各社，鋭意取り組むべきであろう。

　その際は既に指摘したように，第2次資料の収集から始め，第1次資料としてJETRO，商工会議所，現地に営業拠点を持つ日本の金融機関，既に進出している日本企業等々を活用すると良い。あるいは海外のバイヤー対象の商談会を活用するという方法もある。その後でSWOT分析を綿密に行い，大胆で緻密な「ビジネス戦略」を企画・実践することをお薦めする。

(4)　企業家による「社会奉仕活動」の積極展開

　宗湛は既述のように，秀吉政権当時，戦乱で焼け野原になっていた商都博多の再興や，博多の住民対象の無料「茶の湯」の頻繁開催等，仮称「神屋商事㈱」の企業価値の向上につながる「公益活動」を実践してきた。この限りにおいて当公益活動は，いわゆる近江商人の商人訓の一つ，「世間良し」すなわち，パブリック・リレーションズ（PR）である。

　宗湛の偉大さは，家康に政権が移り，政商としての地位を剥奪された後でも，私利私欲を捨て，櫨を原料とするローソク作り，そうめんの製法伝授，博多織の振興，神屋式冶金法の指導など，博多の「産業振興」に力を尽くしたことにある。すなわち宗湛は，単なる利益追求型の商人ではなく「社会奉仕活動」をも実践する度量の大きい人物であった。

　欲求5段階説の提唱者マズローは後に，「自己実現欲求」の上位に，更なる欲求としての「社会貢献欲求」を加え，「欲求6段階説」を提唱しているが，宗湛はまさにその社会貢献を高大なスケールで実践したのである。

　明治期に活躍した財閥の1人に渋沢栄一がいる。彼は「論語と算盤」あるいは「経済と道徳の一致」を目指す「合本資本主義」を唱え，幾多の会社の設立

223

とその育成に尽力しながら，公益を追求するタイプであった。すなわち彼は，企業を設立して軌道に乗ると株式を売り，その資金でまた別の企業を設立するという方式で次々と企業を生み出し，それらの企業の役員として経営に関わってきた。私的な富の追求を目的に，一族がコングロマリットを設立・増設し，一族で支配するという一般的な財閥とはスタイルが異なる。

渋沢栄一の流れを汲む会社としては，IHI，京阪電鉄，東京急行電鉄，サッポロビール，帝国ホテル，東京ガス，みずほ銀行，日本郵船等々がある。その一方で彼は現・東京証券取引所，現・東京商工会議所，現・一ツ橋大学等々，公共的な機関や団体の設立にも積極的にかかわってきた（井上裕務・渡邊秀樹・樽　永編集，2015, pp. 36-39）。

福岡市にも既述のように，明太子の「ふくや」の川原俊夫とその後継者達は，中小企業ながら草創の頃から現在まで企業活動と社会奉仕活動を同時にかつ強力に展開してきた。

神屋宗湛は，桃山時代から江戸時代という封建社会において，明治時代の渋沢栄一や，現代の川原俊夫とその後継者達に似た，「**利他**」の経営理念を貫く大人物であった。そのため福岡市民は，彼の「功績」と「人となり」を称え，同市博多区の彼の住居付近は「神屋通り」と命名され，今日に至っている。

神屋宗湛の崇高な企業家魂（たましい）が，現代の多くのビジネスマンの参考になれば幸いである。

「神屋町」：前述の福岡市博多区の大博通りと十字型に直交，編著者撮影

第4章　博多の豪商・神屋宗湛の理念とビジネス戦略の特色

（5）　現代のビジネスマンや産業界には茶の湯（茶道）の精神が必要

　「茶の湯」は禅宗と深い関わりがあるだけに，明日の命が保障されない時代の戦国武将としては，仏の道への入り口に触れる感があった。さらにそれは，一期一合の精神で人を「**もてなす**」ことにより，人と人を結びつけ，和の精神で信頼感に満ちた人間関係を作り深めながら，お互いに安心感に浸れる機能も有するである。

　一方でそれは，日本の文化の広がりに貢献し，手入れの行き届いた茶畑等による日本の景観作りにも貢献するという「**社会的効能**」をも有する。

　さらに茶の湯は主従関係と「**儀礼**」を重んじるので，礼儀や作法が身に浸み込み，ビジネスや製造現場において自分を律し，不祥事を回避する魂が育成されるであろう。

　それだけではない。茶室で茶の湯を行うことは，まさに「**市中の山里による癒し**」（世俗の煩わしさから離れ，山里に身を置いたような非日常性を味わうことによる癒し）の効果がある。草庵茶室に小さな出入り口が設置されているのは，神聖な茶室と外界を分断することが目的であり，このことが「**市中の山里**」の効果をより一層増幅させるのである。

　日頃仕事に追われて我を忘れがちな**ビジネスマン**および，製造現場の管理者や従業員とって，茶の湯はまさに忙中閑有りのごとく，ストレス解消と心の浄化に，さらには「**モノ作り**」や「**ビジネス活動**」の「**品質向上**」に効果を発揮するであろう。群発している企業の不祥事の防止に役立つはずである。

　もうひとつ忘れてならないのは，「茶の湯」が，本音の情報交換の場となることである。「茶の湯」によって心が浄化されることにより，利休のようなホスト側（茶会の開催者）とゲスト側の間で混じりけの無い，本音の情報交換を可能にさせる。宗湛の時代の「茶頭」がそうであったように，茶の湯を頻繁に開催することにより，そのホスト役は純粋な本音の情報通になるであろう。

おわりに

　以上，戦国の安土桃山時代における博多の豪商，神屋宗湛の人間力と，ビジネスマンとしての特徴をみてきた。神屋家は代々貿易商で，しかも神屋寿偵が銀山を経営していたことから，宗湛は桁外れの財力を有する豪商であった。しかも戦国武将たちの間で大流行していた「茶の湯」の素養があり，さらに法体に転身することにより，戦国武将の間を渡り歩くことができた。

　最終的には，博多を朝鮮出兵の際の兵站基地化を目論んでいた秀吉に気に入られ，彼の政商として軍事物資や兵糧米の物流業務を一手に引き受け，秀吉政権を懸命にサポートした。その結果，彼の豪商としての人生は，秀吉の栄枯盛衰とともに豪華賢覧な栄華と衰退を経験することになったのである。

　しかしながら，そこにみられる宗湛のビジネス戦略の巧みさと，人間力や世界観は，現代および将来のビジネスマンにとって参考になる点が非常に多いことが分かるであろう。

〔参考文献（第4章）〕

荒木恭司（2016）『不思議な会社に不思議なんてない』あさ出版。
石原　直（2016）『ホテルオークラの流儀』KADOKAWA。
池澤章雄（1986）『組織活性化50の鉄則』日本能率協会。
稲盛和夫（2014）『京セラフィロソフィ』サンマーク出版。
稲盛和夫（2014）『従業員をやる気にさせる7つのカギ』日本経済新聞出版社。
稲盛和夫（2017）『稲盛和夫の実践アメーバ経営』日本経済新聞出版社。
井上裕務・渡邊秀樹・樽　永編（2015）『財閥の日本史』洋泉社。
江口克彦（2010）『松下幸之助　成功の法則』WAVE出版。
川原　健（2013）『明太子をつくった男』海鳥社。
『財界九州』2019年2月号。
関野吉記（2017）『ブランド力』日経BPコンサルティング。
永野重信（1998）『人を動かす人になれ！』三笠書房。
『日経ビジネス』1996年6月17日号。
『日経ビジネス』2000年4月24日号。
『日経ビジネス』2000年6月12日号。
『日経ビジネス』2000年6月19日号。
『日経ビジネス』2000年10月23日号。
『日経ビジネス』2001年5月28日号。

第4章　博多の豪商・神屋宗湛の理念とビジネス戦略の特色

『日経ビジネス』2009年3月23日号。
『日経ビジネス』2010年1月11日号。
『日本経済新聞』1999年2月5日号。
『日本経済新聞』1999年8月19日号。
『日本経済新聞』2018年1月22日号。
『西日本新聞』2017年8月23日号。
『西日本新聞』2018年3月27日号。
『西日本新聞』2019年3月10日号。
日経トップリーダー編（2010）『指名ナンバーワン企業』日経BP社。
二宮謙児（2017）『山奥の小さな旅館が連日外国人客で満室になる理由』あさ出版。
野中裕次郎（2012）『経営は哲学なり』ナカニシヤ出版。
松下幸之助（2001）『物の見方　考え方』実業之日本社。
松下幸之助（2014）『商売心得帳・経営心得帳』PHP研究所。
山本久義（1989）『商業経営論』泉文堂。
山本久義（2002）『中堅・中小企業のマーケティング戦略』同文舘。
山本久義（2015）『戦略的6次産業と「道の駅」』泉文堂。
山本久義（2019）『感動のマーケティング戦略』福岡ビジネス戦略研究所。
吉原　博（2017）『町工場の全社員が残業ゼロで年収600万円以上もらえる理由』ポプラ
　　社。

227

著 者 紹 介

山本　久義（やまもと　ひさよし）
1944年生まれ。九州情報大学大学院経営情報学研究科博士後期課程修了，博士（経営情報学）。中小企業診断士，英検１級。福岡ビジネス戦略研究所所長。日本商業施設学会　九州・沖縄部会　会長。元九州産業大学商学部・商学研究科博士後期課程　教授（マーケティング戦略論特殊研究　担当）。

北村　新比古（きたむら　よしひこ）
1947年生まれ。京都造形芸術大学卒，佛教大学中退。マイスター商業施設士。㈱アルファ代表取締役社長。日本商業施設学会　九州・沖縄部会　副会長。日本風俗史学会　会員。

内田　寛樹（うちだ　ひろき）
1972年生まれ。九州情報大学大学院経営情報学研究科博士後期課程修了，博士（経営情報学）。福岡大学非常勤講師（貿易史担当）。日本商業施設学会，日本流通学会，日本商業学会　各会員。

博多の豪商・神屋宗湛の人間力とビジネス戦略
2019年（令和元年）７月１日　初版第１刷発行

編 著 者	山本　久義
著　　者	北村　新比古・内田　寛樹
発 行 者	大坪　克行
発 行 所	株式会社　泉文堂

〒161-0033　東京都新宿区下落合１−２−16
電話　03(3951)9610　FAX　03(3951)6830

印 刷 所	有限会社　山吹印刷所
製 本 所	牧製本印刷株式会社

本書の無断複写は著作権法上での例外を除き禁じられています。複写される場合は，そのつど事前に，（社）出版者著作権管理機構（電話 03-3513-6969，FAX 03-3513-6979，e-mail：info@jcopy.or.jp）の許諾を得てください。

JCOPY ＜（社）出版者著作権管理機構　委託出版物＞

© 　山本久義・北村新比古・内田寛樹　2019　Printed in Japan （検印省略）

ISBN978−4−7930−0461−2　C3034